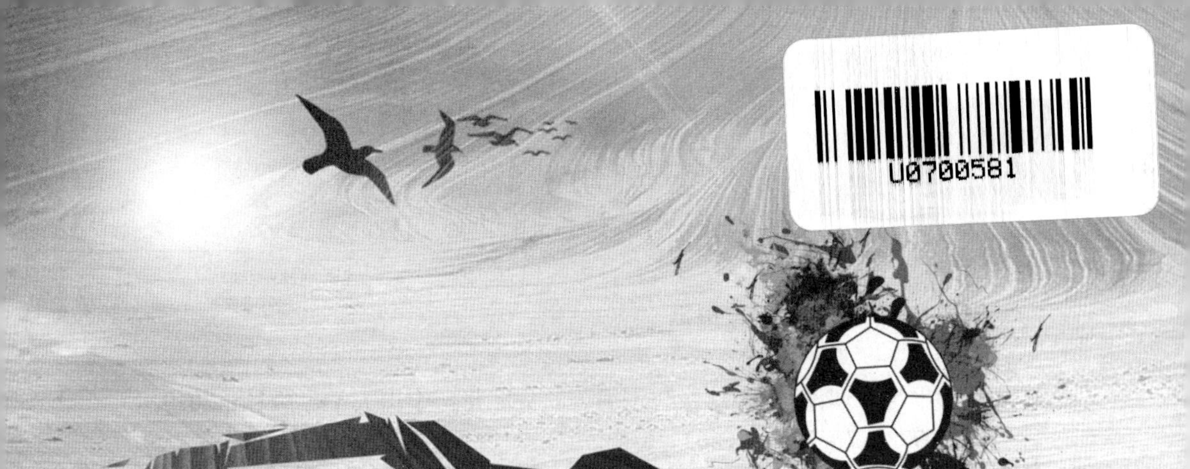

大学生足球理论与实践

DAXUESHENG ZUQIU LILUN YU SHIJIAN

张晓宇 编著

·广州·

版权所有　翻印必究

图书在版编目（CIP）数据

大学生足球理论与实践/张晓宇编著. —广州：中山大学出版社，2019.8
ISBN 978-7-306-06662-6

Ⅰ.①大… Ⅱ.①张… Ⅲ.①足球运动—运动训练—教学研究—高等学校 Ⅳ.①G843.2

中国版本图书馆 CIP 数据核字（2019）第 148418 号

出 版 人：	王天琪
责任编辑：	杨文泉
封面设计：	曾　斌
责任校对：	袁双艳
责任技编：	何雅涛
出版发行：	中山大学出版社
电　　话：	编辑部 020 - 84110283，84110771，84111997，84110779
	发行部 020 - 84111998，84111981，84111160
地　　址：	广州市新港西路 135 号
邮　　编：	510275　传　真：020 - 84036565
网　　址：	http：//www.zsup.com.cn　E-mail：zdcbs@mail.sysu.edu.cn
印 刷 者：	广州一龙印刷有限公司
规　　格：	787mm×1092mm　1/16　19.75 印张　363 千字
版次印次：	2019 年 8 月第 1 版　2019 年 8 月第 1 次印刷
定　　价：	39.00 元

如发现本书因印装质量影响阅读，请与出版社发行部联系调换

内 容 简 介

本教材作者自参加工作以来，在承担普通大学生足球选修课的教学过程中，一直根据所在部门提供的教学大纲进行授课。大纲虽进行了数次修订，但相关内容及教学方法仍有待完善。

20世纪90年代，风靡全球的足球运动有了长足的进步。国际足联接连不断地修改竞赛规则，有力地促进了足球技战术的发展。因为足球运动的技战术不断地改进，为了使球队获得更好的成绩，更多的教练员及工作人员投入到足球的科研工作中。

根据作者20多年的本科教学经验及校学生足球代表队执教经验撰写而成，结合现有的教学大纲，本教材充分反映了国内外足球运动的发展趋势，具有鲜明的时代特色。本教材既可供高校高水平运动队训练使用，也可供普通大学生足球选修课选用，除立足学校、面向学生外，还可推向社会，作为教练员及球迷们的参考书。

本教材中，11人制足球竞赛规则及裁判法采用的是2018年的最新版本；身体素质训练方面，参照了国际足联最新的训练指南；足球技术方面，作者亲自示范，并邀请了高水平足球运动员进行动作实战示范，着重突出了各技术动作的实战特点，从而增加了本教材的可读性和实用价值。

图 例

————————▶ 球运行路线

------------▶ 人跑动路线

∼∼∼∼∼∼▶ 运球路线

目　录

第一章　足球运动的特点和作用 ································· 1
　第一节　足球运动的特点 ····································· 1
　第二节　足球运动的作用 ····································· 2

第二章　足球运动的发展与起源 ································· 5
　第一节　世界足球运动的发展 ································· 5
　第二节　我国足球运动的发展 ································ 14
　第三节　世界女子足球运动的发展 ···························· 26
　第四节　我国女子足球运动的发展 ···························· 29

第三章　足球基本技术与战术 ·································· 33
　第一节　足球技术的概念与分类 ······························ 33
　第二节　足球基本技术分析 ·································· 34
　第三节　足球基本技术 ······································ 44
　第四节　足球基本战术 ······································ 89
　第五节　比赛阵型与位置职责 ······························· 120

第四章　足球运动员的身体训练 ······························· 142
　第一节　身体训练概述 ····································· 142
　第二节　足球运动员专项身体训练的内容及方法 ··············· 146

第五章　足球运动的保健知识 ································· 178
　第一节　运动性疲劳及疲劳的消除 ··························· 178
　第二节　足球运动中的常见损伤与防治 ······················· 182

第三节　足球运动员的营养 …………………………………… 194

第六章　足球运动员的心理训练 ……………………………………… 198
　　第一节　心理训练概述 ………………………………………… 198
　　第二节　足球运动员的心理特征及训练方法 ………………… 200
　　第三节　足球比赛的心理状态 ………………………………… 207
　　第四节　足球心理训练的具体方法 …………………………… 211

第七章　足球竞赛规则及足球欣赏 …………………………………… 214
　　第一节　足球竞赛规则与裁判法 ……………………………… 214
　　第二节　最具代表性的足球竞赛规则变革简介 ……………… 280
　　第三节　如何欣赏一场足球比赛 ……………………………… 284
　　第四节　足球比赛中的常用术语 ……………………………… 287
　　第五节　世界足球最具影响力赛事 …………………………… 292

第八章　小型足球及竞赛规则简介 …………………………………… 297
　　第一节　小型足球 ……………………………………………… 297
　　第二节　小型足球竞赛规则与裁判法简介 …………………… 300

参考文献 ………………………………………………………………… 307

第一章　足球运动的特点和作用

足球运动是以脚支配球为主，两个队在同一场地内进行攻守的体育运动项目。它是世界上最受人们喜爱、开展最广泛、最具影响力的单项体育运动，被誉为"世界第一运动""运动之王"。有些国家将足球定为"国球"。一场精彩的足球比赛，吸引着成千上万的现场观众和数以亿计的电视观众。它已成为电视节目中的重要内容，有关足球消息的报道占据了世界上各种报刊的不少篇幅。

当今足球运动已成为人们生活中不可缺少的组成部分。据不完全统计，现在世界上经常参加比赛的球队约有 80 万支，登记注册的运动员约有 4000 万人，其中职业运动员约有 10 万人。足球运动有如此大的魅力，不仅在于足球运动孕育着丰富的内涵，而且也与足球运动的特点和作用有着密切的关系。

第一节　足球运动的特点

一、整体性

在足球运动比赛中，每队由 11 人上场参赛。场上的 11 人思想要统一，行动要一致，攻则全动，守则全防，整体参战的意识要强。只有形成整体的攻守，才能取得比赛的主动权及良好的比赛结果。

二、对抗性

足球运动是一项竞争激烈的对抗性项目，比赛中双方为争夺控球权，达到将球攻进对方球门，而又不让球进入本方球门的目的，展开短兵相接的争斗，尤其是在两个罚球区附近，在时间和空间的争夺上更是异常凶猛，扣人心弦。一场高水平的比赛,双方因争夺和冲撞倒地次数往往达 200 次以上,可见对抗之激烈。

三、多变性

足球运动是一项技术上多姿多彩、战术上变幻莫测、胜负结局难以预测的非周期性运动项目,比赛中运用技战术时会受到对手直接的干扰、限制和抵抗。技战术要依场中具体情况而灵活机动地加以运用和发挥。

四、艰辛性

在足球比赛中,运动员要在近 8000 平方米的场上奔跑 90 分钟,一场比赛下来,跑动距离少则 6000 米,多则 10000 米以上,而且还要伴随完成上百个有球和无球的技术动作。若平局后需决定胜负的比赛则加时 30 分钟,如仍无结果还需以罚球点球的方式决定胜负,因而运动员的能量消耗是很大的。一名运动员在一场激烈的比赛后体重可下降 1～2.5 公斤。

五、易行性

足球竞赛规则简练、明了,对于器材设备的要求也不高。一般性足球比赛的时间、参赛人数、场地和器材也不受严格限制,因而是全民健身中一项十分易于开展的群众性的体育运动项目。

第二节 足球运动的作用

一、有利于良好的心理品质及思想品德的形成

人们经常从事足球运动,不仅对自身良好性格的形成能产生巨大的影响,而且还可以培养人的意志力、自制力、责任感以及勇敢顽强、机智果断、坚忍不拔、勇于克服困难、团结协作、密切配合、守纪律等思想品德。

二、有利于增强体质、促进健康

足球运动是全面锻炼和健全体魄的良好手段,是全民健身活动中一项行之有效的体育运动项目。经常从事足球运动,可以提高人们的力量、速度、耐力、柔韧等身体素质,并能使人的高级神经活动得到改善,尤其是能增强人体的心血管系统、呼吸系统等内脏器官的功能,从而促进人体的健康。据测定,一名优秀足球运动员的肺活量比正常人要多2000～3500毫升,安静时的心率要比正常人低15～22次/分。

三、有利于精神文明建设

在改革开放的今天,足球已成为我国许多城市中群众生活的一部分。人们从踢足球中得到情绪体验、从看足球中得到艺术享受、从谈论足球中得到思想交流,足球运动丰富了人们的业余文化活动,提高了人们的生活质量。足球已成为一些城市的政治、经济、文化、生活的重要组成部分。它吸引着千千万万个市民,反映了城市的精神面貌,是城市形象的标志之一,也是精神文明建设的载体。

四、有利于振奋民族精神

在重大国际足球比赛中取胜,能激发人民团结拼搏、进取向上的精神和爱国主义热情。如喀麦隆足球队进入1990年世界杯赛前8名后,该国总统拜耶授予守门员恩科诺和前锋米拉最高公民爵位——"勇敢勋爵",对全体队员及教练员也授予"勇敢勋章"。他在讲话中称赞他们为整个非洲提供了一个经验,即"团结一致,为争取胜利而奋斗"。再如1981年1月,当中国队在香港战胜朝鲜队等足球队,获得第十二届世界杯预选赛亚太区小组头名时,1987年10月,当中国队在东京战胜日本队获得进军汉城奥运会的资格时,神州大地一片欢腾景象,极大地鼓舞了中国人民,振奋了民族精神。

五、有利于人际交往与国际交往

随着全民健身运动的推进,各种各样的足球赛事频繁举行,其中相当一部分比赛可以促进社会交往,协调人际关系,形成一个单位或社会的凝聚力,有利于创造一个安定团结、民主和谐、健康文明、生动活泼的社会环境。在国际上,足球运动已成为各国之间政治、经济、文化交流的一种重要工具。它可以加强各国人民的相互了解,扩大文化交流,增进友好团结,促进世界和平,为争取良好的国际环境起到应有的作用,所以现代足球运动的作用和影响,已远远超出了足球运动本身的范围。

六、有利于国家税收

足球运动造就了一大批狂热的足球球迷,球迷市场的广阔空间可由厂家、商家去开拓。从显而易见的球票、球场广告、电视广告、电视转播权,到已被人们认识的球衫、球帽、球具,球迷借以表达情感的小喇叭、小哨之类的"加油"工具,以及深为球迷喜爱的球队和球员的照片、广告画、挂历等,凡是由厂家想象、开拓出来用于球场内外宣泄情绪和给现场球迷们赋予情感的产品都是球迷所需要的。这些东西在市场上走俏,不仅活跃了市场,增加了国家的财政税收,而且还促进了足球运动的发展。如欧洲和南美洲多数国家的足协,通过职业足球活动的收入,不但完全可以保证国家发展足球事业的需要,还可向国家缴纳可观的税金。比如中国足球走向市场后,国家每年投入的经费从改革前的 1200 万元,下降为现在的 630 万元;改革前,中国足球协会基本无创收,现在的年收入则超过亿元。足球已经从过去的事业型向产业型转化,并且必将最终成为体育界的纳税大户。

第二章 足球运动的发展与起源

第一节 世界足球运动的发展

一、现代足球运动的起源

现代足球起源地是在英格兰。传说在 11 世纪,英格兰与丹麦之间有过一场战争,战争结束后,英格兰人在清理战争废墟时发现一个丹麦入侵者的头骨,出于愤恨,他们便用脚去踢这个头骨,一群小孩见了便也来踢,不过他们发现头骨踢起来脚痛,于是用充气后膨胀的牛的膀胱来代替它——这就是现代足球的诞生。

12 世纪初,英格兰开始有了足球赛。比赛是娱乐活动,一年两次,一般在两个城市之间举行。主持人把球往空中一抛,比赛就算开始。双方就会一拥而上、大叫大喊、又踢又抱,哪一方能将球踢进对方的闹市区,哪一方就算胜利。(见图 2-1)如果球中途窜入居民屋里,人们也就会一窝蜂地冲进去乱打乱踢,常常把屋里的东西砸得稀巴烂,房主只好自认倒霉。路上行人碰到球滚来,就会遭受一场飞来的横祸。因此在当时,球赛一来,人们就得躲避灾难,关门闭户,一直到球赛结束,才恢复正常。这样的球赛遭到市民的强烈反对,英格兰政府便下了一道禁令:规定足球比赛要在空地上进行,进入闹市区者重罚,于是就出现了专门的足球场。到 19 世纪初期,足球运动在当时欧洲及拉丁美洲一些国家特别是在英格兰已经相当盛行。

图2-1 闹市中的足球比赛

1848年,足球运动的第一部文字形式的规则——《剑桥规则》诞生了。所谓的《剑桥规则》,即在19世纪早期牛津大学和剑桥大学之间进行比赛时制定的一些规则。当时每队有11个人进行比赛,因为当时在学校里每套宿舍住有10个学生和1位教师,因此,他们就以每方11人进行宿舍与宿舍之间的比赛,后来的11人制足球比赛就是从那时开始的。

1862年,在英格兰诺丁汉郡成立了世界上第一家足球俱乐部。1863年10月26日,伦敦11间最主要的俱乐部和学校,在伦敦的弗里马森旅馆举行会议,创立了英格兰足球协会,与此同时制定了世界上第一套统一的足球规则,并以文字形式记载了下来。人们称这一天为现代足球的诞生日。这次制定的足球规则共14条,它是现今足球规则的基础,由此世界各国也公认现代足球起源于英国。(见图2-2)

图2-2 英格兰足球协会创立

二、国际足球联合会（FIFA）

随着欧洲各国足球协会的成立和国际比赛的增多，由比利时、法国、丹麦、瑞典、荷兰、瑞士和西班牙倡议，于1904年5月21日在法国巴黎成立了国际足球联合会（FIFA，简称国际足联），英国没有参加这次会议。国际足联现有会员209个，是国际单项体育联合会总会成员。国际足联下设欧洲、亚洲、非洲、中北美洲及加勒比海地区、南美洲、大洋洲六个地区性组织，其总部于1932年由法国巴黎迁移至瑞士苏黎世。工作用语为英语、法语、西班牙语和德语，如有语言冲突时，以英语为准。借助这种全球影响力，国际足联也成为最富有、最有权势的国际体育组织。

国际足联的任务是：促进足球运动的发展，通过组织各级（业余、非业余、职业）比赛及其他手段发展协会会员、官员和运动员之间的友好往来，贯彻联合会的章程、代表大会决议和比赛规则，禁止种族、政治和宗教信仰歧视。

国际足联的宗旨是：促进国际足球运动的开展，发展各国足球协会之间的友好联系。

执委会是国际足联日常工作的领导机构,由国际足联主席、8名副主席、15名委员、秘书长共25人组成。国际足联下设15个专门委员会:财务委员会、世界杯组委会、联合会杯组委会、奥运会足球赛组委会、国际足联青年比赛委员会、室内足球委员会、女子足球委员会、裁判委员会、技术委员会、运动医务委员会、运动员身份委员会、法律事务委员会、安全与公正竞赛委员会、媒体委员会、礼仪委员会。国际足联秘书处下设3个部:技术部、财务部和发展部。

国际足联主席由代表大会选出,任期4年,可连选连任。国际足联自成立以来产生过9位主席,其中最为著名的有:

第三任主席:朱尔·里梅,法国人。第一次世界大战结束后,国际足联于1920年在比利时的安特卫普召开了一次重要会议,朱尔·里梅被选为国际足联主席。一年后,在得到国际足联各会员国来函承认后,朱尔·里梅于1921年3月1日正式成为国际足联第三任主席。

1928年,在国际足联阿姆斯特丹代表大会上,朱尔·里梅先生为世界杯提供了一个奖杯。但因当时欧洲正处于经济危机之中,各国无心参加世界杯赛。在朱尔·里梅多方努力劝说下,第一届世界杯足球赛最终于1930年7月18日在乌拉圭的首都蒙得维的亚顺利举行,共有13个队参赛。从此,世界足球运动步入了一个新时代。

1946年,国际足联在卢森堡代表大会上将朱尔·里梅先生提供的世界杯赛的奖杯更名为"里梅杯"。1954年6月21日,国际足联正式任命朱尔·里梅先生为国际足联第一任名誉主席,以此对他在33年任职期间对世界足球运动发展所做出的巨大贡献表示感谢。

第七任主席:若昂·阿维兰热博士,巴西人。1974年,他在法兰克福第39届国际足联代表大会上当选为第七任国际足联主席,成为第一位非欧洲国家国籍的主席。

阿维兰热任职期间,注意开展全球性足球运动发展计划。在第12届世界杯足球赛上,首次将参加决赛圈的队伍增加到24支;在第16届世界杯足球赛上,决赛队增至32支,为亚洲、非洲、中北美洲及加勒比海地区的国家能有更多球队参加世界最高水平的足球比赛提供了有利条件。在他任职期间,还创办了世界青年足球锦标赛、国际足联16岁以下"柯达杯"世界足球锦标赛、女子足球世界锦标赛,并且促进女子足球列入了奥运会的正式比赛项目。

在他领导下,国际足联公正、艺术地解决了许多棘手问题,为促进足球运动的发展和世界和平做出了贡献。

三、国际足联组织的主要赛事

(一) 国际足联世界杯(男子)

国际足联世界杯(FIFA World Cup)简称"世界杯",是世界上拥有最高荣誉、最高规格、最高竞技水平、最高知名度的足球比赛,与奥运会并称为全球体育两大顶级赛事,其影响力和转播覆盖率有时甚至超过了奥运会。

从1900年开始,奥林匹克运动会上就设置了足球比赛项目,但因国际奥委会规定只能由业余队员参赛,各国的职业足球运动员无法进入国家队,使得奥运会的足球比赛水平不能代表世界最高水平。为此,国际足联于1928年在荷兰首都阿姆斯特丹举行会议,决定以后每4年举行一届世界足球锦标赛。参赛队员不受职业和非职业选手的限制,各国都能组织本国最高水平的球队参赛。最初这一比赛叫作世界足球锦标赛,1956年改名为"朱尔·里梅杯",后来简称"里梅杯"或世界杯足球赛。

世界足球锦标赛,还决定设立专门的流动奖杯——"里梅杯"即"雷米特杯",也叫"金女神杯",同时还规定哪个国家首先三次获得世界杯冠军,将永久地占有这座奖杯。1970年世界杯巴西队首先第三次获得冠军,从而永久地占有了金女神杯。(见图2-3)

1971年国际足联重新制作了新的冠军奖杯,命名为"国际足联世界杯",并规定此杯为永久性流动奖杯。(见图2-4)

图2-3 金女神杯

图2-4 国际足联世界杯

世界杯至今已经举办了 21 届（1942 年和 1946 年因第二次世界大战曾中断）。（见表 2-1）

表 2-1 历届男子世界杯比赛成绩

届数	年份	举办地	参赛球队数（个）	冠军	亚军	季军
1	1930	乌拉圭	13	乌拉圭	阿根廷	美国
2	1934	意大利	16	意大利	捷克斯洛伐克	德国
3	1938	法国	15	意大利	匈牙利	巴西
4	1950	巴西	13	乌拉圭	巴西	瑞典
5	1954	瑞士	16	联邦德国	匈牙利	奥地利
6	1958	瑞典	16	巴西	瑞典	法国
7	1962	智利	16	巴西	捷克斯洛伐克	智利
8	1966	英格兰	16	英格兰	联邦德国	葡萄牙
9	1970	墨西哥	16	巴西	意大利	联邦德国
10	1974	联邦德国	16	联邦德国	荷兰	波兰
11	1978	阿根廷	16	阿根廷	荷兰	巴西
12	1982	西班牙	24	意大利	联邦德国	波兰
13	1986	墨西哥	24	阿根廷	联邦德国	法国
14	1990	意大利	24	联邦德国	阿根廷	意大利
15	1994	美国	24	巴西	意大利	瑞典
16	1998	法国	32	法国	巴西	克罗地亚
17	2002	韩国、日本	32	巴西	德国	土耳其
18	2006	德国	32	意大利	法国	德国
19	2010	南非	32	西班牙	荷兰	德国
20	2014	巴西	32	德国	阿根廷	荷兰
21	2018	俄罗斯	32	法国	克罗地亚	比利时

（二）奥运会足球比赛

奥林匹克运动会足球比赛是奥林匹克运动会的竞技比赛，每四年举办一次，其中 1896 年在希腊举行的第 1 届奥林匹克运动会上足球是表演项目。

第二章 足球运动的发展与起源

从1908年第4届奥运会起,足球被列为正式比赛项目。起初,国际奥林匹克委员会章程规定,只有业余的足球运动员才能参加奥运会的比赛。对于奥林匹克运动会足球比赛,国际足联与国际奥委会之间存在很大的分歧。国际足联一直反对职业足球运动员参加奥运会足球比赛。经过双方不断磋商,奥运会足球比赛对球员的参赛资格也一直在改变。

20世纪初,足球运动在欧洲国家迅速推广,各国相继成立了足球俱乐部,足球运动与商业社会的联系日益加强,产生了一批以踢球为生计的人。自此,职业足球开始风靡欧洲大陆。经过长期训练、比赛的职业运动员,在奥运会足球比赛场上的技术水平明显高于业余运动员。这种水平之间的巨大差距使奥运会足球比赛失去了竞技性、精彩性,影响了许多国家和地区参与奥运会的积极性。特别是在1908年和1912年的奥运会上,英国职业足球运动员连夺两次冠军后,有关是否允许职业足球运动员参加奥运会的争议更加激烈。后来,国际足联开始对职业足球运动员参加奥运会进行了一些限制。但在如何区分职业运动员与业余运动员上,国际足联也没有一个很明确的概念与界定。1977年,国际足联决定不允许参加过上届世界杯足球赛的运动员参加奥林匹克运动会足球比赛。几经变革后,1984年国际足联做出了参加过世界杯决赛圈的欧洲和南美洲球员不得参加奥运会足球赛的决定。1988年,国际足联在此基础上又做了如下规定:奥运会足球运动员年龄限制在23岁以下,但每队参赛名单中允许有3名超龄球员。1996年夏季奥林匹克运动会加入女子足球项目,由于当时女子足球运动发展仍未成熟,因此,国际足联没有对女子足球做出限制。

历届奥运会男子足球赛成绩见表2-2。

表2-2 历届奥运会男子足球赛成绩

届数	年份	举办地	冠军	亚军	季军
1	1896	雅典	丹麦	希腊	—
2	1900	巴黎	英国	法国	—
3	1904	圣路易	加拿大	美国	—
4	1908	伦敦	英国	丹麦	荷兰
5	1912	斯德哥尔摩	英国	丹麦	荷兰
7	1920	安特卫普	比利时	西班牙	荷兰
8	1924	巴黎	乌拉圭	瑞士	瑞典

(续上表)

届数	年份	举办地	冠军	亚军	季军
9	1928	阿姆斯特丹	乌拉圭	阿根廷	意大利
11	1936	柏林	意大利	奥地利	挪威
14	1948	伦敦	瑞典	南斯拉夫	丹麦
15	1952	赫尔辛基	匈牙利	南斯拉夫	瑞典
16	1956	墨尔本	苏联	南斯拉夫	保加利亚
17	1960	罗马	南斯拉夫	丹麦	匈牙利
18	1964	东京	匈牙利	捷克斯洛伐克	联邦德国
19	1968	墨西哥城	匈牙利	保加利亚	日本
20	1972	慕尼黑	波兰	匈牙利	民主德国、苏联
21	1976	蒙特利尔	民主德国	波兰	苏联
22	1980	莫斯科	捷克斯洛伐克	民主德国	苏联
23	1984	洛杉矶	法国	巴西	南斯拉夫
24	1988	汉城	苏联	巴西	联邦德国
25	1992	巴塞罗那	西班牙	波兰	加纳
26	1996	亚特兰大	尼日利亚	阿根廷	巴西
27	2000	悉尼	喀麦隆	西班牙	智利
28	2004	雅典	阿根廷	巴拉圭	意大利
29	2008	北京	阿根廷	尼日利亚	巴西
30	2012	伦敦	墨西哥	巴西	韩国
31	2016	里约热内卢	巴西	德国	尼日利亚

(三) 国际足联 U-20 世界杯

国际足联 U-20 世界杯 (FIFA U-20 World Cup, 原名: FIFA World Youth Championship), 是由 20 岁以下男子球员参加的世界青年足球比赛, 经常被称为"世青赛"或"世青杯"。

1977 年, 国际足联决定每两年举办一届世界青年足球锦标赛。头两届赛事为试办性质。因为比赛得到美国可口可乐公司的赞助, 所以又称"国际足联 - 可口可乐世界青年锦标赛",冠军奖杯被命名为"国际足联-可口可乐杯"。

有多位世界足球巨星是在国际足联U-20世界杯上首先崭露头角的。例如,马拉多纳(1979年)、达沃·苏克(1987年)、路易斯·菲戈(1991年)、欧文(1997年)、梅西(2005年)等。首届世青赛于1977年在突尼斯举行,由苏联青年队获得冠军,此后的每个奇数年份,都会举行这项比赛。到2017年,阿根廷以6次冠军成为世青赛夺冠次数最多的球队。

(四) 国际足联U-17世界杯

国际足联U-17世界杯(FIFA U-17 World Cup),简称世少赛,是由球员年龄为17岁以下的国家队参加的男子足球锦标赛,国际足联负责举办赛事。

为了进一步推动世界足球运动向前发展,缩小足球运动发达和不发达国家间的差距,1985年在中国试办了16岁以下男子球员参加的国际足联"柯达杯"世界足球锦标赛,比赛获得圆满成功。经过1987年和1989年两届赛事的进一步试行,1991年正式成为国际足联的世界少年(17岁以下)锦标赛,全称为"国际足联17岁以下'柯达杯'世界锦标赛",每两年举行一次。

(五) 国际足联5人制足球世界杯

国际足联5人制足球世界杯(FIFA Futsal World Cup)创始于巴西,诞生至今已有60余年的历史。这项运动从街头足球演化而来,最终得到了国际足联的认可。1989年,国际足联开始举行5人制足球世界杯,举办地点在荷兰的鹿特丹。从这以后,该项赛事改为四年一届,与奥运会的举办周期相同。

(六) 国际足联沙滩足球世界杯

国际足联沙滩足球世界杯(FIFA Beach Soccer World Cup)由国际足联主办,参赛队为国际足联的会员国家和地区队,比赛每年举行一届。沙滩足球发源于巴西里约热内卢,第1场正规比赛于1992年举行。1993年,世界沙滩足球协会(IBSA)成立,制定了统一的比赛规则,开始举办规模不大的世界性沙滩足球比赛。1995年,沙滩足球世界锦标赛的举行标志着沙滩足球正式成为体育比赛项目。1998年,欧洲率先举行职业沙滩足球联赛。2005年,国际足球联合会将沙滩足球纳入管理范围,并制定了更完善的沙滩足球规则。同年,第1届国际足联沙滩足球世界杯举行。

(七) 国际足联联合会杯

国际足联联合会杯（FIFA Confederations Cup），前身为法赫德国王杯足球赛，1997 年首次被国际足联列为竞赛日程，起初每两年举行一届，2005 年起改为每四年举行一届，由接下来一届世界杯的东道主和上届世界杯冠军及各大洲足球杯赛的冠军参加。

(八) 国际足联俱乐部世界杯

国际足联俱乐部世界杯（FIFA Club World Cup），简称世俱杯，是一项由国际足联主办，来自六大洲顶级的俱乐部球队参与的国际性足球锦标赛。

国际足联俱乐部世界杯是国际足联着力推广主办的一项国际足球赛事，旨在让全世界各大洲的足球俱乐部冠军能像国家队在世界杯一样捉对厮杀，让各大洲的俱乐部也拥有一个世界级别的赛事。有些球迷会误认为世俱杯是丰田杯的延伸进化，事实上这个观点是不完全正确的。两项赛事的主办方就不同，世俱杯的主办方是国际足联，而丰田杯是由欧足联和南美足联合办的。在 2000 年世俱杯第一次举办的时候丰田杯依然在进行，1998 年的丰田杯冠军皇家马德里足球俱乐部还拥有一个参赛资格。而在 2005 年世俱杯重新进行时，国际足联在这之前就已经与洲际杯（丰田杯）的主办方达成一致，将丰田杯和世俱杯合二为一，丰田杯这才正式消失在历史的长河之中，世俱杯从而正式变成唯一的世界性的俱乐部赛事。

第二节 我国足球运动的发展

一、古代足球起源于中国

2004 年年初，国际足联确认足球起源于中国，"蹴鞠"是有史料记载的最早的足球活动。《战国策》和《史记》是最早纪载蹴鞠的文献典籍，前者描述了 2300 多年前的春秋时期，齐国都城临淄（现属淄博市）流行蹴鞠活动；后者则记载，蹴鞠是当时训练士兵、考察兵将体格的方式（"蹴鞠，兵势也，所以练武士，知有材也"）。

第二章　足球运动的发展与起源

（一）起源确认的过程

足球是当今世界上最具神奇魔力的体育运动，是世界上公认的第一大运动。据不完全统计，现在世界上经常参加比赛的球队约有80万支，登记注册的运动员约有4000万人，其中职业运动员约有10万人，全球的足球球迷达28亿人，世界杯期间观看球赛的人数达100亿人次，全球从事足球产业的人数达1亿人，其影响遍及全球。

足球运动是一项古老的体育活动，源远流长。现代足球运动起源于英国，从英国走向欧洲，从欧洲走向世界——现代足球已经成为世界上最受欢迎的体育项目，成为世界第一运动。而足球最早起源于我国古代的一种球类游戏"蹴鞠"，后来经过阿拉伯人传到欧洲，发展成现代足球。所以说，足球的故乡是中国。

1958年7月，后来的国际足联主席阿维兰热博士来中国访问时曾表示：足球起源于中国。

1985年，在中国举办的首届"柯达杯"世界少年足球锦标赛开幕式上，阿维兰热在致辞中说，足球运动起源于这里，并且有2000多年的历史，这是无可争议的。当时担任国际足联技术委员会主任的布拉特说，足球起源于中国，后来通过战争传播到了西方。

2001年，国际足联主席布拉特在亚足联举办的教练员训练班上所做的《国际足球发展史报告》中，再一次强调："足球发源于中国。"

2002年3月16日，球王贝利到中国访问。受国家旅游局的委托，徐州师范大学的体育史学者刘秉果教授在长城脚下为贝利先生安排了一场汉代蹴鞠表演，引起了贝利先生的极大兴趣，他和时任中国足球队主教练米卢蒂诺维奇先生当场一起加入"表演"。

2004年2月4日，国际足联副秘书长热罗姆·项帕涅在伦敦举行的新闻发布会上正式宣布："虽然不少国家认为自己是足球发源地，但历史学家以确切的证据表明，足球起源于中国的蹴鞠。"

2004年5月8日，国际足联主席布拉特前往吉隆坡参加亚足联成立50周年庆典活动，他在会见中国代表团时明确表示，经过专家考证，足球运动起源于中国古代的蹴鞠，并向中国足协颁发了"足球运动起源于中国"的象征性奖杯。他同时希望，应借2004年中国亚洲杯足球赛之机，隆重宣传这一概念。

2004年7月15日，亚足联秘书长维拉潘代表国际足联和亚足联，在北京举行的第3届中国国际足球博览会开幕式后召开的足球起源新闻发布会上正式宣

布，中国是足球的起源地。在开幕式上，国际足联主席布拉特参观临淄展区，并为临淄仿古蹴鞠签名留念。（见图2-5）

图2-5　时任国际足联主席布拉特参加第3届中国国际足球博览会开幕式

（二）蹴鞠的起源

公元1世纪刘向的《别录》曾记载："蹴鞠，黄帝所造，本兵势也，或云起于战国，古人蹋蹴以为戏。"

据《战国策·齐策》记载，苏秦当了赵相，为赵合纵，联齐抗秦，他出使齐国对齐宣王说："……临淄甚富而实，其民无不吹竽、鼓瑟、击筑、弹琴、斗鸡、走犬、六博、蹹鞠者……"由此可以看出，齐宣王（公元前319年—公元前301年）时，距今2300年前，在齐国临淄就已经广泛地开展了蹴鞠运动。

又据《史记·苏秦列传》记载，当时临淄城就有7万户，人民富庶殷实，其民无不以"吹竽鼓瑟，弹琴击筑，斗鸡走狗，六博蹹鞠者"为乐。《史记集解》引刘向《别录》曰："蹹鞠，兵势也，所以练武士，知有材也，皆因嬉戏而讲练之。"（见图2-6、图2-7、图2-8）

图2-6 古代蹴鞠1

图2-7 古代蹴鞠2

图2-8 古代蹴鞠3

蹴鞠运动兴于齐国与齐国繁荣的经济、浓郁的思想文化、发达的科学技术、尚武的社会风习等是很有关系的。齐国历代君王大多喜猎尚武，齐国是先秦时代诸国中产生政治家、思想家、经济学家、军事家、军事理论家最多的国家。齐国兵学最发达，有"齐国兵学甲天下"之说。齐桓公、管仲时期，齐国又是以武力征伐为基础首霸诸侯的强国。到战国时期，齐国军队以兵强马壮、勇武善战而著称天下。

（三）蹴鞠的比赛形式

1. 双球门的直接对抗

汉代的蹴鞠场称作"鞠城"，四周围有矮墙，球门称作"鞠室"，像座小房子，每边6个球门，12名队员上场比赛，有正、副裁判执法，双方队员身体接

触就像打仗一样，是主要的军事训练项目。（见图2-9）

图2-9　汉代的蹴鞠场

2. 单球门的间接比赛

唐宋开始，出现了中间隔着球门的间接对抗，球门设在场地中央，装饰华丽，两根高高的竹竿上结一网，网之上部留一直径为一尺左右的洞，称为"风流眼"。双方各在一侧，以射门"数多者胜"。

双方蹴鞠队员没有直接的身体对抗。双方各派7名队员上场，设正、副两名裁判，其余队员分列两边。双方蹴鞠队员角色和职责都非常分明，"球头"的职责是专门把球度过球门的风流眼，其他队员如"正挟""副挟""左竿网""右竿网""散立"等都采用各种"解数"保持球不着地，并为球头创造度球的机会。对阵双方一般分为左军、右军。比赛可以进行三局或五局不等，一局叫"一筹"，"略胜一筹""拔得头筹"即由此而来。（见图2-10）

图2-10　唐宋时期的蹴鞠比赛

3. 无球门的蹴鞠比赛——白打

宋代还非常盛行"白打"踢法。所谓"脚头十万踢,解数百千般",就是指用头、肩、背、胸、膝、腿、脚等形成整套花样和动作,使"球终日不坠",由比赛射门向灵巧控制球技方面发展。不用球门的散踢俗称"白打",白打除了用球之外不用其他器械,场地也极为简单,只要一块平坦的地方,一般选择在风景幽静的地方。白打踢法强调的是花样,引人兴趣,开展得比较广泛。白打踢法可以一人独踢、两人对踢或更多的人轮踢。(见图2-11)

图2-11　宋代的白打踢法

(四) 蹴鞠的复原

在足球起源地的论证和确认的历史性机遇面前,淄博率先利用地方文化资源优势,开发出了具有极高的历史文化价值和浓郁的临淄地方特色的系列产品,获得多项国家专利和商标。在2004年7月举办的北京第3届国际足球博览会上,产品"仿古蹴鞠"受到国际足联主席布拉特先生、亚足联秘书长维拉潘先生等国际足联、亚足联官员的认可和高度评价,确立了中国的蹴鞠作为足球的始祖在世界足球发展史上的历史地位,为足球起源地的最终确认做出了突出的贡献。(见图2-12)

2005年5月,在瑞士苏黎世举办的国际足联百年庆典闭幕式上,国际足联以最高规格的礼仪,接待了来自足球起源地的中国的代表团,以感谢中国古代的蹴鞠对世界足球的巨大贡献,古代足球——蹴鞠,成为闭幕式上的明星。国际足联、各大洲足联的官员争相为此签名留念。现在,足球起源地和蹴鞠已成为淄博乃至中国一张耀眼的名片。(见图2-13)

图2-12 仿古蹴鞠　　　　　　图2-13 布拉特在蹴鞠上签名

二、近代中国足球运动发展的几个阶段

19世纪90年代至20世纪初叶,我国一些沿海城市的教会学校先后开展了现代足球活动。上海圣约翰大学足球队和南洋大学的足球队于1901年先后成立,两校自1902年起,每年举行一次对抗赛。北京、广州、天津、南京、武昌等地的一些教会学校在西方传教士影响下也开展了现代足球运动。这些学校的学生毕业后走向社会,现代足球运动也随之由学校发展到社会,由沿海地区发展到内地。

(一) 发展时期(1908—1923年)

这一阶段中国国内各类球赛活动较多,举办过的两届全国运动会都有足球比赛,各大城市的大学校际之间足球比赛频繁进行。1913—1923年间,中国足球队曾参加了6届由中、日、菲三国组成的远东运动会足球比赛,并获得第2届至第6届足球比赛的冠军。南华足球队于1923年7—11月出访澳大利亚,此行为近代中国体育运动队首次出国比赛,取得8胜7平9负的战绩。

(二) 兴盛时期(1923—1937年)

这一时期是近代中国足球运动水平达到巅峰的时期。足球运动由学校发展到社会,由沿海大城市发展到内地。位于内地的华西大学、四川大学、四川公立工业专门学校相继建立了足球队,1933年和1935年,四川省还派队参加了全运会。东北的大连、沈阳、延边等地区先后成立了自己的足球组织或球队,并经常进行各种比赛。这一时期的全国性足球比赛有全国运动会足球比赛和全国足球分区赛。当时国家还先后派出多支球队出访国外,如由乐华、南华、中华组成的"三华"精英队以及上海交通大学队、香港大学队、上海中华队分别出访新西兰、澳大利亚、日本、菲律宾、印度尼西亚等国家和地区,并与来访的日本关西大学队、早稻田大学队、朝鲜队等进行比赛。这些球队或球会组织的成立及参与国内、国际比赛,对近代中国足球运动的发展起到了很大的推动作用。特别是中国足球队在第7届至第10届远东运动会足球比赛中连续夺冠,以及中国足球队参加1936年在柏林举行的第11届奥运会,为中国足球运动水平的提高和扩大国际影响力起到了重要的作用。

(三)抗日战争时期(1931—1945年)

抗日战争爆发后,足球运动受到严重影响,国内大城市的足球比赛大大减少。沪港两地埠际对抗赛到1940年终止,"史考托杯"赛于1943年终止,至此,足球运动的国际交往完全停止。

足球运动在红色根据地也广泛开展。1933年5月30日,在中央苏区举行的中华苏维埃共和国第一次运动会和同年举行的"八一"运动会上均有足球比赛。当年7月由瑞金县少先队总部举办的少年运动员选拔赛上也有足球比赛。1942年由延安体育会举办的"九一"运动会,足球比赛被列为13个表演项目之一。

(四)解放战争时期(1945—1949年)

抗战胜利后,足球运动在基础较好的地区如香港、上海、东北等地恢复较快,先后组建了如上海的青白足球队,沈阳的东北风足球队,大连的中青队、隆华队、新青队等一些有实力的足球队,举行了全国运动会足球比赛、香港与上海的埠际对抗赛。中国足球队还参加了1948年8月2—13日在英国伦敦举行的第14届奥运会足球比赛。尽管在此期间国内外比赛开始恢复,但水平并不高。

三、中华人民共和国成立后足球运动发展的几个阶段

(一)1949—1960年

中华人民共和国成立初期,足球运动水平很低,足球人才也十分缺乏。在党和政府的关怀下,足球运动水平不断提高。1952年5月成立了中央体训班(即

国家队），随后各省足球队相继成立。1956年4月15日，国家体育运动委员会（以下简称"国家体委"）颁布了《中华人民共和国运动竞赛制度暂行规定（草案）》，同年开始实行甲乙级足球联赛制度。1958年又开始实行甲乙级升降制。1956年开始实行运动员和裁判员等级制。这些规章制度的贯彻实行，为中华人民共和国足球运动水平的提高产生了重大的促进作用。

在这一阶段，国家体委多次召开有关会议，为提高足球运动水平不断创造良好的环境和条件。1954年选派首批国家青年队赴匈牙利学习，运动员回国后为国内足球运动水平的提高发挥了重大的作用。1955年1月3日成立了中国足球协会，为更好地组织领导和推动国内足球运动广泛开展起到了极为重要的作用。国家体委也极为重视足球运动科学理论研究人员的培养。1955年邀请了苏联足球专家苏施科夫来北京讲学，并与李鹤鼎教授一起主持了全国首届足球研究生班，为国家培养了一批优秀的足球运动科学理论研究人员，为大专院校培养了高水平的专业师资。在此期间，还邀请匈牙利专家来国内开办教练员培训班。这些组织措施为国内足球运动水平的提高提供了重要的条件。如1958年北京足球队、"八一"足球队分别与获得第16届奥运会足球比赛冠军的苏联国家队踢成平局；1959年国家队战胜匈牙利奥林匹克足球队，并在中、苏、匈三国对抗赛上获得亚军；天津队、北京队、上海队、广州队在与瑞典的冠军队——"尤哥登"队的四场比赛中取得1胜2平1负的成绩；1960年，我国足球队还获得中、朝、越、蒙四国对抗赛的冠军。虽然我国足球运动取得了明显的进步，但我国足球在重大国际比赛中的成绩仍处于落后状态，如1957年中国足球队首次参加第6届世界足球锦标赛预选赛，以一球之差负于印度尼西亚，失去了出线权。

（二）1961—1965年

在此期间，由于自然灾害和经济上的严重困难等原因，全国多数足球队中断了训练，运动水平大幅度下降，致使国家队在1963年第1届新兴力量运动会足球比赛中未能进入前四名。

三年困难时期后，随着国民经济的恢复和发展，足球运动迅速得到恢复。1964年2月27日—3月12日，国家体委、中华全国总工会、共青团中央、教育部在北京共同召开了全国足球训练工作会议。会议对中华人民共和国成立15年来的足球工作首次进行了系统总结。会后，国家体委颁布了《关于大力开展足球运动，迅速提高技术水平的决定》的重要文件。文件根据当时的情况，提出四项措施：一是广泛开展群众性足球运动，加强青少年的训练工作；二是加强专业足球队的思想政治工作和训练工作；三是改进全国足球竞赛制度；四是加强对足球运动的领导。同时在这次会议中首次提出了"从难、从严、从实战需要出发、进行大运动量训练"的"三从一大"训练指导思想，并且改进了全国甲乙级联赛全年双循环升降级制度，确定北京、天津、石家庄、上海、广州、武汉、旅大、沈阳、南京、延边、梅县为 11 个全国足球重点发展城市和地区。

（三）1966—1976 年

"十年动乱"使得刚刚恢复的中国足球运动重新跌入深谷。全国足球竞赛、训练、科研、教学等活动几乎全部停止，足球队处于瘫痪状态。1967—1970 年间，各级别足球竞赛和国际往来全部停止。

1971 年尝试性地举行了全国甲级队集训赛，1972 年举行的全国五项球类运动会上有足球比赛，1973 年恢复了全国足球联赛、全国青年足球联赛、全国足球分区赛和 11 个单位的小型足球比赛。1975 年举行的第 3 届全运会设有成人和少年足球比赛项目。1976 年增加了全国 16 个单位的少年足球分区赛。足球运动开始有所恢复，但是由于后来所谓的"体育革命"，使新老队员青黄不接，后备力量严重匮乏，中国足球运动水平再次下降。

（四）1977—1991 年

"十年动乱"结束后，国内政治趋于稳定，经济形势好转，足球运动也重新得到发展。

1978 年开始恢复全国甲乙级队双循环升降级制的比赛。1979 年 6 月 6 日，国务院批准下发了《国家体委关于提高我国足球技术水平若干措施的请示》的重要文件。同年 11 月全国足球工作会议重点讨论如何贯彻国务院的文件，并增加了重庆、青岛、长春、昆明、石家庄、西安 6 个城市为全国足球重点发展城市。此后相继增设了"萌芽杯""幼苗杯""希望杯"三杯赛。1982 年，国家体委、教育部、共青团中央颁发了《关于在全国中小学积极开展足球活动的联合通知》，为足球后备力量的培养起到了重要作用。1985 年 11 月，在南京召开了全国足球训练工作会议，为足球训练提出了明确的方针、原则和指导思想。1990 年 2 月，国家体委发出了《关于中国足协实体化的通知》，至此，国家体委足球办公室撤销。

继 1974 年 9 月中国足球协会被亚足联第 6 届大会接纳为亚洲足球会员之后，1980 年 7 月 7 日，国际足联第 42 届代表大会批准了国际足联执委会于 1979 年 10

月13日通过了重新接纳中华人民共和国足球协会为会员的决议。

在这个阶段，国家队、青年队及少年队先后参加了亚洲杯、亚运会、奥运会、世界杯等重大国际比赛的预赛和决赛圈的比赛。

（五）1992—2002 年

1992 年 6 月，在北京红山口召开了全国足球工作会议，会议决定把足球作为体育改革的突破口，确立了中国足球要走职业化道路的发展方向，明确提出"改革体制、转换机制"的根本任务。1993 年在大连举行的全国足球工作会议上进一步提出："继续深化改革、深入整顿是我国足球界的两项主要任务。"该次会议还提出了《中国足球事业十年发展规划（1993—2002）》。1993 年 12 月 10 日，我国第一个与体委脱钩，由企业自主经营的足球俱乐部——上海申花足球俱乐部诞生。1994 年 4 月 17 日，以俱乐部职业队为主的全国甲级 A、B 组联赛开始举行。1995 年 1 月，国家体委足球运动管理中心成立。2001 年 10 月，中国足球经过几代人的努力，终于获得参加 2002 年在韩国、日本举办的第 17 届世界杯足球赛决赛阶段的"入场券"。

（六）2003 年至今

由于我国足球运动的社会基础不够坚实，后备人才匮乏，职业化体制不够完善，特别是中国足球运动的管理制度不够完善，导致中国足球运动水平迟迟未有提高。

2004 年，中国足球甲级 A 组联赛改名为"中国足球超级联赛"。这期间各俱乐部加大了投入，纷纷花费高额转会费引进世界著名球星，比如德罗巴、保利尼奥、马斯切拉诺、胡尔克等。这些球星的到来，一方面提高了联赛的观赏程度，但另一方面也制约了各个俱乐部对年轻球员的培养。广州恒大淘宝足球俱乐部近几年收获了中超联赛 7 连冠和 2 次亚冠联赛冠军。

四、中国足球联赛体系

在中国足协初步拟定的"中国足球联赛体系"中，明确今后将设 8 个层级的联赛：中超、中甲、中乙、中国足协冠军联赛、中国足协冠军联赛大区赛、会员协会冠军联赛、城市联赛、县区联赛。（见图 2-14）

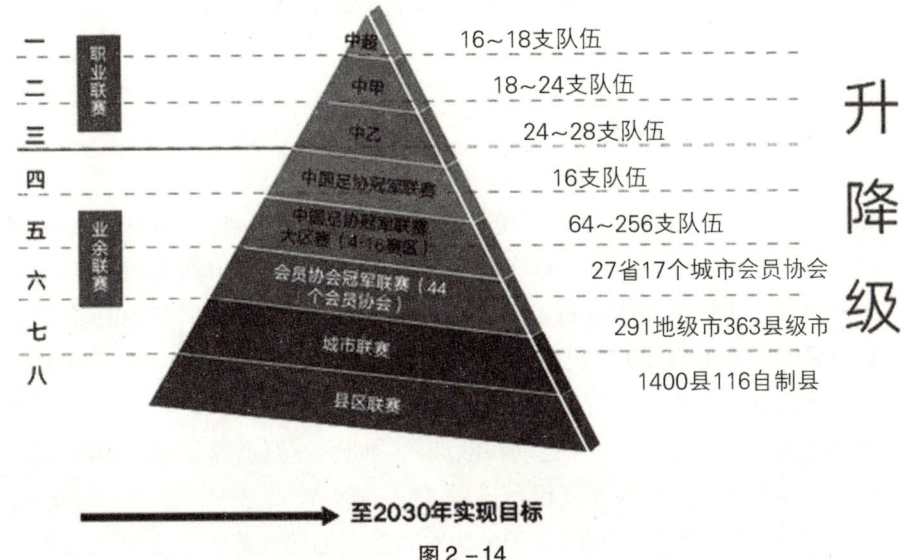

图 2-14

2017年，中国足球联赛体系实行升降级制度，这种设计，实际上是将业余联赛进行更为具体的层级划分。

第四级别联赛为"中国足协冠军联赛"，简称"中冠联赛"。该层级联赛规模设计为 16 支队伍，开始实行赛会制比赛，条件成熟之后，变为主客场赛制。

第五级别的联赛，相当于此前的大区赛。目前暂时划分为 4 个大区，每个大区有 12～16 支队伍，每个赛区的前 4 名进入第四级别的中冠联赛。预计到 2020 年，全国设立 8 个大区，每个大区有 12～16 支队伍参赛，每个大区的前 2 名进入第四级别的中冠联赛。预计到 2030 年的时候，全国设立 16 个大区，每个大区的冠军进入第四级别的中冠联赛。

第六级别的联赛为"会员协会冠军联赛"，由地方会员协会主办。根据中国足协的名额分配，各会员协会通过自己的联赛产生参加第五级别联赛的球队，然后在大区赛中争夺进入第四级别的中冠联赛的机会。

第七和第八级别的联赛分别为城市联赛和县区联赛，这是最为"草根"的两级联赛。中国足协没有设计相关的参赛队伍数量，届时将由城市的足球协会和县区足球协会负责相关的联赛事宜，根据名额分配最终决出参加会员协会冠军联赛的队伍。

第三节　世界女子足球运动的发展

一、现代女子足球运动的发展

据史料记载，16世纪，英国出现了女子足球运动，并在1890年首先开创了女子足球比赛。18世纪末，苏格兰爱丁堡及其附近的艾弗伊斯克城镇，每年都要在一些节日的庆祝活动中进行女子足球赛事。到19世纪末，英国开始设立女子足球俱乐部。20世纪50年代，女子足球在欧洲各国兴起。1957年，第1届欧洲女子足球锦标赛在柏林举行，女子足球正式登上历史舞台。

20世纪60年代后女子足球运动在欧洲、美洲、亚洲迅速发展。1971年，国际足联正式将女子足球列入发展议程。

进入20世纪80年代，欧洲女子足球发展势头迅猛，英国、德国、瑞典、意大利均有数十万妇女参加足球运动；在美国，经常参加足球运动的女子青少年有100多万，并建有完整的竞赛体系；中国女子足球运动在80年代进入国际足坛。

20世纪90年代后，女子足球运动快速发展，技战术水平取得了长足进步，"男子化"趋势明显，表现出以下特征：世界女子足球发展格局多极性，技战术风格多样性，运动员身体要求综合性，运动员竞技高峰期持久性，未来发展职业性。

二、发展格局

20世纪90年代是世界女子足球运动快速发展的阶段。1991年，国际足联正式举办第1届世界女子足球锦标赛；5年后，国际奥委会把女子足球列为第26届奥运会正式比赛项目；到2002年，女子足球已成功举办了3届世界锦标赛和2届奥运会比赛，女子足球运动全面进入世界竞技舞台。竞技水平已从开始的初级阶段向着更高的层次发展，在竞技能力上表现出高速度、强对抗、趋于"男性化"的整体发展态势。在20世纪90年代初形成的美国、欧洲、中国三强鼎立的局面开始动摇，1991年第1届世界女子足球锦标赛，美国、挪威、瑞典、德国、中国5强依次排列，到90年代末已经改变为美国、中国、挪威、巴西、德国的新格局,同时由瑞典、意大利、尼日利亚、俄罗斯、朝鲜5队组成的第二集团,已具备了与第一集团抗衡的实力,世界女子足球运动发展呈现出多极性的态势。

世界女子足球发展呈现出的多极性趋势与下列因素有关:

(1) 世界女子足球锦标赛的举办和女子足球被正式列入奥运会项目,改变了人们以往对女子足球的传统观念,促进了各国女子足球运动的发展,为世界女子足球发展的多极性奠定了物质基础。

(2) 女子足球运动的迅速发展,使以往靠某一方面优势角逐足坛的指导思想渐渐落伍,高水平的身体、技战术和心理综合能力是未来发展的方向,这一概念促进了女子足球运动多极性的趋势。

(3) 一些国家的女子足球在根据自身特点不断挖掘潜力的同时,学习、借鉴本国男子足球的成功经验,竞技水平迅速提高。如巴西、意大利、俄罗斯等国,这种现象为女子足球发展的多极性趋势提供了条件。

(4) 现在欧美等国家已经有了比较完整的女足职业联赛体系,包括中国在内,也有了相对成熟的女足职业联赛体制,这样对女足运动的发展和后备力量的培养至关重要。女子足球进入职业化,同时由于竞赛制度的作用,为一些有才华的运动队提供了展现实力的机会,从而使多极性趋势更加明显。

三、世界女足特点

(1) 女性化明显。由于女运动员的解剖、生理、心理特点有别于男运动员,因而女足在动作速度、攻防转换和对抗激烈程度等方面逊于男足,但场上的积极奔跑和顽强拼抢程度并不亚于男足。其动作表现出柔中带刚的特点,比赛场面也呈现优美与壮美相结合的特点。

(2) 加速向男子化方向发展。各女子足球队普遍模仿本国男足的风格,积极学习、借鉴男足运动技战术及打法,在速度、体能、技战术和意识等方面取得长足进步,与男足的差距在缩小。

(3) 进攻强于防守。攻势足球是现阶段女足比赛的重要特色,各队均注重进攻,进球欲望很强。在防守上虽也逼抢凶狠、拼搏顽强,但整体防守能力欠佳,相对于进攻而言,防守在对抗中略处于下风。

目前各国女子足球运动开展的历史均不长,尚未形成各自稳定的风格,但按其打法特点,可粗略划分为冲击型、技巧型和中间型三种。

冲击型以美国、挪威、丹麦为代表。队员身高体壮,身体素质好。拼抢凶狠,个人对抗占据优势。偏重长传配合,冲击力强。

技巧型以美洲的巴西和亚洲的中国、日本为代表。队员技术细腻、讲求配合,以短传进攻为主,以身体灵巧见长。

中间型兼具冲击型和技巧型的特点,但两种特点的结合并不完美,不同队在有所侧重的基础上表现出差异。其代表有德国、瑞典、意大利和新西兰。

四、国际足联主要女足赛事

(一)国际足联女子世界杯

国际足联女子世界杯(FIFA Women's World Cup),简称女足世界杯,被视为女子足球最高荣誉的赛事,是由国际足联主办、各国的女子国家足球队参加的比赛。首届女足世界杯于1991年在中国举行,之后每四年举办一次。(见表2-3)

表2-3 历届女子世界杯比赛成绩

届数	年份	举办地	冠军	亚军	季军
1	1991	中国	美国	挪威	瑞典
2	1995	瑞典	挪威	德国	美国
3	1999	美国	美国	中国	巴西
4	2003	美国	德国	瑞典	美国
5	2007	中国	德国	巴西	美国
6	2011	德国	日本	美国	瑞典
7	2015	加拿大	美国	日本	英格兰
8	2019	法国	美国	荷兰	瑞典

(二)奥运会女子足球比赛

1996年夏季奥林匹克运动会加入女子足球项目,由于当时女子足球运动发展仍未成熟,因此国际足联没有对奥运会女子足球参赛球员年龄做出限制。(见表2-4)

表2-4 奥运会女子足球比赛成绩

届数	年份	举办地	冠军	亚军	季军
26	1996	亚特兰大	美国	中国	挪威
27	2000	悉尼	挪威	美国	德国
28	2004	雅典	美国	巴西	德国
29	2008	北京	美国	巴西	德国
30	2012	伦敦	美国	日本	加拿大
31	2016	里约热内卢	德国	瑞典	加拿大

(三) 国际足联U-20女子世界杯

国际足联U-20女子世界杯（FIFA U-20 Women's World Cup），创建于2002年，每两年举办一届，当时的名称是国际足联U-19世界女子足球锦标赛（FIFA U-19 Women's World Championship），简称女足世青赛（Women's Youth Championship）。2006年将年龄上限调整到20岁，即国际足联U-20世界女子足球锦标赛（FIFA U-20 Women's World Championship）。2008年更名为国际足联U-20女子世界杯（FIFA U-20 Women's World Cup）。

(四) 国际足联U-17女子世界杯

在成功举行国际足联U-20女子世界杯后，国际足联计划举办第2项青年女子足球国际赛事。最终，在2006年国际足联理事会通过决议，于2008年召开第1届U-17女子世界杯（FIFA U-17 Women's World Cup）赛事。首届赛事定于新西兰举行，赛事邀请来自各大洲的优秀青年女足队伍参赛。每隔两年举行一次。

第四节 我国女子足球运动的发展

一、我国古代女子足球活动

古代女子足球活动最早见于中国。中国自汉至清的1000多年间，各朝代均有女子足球活动，但多在宫廷和艺人中进行，作为供人娱乐的手段。汉朝已经有妇女进行一种舞蹈形式的足球活动，在一些出土文物中已经发现很多关于女子足球的形象。唐朝随着男子足球活动的兴起，女子足球活动也得到了很大的发展，并有了民间的女子足球活动。

二、近代中国女子足球运动

中国是亚洲最早引进现代女子足球运动的国家，早在20世纪二三十年代便有女足运动萌芽，但仅在有限的局部地方昙花一现。1924年，上海私立两江女子体育专科学校的沈昆南教授偶然从伊尔文书店发现一本英文版书籍，谈及英国女子足球情况及规则，于是买下送交校长参阅。在校方积极支持下，女子足球被列为教学内容并成立了两江体专女子足球队。这支球队经常同毗邻的华东体专男子足球队进行友谊赛，双方势均力敌，互有胜负。1934年，广州国立中山大学附属中学为提倡女子体育运动举办了班级女子足球赛，并组成学校女子足球队向其他学校挑战。1939年，陕西城固西北师范学院也组织过女子足球比赛。

三、中华人民共和国成立后的女子足球运动

国内女子足球运动兴起于古城西安。1979年，西安东方机械厂子弟学校和铁路一中相继成立女子足球队，在全国引起反响，此后女子足球逐渐在一些足球重点省市开展起来。

1981年2月，北京首次举办了中学女子足球邀请赛；同年5月，广东举办了女子足球比赛；8月，云南楚雄自发举办了由5省市6支队伍参加的邀请赛。1982年，首都5家新闻单位在北京联合举办全国10省市足球邀请赛，年底国家体委正式将女子足球比赛纳入全国足球竞赛计划。

随后，全国各省市、行业协会纷纷组建女子足球队。1983年，全国女子足球锦标赛开始举行；同年11月，在广州首次举办了国际女子足球邀请赛；同时第1支国家女子足球队也在这一年成立。1986年，中国女子足球队在香港夺得第6届亚洲女子锦标赛冠军；1987年，女子足球被列为第6届全运会正式比赛项目。

1990年，女子足球进入第11届亚运会。中国女子足球的蓬勃开展，引起了国际足坛的广泛关注，为推动世界女子足球运动的发展，1988年，国际足联、亚足联和中国足协成功举办了国际足联世界女子足球邀请赛。1991年，第1届世界女子足球锦标赛在广东举行，中国女子足球队虽然未进入前4名，但她们所表

现出来的技战术水平和精神面貌得到了一致肯定。女子足球世界杯的举办开创了世界女子足球的新纪元，中国为国际足联女子足球史铺下了第一块奠基石。

1996年，女子足球进入第26届奥运会。在这届百年奥运会之际，中国女足在决赛中惜败美国女足，获得奥运会亚军，实现了新的突破。

1998年，在第13届亚运会上，中国女子足球队力克朝鲜队荣获冠军。

1999年7月，在第3届国际足联女子世界杯决赛中，中国女足在决赛中120分钟内与美国女足战成平局，因点球决胜告负而获亚军。国人虽深感遗憾，但备受女足精神鼓舞，掀起了向女足学习的热潮。

2000年4月，中国女足队员孙雯荣获国际足联颁发的女足世界杯金球奖和金靴奖，并荣获亚足联授予的"最佳运动员"称号，成为中国足球史上享有足球最高殊荣的第一人。

2018年8月，中国女足队员王霜与巴黎圣日耳曼女足队正式签约，并在随后的法甲女足联赛中发挥极其出色，成为球队必不可少的核心球员。同年11月，王霜获得"亚洲足球小姐"称号。

从1986年中国女子足球队第一次参加正式国际比赛起，到2018年，中国女子足球队共获得亚洲锦标赛冠军7次，亚运会冠军3次，奥运会和世界杯亚军各1次。

四、中国女子职业联赛简介

中国女子足球超级联赛是由中国足球协会组织的、中国女子职业足球俱乐部参加的全国最高水平的足球职业联赛，简称女超联赛。联赛开始于1997年，脱胎自原中国女子足球联赛。女超联赛冠军可以参加中国女子足球"超霸杯"的比赛。2011年，女超联赛更名为全国女足联赛，并采用双循环分站赛的赛制。

第1届只有4支队参加，是中国女子足球联赛首次采取主客场赛制进行比赛。因中国女子足球市场化程度不够，受关注度较低，女超联赛赛制经常变化，在初期为主客场循环赛制；自2003年起，采取南北分区加决赛的赛制，仍为主客场双循环赛制；2005赛季起采取分赛区的赛会制比赛形式；2007年起和中国女子足球联赛合并，采取南北分赛区和总决赛的赛制，为赛会制比赛形式。因中国女足俱乐部队较少，女足联赛没有成熟的升降级制度。参赛球队也多是与企业共建的俱乐部，并不是真正意义上的职业俱乐部，因此，经过多年的探索证明，女足联赛的职业化并不成功。

中国足协决定在 2015 赛季对女足联赛全面实施改制计划。16 支队伍按 2014 年联赛成绩，划分出女子超级球队和女子甲级球队，前八名参加女超联赛，后八名参加女甲联赛。

女超联赛采取主客场双循环赛制，女甲联赛仍旧采用赛会制。女超联赛最后一名降级，女甲联赛的第一名升级。女超联赛的倒数第二名和女甲联赛的第二名进行附加赛，胜者参加下赛季女超联赛，这也就是所谓的"1.5 席升降级"。

2014 年 11 月 13 日，经过 10 站共 30 轮的激烈角逐，2014 赛季全国女足联赛落下帷幕。根据规则，获得该年联赛前八名的球队——上海、天津、大连、北京、江苏、河北、长春和解放军队将参加 2015 年的女超联赛，而后八名球队——四川、山东、河南、广东、浙江、武汉、陕西和广西队则参加 2015 年的女甲联赛。

2018 年 9 月 25 日，全国大学生女子足球锦标赛暨中国足协女足乙级联赛在成都开幕，女足成年联赛形成三级（女超、女甲、女乙联赛）金字塔形发展体系。

建立女乙联赛，是为了做大做强女足联赛塔基，并实现不同层级联赛间的有效衔接。同时，足协鼓励大学生女足队伍加入职业赛事，并以女乙联赛为龙头，扩大高校招收高水平女足球员数量，有效衔接女足青训和职业发展。这个举措也将扩大大学生女足参赛队伍规模纳入我国女足发展的重要战略之中。一方面为更多的青年女足球员提供多途径的发展平台，另一方面也可从高校女足队伍中培养出更多的职业球员和各级国字号队员。

第三章 足球基本技术与战术

第一节 足球技术的概念与分类

一、足球技术的概念

足球技术，就是运动员在比赛中所采用的符合规则的合理的各种攻守动作的总称。

随着足球运动的日益发展，足球技术不仅在内容上更加丰富，而且动作难度也在不断提高。特别是当今的足球比赛要求队员能够在快速和激烈对抗的条件下，准确地完成踢、停、顶、运、抢截以及起动、快速跑动转身和急停等技术动作。因此，只有熟练地掌握足球技术，才能在比赛中有目的地采取行动和正确地处理球，以达到战术上的要求。而足球的发展，战术的不断丰富，对技术又提出了新的更高的要求，同时又促进了技术的不断发展和提高。这就要求初学者在教学和训练中首先要加强足球技术的全面掌握和提高。

二、足球技术的分类

足球运动是一项技术动作相当复杂的运动项目。复杂多变的技术动作是足球运动的主要内容。在比赛中不仅需要运用支配球、争抢球的技术动作，而且还要为能够进行支配球和争抢球而采用的行动的动作。也正是这种在比赛中符合规则的合理的有球和无球的攻守动作构成当今复杂多变的足球技术动作内容。因此，足球技术可分为有球技术和无球技术两大类。

1. 无球技术

起动：原地起动、活动中起动。

跑：快跑、冲刺跑、曲线跑、折线跑、侧身跑、插肩跑、后退跑。
急停：正面急停、转身急停。
转身：前转身、后转身。
假动作：无球假动作。

2. 有球技术

踢球：脚背正面、脚背内侧、脚背外侧、脚内侧、脚尖。
停球：脚内侧、脚底、脚背正面、脚背外侧、胸部、腹部、大腿、头部。
顶球：前额正面、前额侧面。
运球：脚背内侧、脚背外侧、脚背正面、脚内侧。
抢截球：正面抢截球、合理冲撞抢截球、侧后铲球及断截球。
假动作：有球假动作。
掷界外球：原地掷球、助跑掷球。
守门员技术：准备姿势、移动、选位、接球、扑接球、击球、托球、掷球、踢球。

第二节 足球基本技术分析

一、无球技术分析

无球技术是指运动员在比赛中不控球的情况下所采取的合理动作的总称。足球运动员在比赛中的无球跑动时间占全场的绝大多数。无球技术对比赛极为重要，尤其是无球技术的质量，对运动员的技巧水平的提高具有相当重要的作用。对足球技巧缺乏深刻认识的教练员，往往只关注队员的球技和身体素质等，因为这些比较容易被观察，但无球技术的作用却不易显露，于是他们便忽视了提高队员的无球动作质量的训练。

据统计，一个控制球能力很强的队员每场比赛所能控制球的时间也只有两三分钟左右，扣除各种情况下的死球停止比赛的时间外，其余大部分时间都是处于无球情况下的活动。因此，无球技术掌握运用是否合理在整场比赛中具有重要意义。

(一) 起动

足球比赛中的起动,是完成各种技术动作的基础,在一定程度上影响着技术动作完成的质量,突然快速起动,能为完成各项有球技术动作赢得时间优势。在紧逼、凶抢的严密防守中要想不受到对方阻挠地去接应球,只有突然地快速起动,才有可能暂时甩掉对手,抢先插入空当去接到和处理球。在连续快速的传球配合中,防守队员只有突然快速起动,才有可能盯住对手,去截获或破坏对手控制的球。因此,突然快速的起动是在短距离内超越对手或盯住对手,抢占有利位置的有效手段。

从生物力学角度分析,突然快速的起动也为尽快发挥速度的加速跑提供最大冲力和动能。

足球比赛中的起动是多种多样的,有在静止中,有在慢跑中,有在跳起落地后,有在倒地爬起过程中,有在转身过程中,有在后退过程中,等等。不论在什么情况下起动,都必须注意以下几点:

(1) 身体重心低,直体快速前移。
(2) 步频快、步幅小,快速有力后蹬。
(3) 两臂配合两腿动作用力快速前后摆动。
(4) 眼睛既要注意周围队员的位置变化,又要兼顾球的运动情况,这样有利于起动后的动作衔接。

(二) 跑

跑是人们的基本活动技能,在足球比赛中,只有掌握正确跑的技术并合理地运用各种方式的跑,才能起到积极的作用。速度已成为现代足球运动的特点之一,而快速跑则是"足球速度"的重要组成部分。在全面型的足球比赛中,队员是随着球的移动及场上的变化情况,在高速度地运动着,如进攻队员的摆脱接应拉出空当,占领有利位置等。队员堵截争抢、互相补位、紧逼盯人等,都需要快速跑动来完成,因此,跑已是足球运动中不可缺少的重要无球技术之一。

在跑的技术中的主要动作是后蹬前摆。后蹬动作,首先以伸展髋关节开始,当身体重心射影线离开支撑点时,要迅速有力地伸展髋关节、膝关节,最后脚趾蹬离地面。在后蹬结束时,髋、膝、踝三关节要充分伸展。前摆是当支撑腿开始后蹬时,摆动腿以膝关节领先,大腿带动小腿积极向前上方摆动,同侧髋部随之前送,以带动身体前移,大小腿自然折叠以缩小摆幅,加快前摆速度,当大腿摆到最高点时，又开始积极下压，小腿随惯性向前摆动，用前脚掌自然而积极地着地，完成触地动作。同时上体适当前倾和两臂迅速有力地前后摆动，配合两腿协调快速用力地蹬摆，推动身体快速向前移动。

在足球比赛中，随着攻与守的不断变化，要求队员必须全面掌握慢跑、快跑、直线跑、曲线跑、折线跑及侧身跑、插肩跑、后退跑等无球技术。

1. 快速跑

快速跑是指跑的速度程度。跑的速度是由步幅和步频决定的，在保持一定步幅的条件下，加快步频是提高速度的重要途径；同样在保持一定步频的条件下，加大步幅也能够提高跑速。但是在足球比赛中由于所处的情况不同，对于跑动步幅、步频的要求都要有变化。如在接近对手和球时以及与对方争球的情况下，跑动步幅就要小一些，步频则要快一些，重心低一些，身体前倾角度要小，这样就能够比较容易地控制身体平衡，及时地做出需要做的各种技术动作，并能随时调整改变动作和跑的方向，就有了较大的灵活性，以发挥自己的最大速度。特别是需要进行争抢、抢传、抢射等情况下，更需要加大步幅和加快步频，以争得刹那间的有利时机。

2. 曲线跑

曲线跑是为了绕过对方队员、接应来球、内切包抄、断抢来球、盯住对手时采取的跑动方法。曲线跑时，眼睛注视周围情况和球的运动情况，身体向内倾斜，内肩低于外肩，内侧膝稍外展，外侧膝稍内扣，以内侧脚的脚掌外侧和外侧脚的脚掌内侧用力蹬地。

3. 折线跑

折线跑一般多是进攻队员为了摆脱对手或穿越密集防守时采用的一种跑动方法。

折线跑时，眼睛要注视自己前面的左、右空当，由一个方向突然折向另一个方向时，上体和头部要突然向预定方向扭转、倾斜，身体重心也迅速移到这一侧，同时异侧脚用力蹬地。

4. 侧身跑

侧身跑是为了便于观察场上情况，随时准备参与攻守的具体配合时采用的调整位置的跑动方法。

侧身跑时，上体稍转向有球的一侧，脚尖对着跑动方向，眼睛随时注视球的运动情况和周围攻守双方队员的位置、活动情况，以便及时参加具体的配合或采取个人行动。

5. 插肩跑

插肩跑是为了限制处在与自己并肩跑的对手的跑动速度，进行争抢位置或争夺球时采用的方法。

插肩跑是当与对手并肩靠拢跑动时，把同对手接触的一侧肩突然向前探出，同时上体随之斜插入对手与自己同侧的胸前，同时同侧臂几乎停止摆动，以限制对手跑动的速度。

6. 后退跑

后退跑一般是在以少防多时，为了延缓对方的推进速度，伺机进行争抢或是当对方队员处在威胁着本方球门的情况下，为了盯住对手，限制其活动，常用后退跑。

后退跑时，重心稍下降并后移，使身体稍后倾。步幅要小，步频要快，脚蹬地后必须离开地面，但不要高抬，两臂稍张开自然摆动维持身体平衡，眼睛注视球的方位，对方队员的位置和活动情况，以及同队队员回防等情况，以便确定自己的下一个动作。

（三）急停和转身

随着比赛中进攻和防守的不断转换，球的位置也随时变化。为了甩掉对手或不被对手甩掉，队员有时需要在高速度的奔跑中突然停止跑动及突然停止跑动后立即转身或原地转身改变移动方向。

在比赛中运动员的急停和转身动作可分为正面急停、转身急停、前转身和后转身。

1. 正面急停

急停时，身体重心下降并快速后移，上体稍前屈，一脚向前迈出并以脚全掌着地用力前蹬，使上体成后倾，制动身体前冲，另一腿微屈稍后开立支撑身体的平衡，停止跑动。

2. 转身急停

转身急停时，重心下降，上体稍前屈并快速向转身方向扭转、倾斜，重心移向转身方向的同侧腿屈膝外转，脚掌外侧蹬地，脚尖指向转身方向，异侧腿迅速前迈。脚掌内侧积极着地蹬地，使整个身体成内倾，制动身体前冲，停止跑动。

3. 前转身

转身时，两膝微屈，重心移向转身方向的同侧脚，上体向转身方向倾斜，扭转和异侧脚前脚掌用力蹬地的同时，身体快速转动，蹬地脚随之上步。

4. 后转身

转身时，转身方向的异侧脚蹬地，重心后移，在身体开始向后转动的同时，另一脚抬起外转并向后迈出，脚尖向后，身体转向后方。

（四）跳

在足球运动中，跳的形式主要有三种。

双足跳和单足跳是其中两种，单足比双足跳得高，两种跳法都需要正确的技术和腿部爆发力。这两种跳法可看作"跳高"，还有一种跳可称为"跳跃"。在多数跳跃动作中，队员需在快速跑动中越过障碍物，比赛中的障碍，主要是队员身体的某一部分。

1. 双足跳

如同起动一样，队员应避免从静态直体位置向上起跳。

要想跳得高，无论怎样，在起跳前要有一些脚下的基本活动。迈一小步，可提高跳的高度。若时间和空间允许，运动员应后退一步，以便跨上一步起跳；如果不可能，前脚掌着地中的"小颤"，也比在完全静态下起跳要好得多。队员在起跳时应该注意以下几点：①身体重量均匀地分布于前脚掌；②两脚基本与身体同宽；③身体稍向前倾；④头不要向前伸得太远；⑤有力地向上甩臂；⑥寻求最佳的屈膝角度以便跳得更高；⑦专注于垂直上跳。

2. 单足跳

在可能的条件下，应鼓励队员尽量多用单足跳。单足跳的关键要领，是像田径比赛时跳高那样，要先快跑，起跳前的最后一步迈得大。

能否在单足跳中准确地完成顶球或接球动作，与队员的球感密切相关。跑、跳与触球的巧妙衔接，掌握精确的时机非常关键。若要在空中完成一些产生爆发力的身体动作，那么时机就更为重要。队员起跳时应注意以下几点：①开始直线慢跑，最后三步快跑；②起跳腿置于体前且脚跟先着地；③身体稍后倾以协助制动；④起跳腿屈膝以便用力蹬地；⑤后腿随屈膝动作摆起；⑥力求全力向上，避免向前；⑦两臂用力前上摆；⑧上跳起始阶段注意速度。

3. 跳跃

这一技术无统一要领，队员应视情况随机运用。一般来说，要求队员在快跑中迅速提腿跳过障碍。这一技术可在设立不同距离、不同高度障碍物的身体训练中发展，它与田径运动中跨栏动作是不同的。队员应注意以下几点：①全力关注快速提腿动作；②收腿于体下或体侧；③避免在空中无控制感；④跳跃后，脚迅速蹬地以便再起动跑;⑤充分利用身体和两臂动作维持空中平衡。

(五) 身体假动作

在比赛中,为了摆脱对手的紧逼或为了抢夺对手控制的球,常用快速而逼真的身体虚晃动作,使对手产生错误的判断,导致对手做出错误的行动或动作,而达到自己的预定目的。

逼真的假动作,会使对手产生相应的反应。当对手做出相应的反应时,由假变真的动作必须做得突然、迅速,才能达到预期的效果。因此,在快速虚晃中自如控制自己身体重心的移动,是顺利完成假动作的关键因素。

总之,无球技术是足球技术不可缺少的组成部分。在练习时,既要正确理解动作的要领,又要结合必要的专项身体素质和有球技术练习,以及根据足球运动的特点方能全面掌握无球技术。

二、有球技术分析

足球比赛的胜负是根据参加比赛的双方把球攻入对方球门的次数多少来决定的。而在快速运动和激烈对抗的条件下,最终能够体现完成攻守任务的技术是有球技术,所以,有球技术是在快速的激烈对抗的条件下准确完成技术动作的关键部分,是足球技术的重要内容。

踢球是运动员有目的地用脚的某一部位把球踢向预定的目的地,因此,各种踢球的动作总是与有目的的行动相连接,形成完整的用不同脚法踢球的技术动作。

踢球是足球运动中最主要和运用最多的一项基本技术,一场比赛,每个队一般要传球350～500次,比赛双方平均每5～7秒钟就有一次传踢球。比赛中,踢球主要用于传球和射门,是组织进攻与防守的主要手段。运动员踢球技术的好坏,直接影响传球、射门和组成战术的效果。因此,运动员踢球技术掌握得如何,对球队运动技术水平有举足轻重的影响。在足球比赛中,运用各种脚法进行射门、传球等技术都统称为踢球技术。

踢球的方法多种多样,动作要领也有所不同,但是每种踢球方法都是由助跑、支撑脚站位、踢球腿的摆动、脚触球和踢球后的随前动作组成。在这五个环节中又以支撑脚站位、踢球腿的摆动、脚触球三个环节为决定踢球的力量性质及准确性的重要环节。

（一）助跑

助跑是指准备踢球前的几步跑动，是踢球全过程的第一个组成部分。根据跑动与击球目标的方位关系，助跑可分为直线助跑和斜线助跑。助跑的主要作用在于调整人与球的方向、距离，便于摆动腿更好地发力，增加击球的力量，助跑的最后一步要稍大，以获得一定的初速度和使踢球腿增加摆腿幅度与速度，同时带动身体的前冲。

在助跑过程中，首先要判断好距离。助跑的方向与击球方向应一致，成直线跑。动作要放松自然，步幅均匀，整个助跑是加速度过程，特别是最后两步必须积极快速，为了加大踢球腿的摆幅和摆速，要求助跑的最后一步幅度要稍大，支撑脚的跨步选位落点要准确。踢球前不但要获得一定的前冲力，而且为了使身体在踢球时避免过早前冲和减少前踏的角度，最后一步要用跨步，支持脚落地时必须积极着地。

初学者步点判断不好，最后一步支撑脚落点不准，另外助跑速度掌握不好，容易过快前冲影响摆腿或没有加速，这样都会影响正确的踢球动作。

（二）支撑脚站位

助跑最后的着地脚所处的位置，就是踢球时的支撑脚站位。支撑动作贯穿于整个踢球过程，它包含支撑脚的选位、落位方法，脚的指向和关节支撑等因素。支撑的主要作用是维持身体在踢球过程中的平衡，保证踢球腿充分地踢摆发力。

（1）支撑脚的选位。指支撑脚与球的方位关系，它对踢球动作的质量和出球状态都有一定的影响。一般来说，支撑脚在球左、右侧的站位距离，会影响踢球腿的摆速和击球的准确性，而支撑脚在球前、后方的站位距离则影响踢球腿的摆幅以及出球的角度和高度。在一定范围内，站位越靠后，踢球腿的摆幅越大，出球角度越大，球易踢高，反之相反。因此，支撑脚的选位，应根据选用的踢球方法、球的起始状态以及出球的目标与目的所确定。支撑脚选位的关键是与球保持适当的距离。

（2）支撑脚的落位方法。支撑脚一般采用积极跨步的落位方法，支撑脚由脚跟滚动式支撑过渡为全脚掌支撑，着地时膝关节应微屈，以缓冲身体前移的冲力，保证身体重心有一个稳固的支点。踢球的目的与目标不同，落位方法也应该不同。

（3）脚的指向。支撑脚落位时脚趾应指向目标方向，以保证击球瞬间身体能转向目标方向，带动踢球腿向目标方向踢摆，从而有效地控制出球方向。指向出球方向是关键。

（4）关节支撑。支撑效果很大程度上取决于支撑腿关节的用力及屈伸程度。在着地支撑时，人体以缓冲身体冲力、控制平稳为目的，因此，膝踝关节既要适度弯曲，还应保持功能性紧张。而在前摆击球阶段，人体是以稳固支撑、保证踢摆发力为目的，因此，支撑腿膝、踝关节要有积极的蹬伸动作，以保证踢球腿充分地发挥击球力量。

初学者支撑脚落地不准，容易出现以下三种错误：①支撑脚落地点靠前，造成不能充分加速摆腿，小腿刚开始加速即踢到球的后上方，造成击球点用力线与地面成一定角度，出球方向不是向前，而是向前下方；②支撑脚落地靠后，此时小腿摆动已超过身体重心，使身体重心落在后面，造成臀部下坐、上体后仰，脚击球点在球的后下方，造成出球方向偏高；③支撑脚距球的一侧较远或较近，也就是脚与球的距离小于10厘米或大于15厘米，这样都破坏了根据人体结构特点所需要的合理位置，造成击球点不是球的后中部，而是偏左或偏右。

（三）踢球腿的摆动

踢球腿的摆动是在支撑脚向前跨步与助跑最后一步蹬离地面时，顺势向后摆起，在支撑脚着地的同时以髋关节为轴，大腿带动小腿由后向前摆的动作。踢球腿的摆动是击球力量的主要来源，踢球腿的摆速与摆幅的大小直接影响击球力量。根据力学原理，作用力的大小取决于线速度的大小。因此，要加大击球的力量，必须要加快腿的摆速，特别是小腿的急速前摆。

踢球腿的摆动从形式上可大体分为两种：一种是"大摆幅式"，即在跨步支撑的同时，踢球腿大腿顺势后摆，小腿后屈与大腿形成一定的夹角，前摆时以髋关节为轴，大腿带动小腿前摆击球。这种踢摆动作的主要特点是摆幅大、力量强、摆时长。其增加击球力量的主要途径，是靠大腿、小腿折叠以缩短转动半径，增加转动角速度，并在角速度加大过程中，最大限度地增大摆动半径，因而能充分地发挥肌肉力量，踢球的力量大、速度快，适用于远距离的传球和大力射门。但限于摆时较长，不适应快速出球的需要。另一种是"小摆幅式"，即在跨步支撑的同时开始积极送髋，大腿前顶，小腿后屈，以膝关节为轴小腿加速前摆击球。这种踢法以缩短半径、加快摆速为目的，动作快速突然，具有一定的隐蔽性，适用于在紧迫的环境和时间条件下快速出球的需要。但限于摆幅小，击球的力量相对较小，适用于中、短距离的传球与射门。摆腿的目的是为踢球提供力量,不同的摆腿方法用途各不相同。

初学者应注意以下几点:①后摆腿动作应与支撑脚落地同时进行,初学者有时容易造成支撑脚踏地后,才开始后摆,这样做使一个连贯完整的动作截然分离,破坏了动作的连续协调性;②大腿前摆时,小腿未做爆发式加速或过早加速,造成直腿踢球的错误动作;③摆腿时应以髋关节为轴,大腿带动小腿垂直摆动,由于支撑脚脚尖未对准出球方向,造成摆腿方向不正。

(四)脚触球

脚触球包括脚的部位和球的部位及击球的刹那踝关节紧张的动作。脚触球是决定击球方向准确性和力量大小的关键,整个身体力量与协调性(肌肉的放松与紧张)都集中在击球的瞬间使球由静止状态急速飞出。

在这个过程中,当小腿加速前摆时,拇趾长肌紧张扣紧足踝使脚面绷直,以脚背正面击球的后中部,击球时的作用力是通过球的中轴线沿直线向前(踢弧线球例外)。根据力学物体弹性碰撞原理,产生力的大小与碰撞时间成反比,与物体的质量及速度差成正比。因此,要想击球力量大、准确,必须缩短腿与球的接触时间,即要加快摆腿速度与加强脚面的硬度,也就是常说的"快速摆腿,绷直脚面"。击球时身体髋关节必须处在球的垂直上方,这是脚触球的最理想时机,因为如果髋关节不在球的垂直上方,而在球的垂直线前上方,那么小腿就不能充分快速前摆。如果髋关节落在球的垂直线后上方,这时大腿的前摆已经完成,小腿已开始向上摆,造成击球偏高。

初学者应注意以下几点:①击球的一瞬间,足踝一定要紧。因为扣紧足踝既可以控制出球方向,又可以增加脚面硬度加大击球力量,足踝未扣紧会造成出球无力。②击球时支撑脚靠前或靠后,造成髋关节不在球的垂直上方,使脚不能击中球的后中部,而是后上部或下部,影响击球效果。③击球点偏左或偏右(踢弧线球例外)造成作用力的方向向左或向右,不能沿着正确方向前进。击球点在球的左后侧,作用力通过球心向左前方运行;击球点在球的右后侧,作用力通过球心向右前方运行。

(五)踢球后的随前动作

踢球后的随前动作是指踢球脚与球接触时踢球腿仍以触球时的同样摆动速度继续前摆和送髋的动作。它的作用是,缓和因踢球腿的急速前摆而产生的前冲惯性,以维持身体平衡,同时可增大出球力量与衔接下一个动作。

当脚击球后,由于惯性作用,摆动腿应随球继续前摆,身体重心顺势前移,踢球腿的异侧手臂自然向前摆,同侧手臂用力后摆,以维持身体平衡,同时便于衔接下一个动作。

初学者应注意以下两点:①有意识地急速停止小腿前摆,影响出球力量;②身体未随摆动腿前移,影响衔接下一个动作。

三、弧线球成因分析

弧线球是指当击球作用力未通过球心时,球会产生相应的旋转,在空气阻力的作用下,旋转着的球将绕自身的旋转轴呈弧线运行一段距离。

在现代足球运动中,旋转球运动轨迹发生弯曲的实战意义愈加受到重视,成为比赛中绕过防守屏障、进行巧妙配合或直接射门的特殊手段。比赛中常见的弧线球有抽踢的前旋球,搓踢的回旋过顶球,以及侧旋球(内旋或外旋球)、侧回旋球、侧前旋球等。

旋转球的成因可以根据力的平移法则来认识,即偏离球心的作用力 F 将产生使球旋转的力矩 M 与平移力 F'。

根据力学原理,$M = F \times L$。由此可以看出,球旋转的强弱主要取决于作用力(F)的大小和力臂(L)的长短。所谓力臂是指球心与作用力线的垂直距离。在最佳角度的限度内,以及在作用力不变的条件下,力臂越长,则旋转力也越大,反之则越小。

旋转球在空中运行时,会带动球体周围的空气随球体表面转动形成环流,并对球体产生不同的压力,压力的大小遵循伯努利定律:流速越快压力越小,流速越慢压力越大。

由于球的旋转性质不同,而导致球体周围出现相应的气压差。如前旋球在运行中,球体上沿的气流因逆空气阻力导致流速减慢,而下沿的气流则与迎面气流方向一致而使流速加快。因而出现上沿大、下沿小的压力差。在球的运行初期,由于速度较快,压力差对球的影响尚不明显。随着球前移的速度逐步减慢,而球的旋转变化不大时,压力差对球体的作用明显加强。从球的运行轨迹上可以看出前半程弧度小,后半程弧度大的态势,缩短了球的前移距离,加快了球的坠落速度。

回旋球因其旋转方向与前旋球相反,故而球体周围的空气环流速度上沿快、下沿慢,压力为上沿小、下沿大。这种压力差给球体一定的浮力作用,使其降落速度减缓。

同理，内、外旋球由于球体周围的气流是环绕其纵轴运动的，球体两侧空气流速的不平衡，使球的运行轨迹向压力小的一侧弯曲，而形成内旋球或外旋球。

总之，在常规情况下（排除风力及其他影响），弧线球的成因须具备两个基本条件：一是球必须旋转，二是与空气阻力发生作用。当作用力偏离球心时，球便会产生相应的旋转，在空气阻力的作用下，旋转球将会绕自身的旋转轴旋转，并向压力小的一侧呈弧线运行一段距离。

在训练实践中，可通过反复练习（如调整踢球力量、作用力方向或击球点等）体会弧线球运行轨迹的变化特点和规律，但也必须从理论上加深对弧线球成因的认识，这是更好地掌握和运用弧线球技术不可缺少的一个方面。

第三节　足球基本技术

一、颠球

颠球是用除了手臂以外的身体某个或某些部位连续不断地将处于空中的球控制好而不使球落地的技术。足球比赛争夺激烈，对抗性强，运动员要想在比赛中自如地应付处于各种不同状态的球，必须了解、熟悉球的性能，掌握球在各种状态下的运动规律。颠球可使运动员熟悉球性，提高控球能力，提高运动员的身体协调性，脚步移动以及踝、膝、髋关节的灵活性和在比赛中的应变能力，可为传球、射门、接球、抢截球等技术打下良好的基础。（见图3-1）

图3-1

（一）常用部位颠球技术要领

（1）脚背正面颠球。支撑腿的膝关节微屈，身体重心转移到支撑腿上，当球落至低于膝关节时，颠球脚的膝、踝关节适当放松，并柔和地向前上方稍甩动，小腿、脚尖稍翘起，用脚背正面轻击球的底部，将球向上颠起。颠球不宜过高，略有下旋。

（2）脚内侧颠球。支撑腿的膝关节微屈，身体重心转移到支撑腿上。当球落到膝关节的高度时，颠球脚屈膝盘腿，脚内侧向上摆，脚内翻，即脚内侧成水平状态。用脚内侧轻击球的底部，将球向上颠起。

（3）脚外侧颠球。支撑腿的膝关节微屈，上体向支撑脚一侧稍倾斜，重心转移至支撑脚上，当球下落至膝关节的高度时，颠球脚屈膝撇腿，脚外侧向上摆，脚外翻轻击球的底部，将球向上颠起。

（4）大腿颠球。支撑腿的膝关节微屈，身体重心转移至支撑腿上，两臂自然张开，当球下落到近髋关节高度时，颠球的大腿屈膝上摆，当大腿摆成水平状态时，用大腿正面击球的底部，将球向上颠起。

（5）头颠球。两腿左右或前后开立，膝关节微屈，身体重心下降至两腿之间，两臂屈肘自然张开，头后仰使前额正面成水平状态，当球下落到接近前额正面时，两脚同时柔和地向上蹬地伸膝用前额正面轻击球的底部，将球向上颠。

（二）易犯错误

（1）脚击球时踝关节松弛，造成用力不稳定。

（2）击球时脚尖向下或向上勾，造成球受力后向前或向后触碰身体，使球难以控制。

（3）颠球时身体其他部位不够放松，以至于动作僵硬。

（4）头部颠球时腿部、躯干、颈部配合用力不协调，仅靠颈部。

（5）脚内侧和脚外侧颠球时，小腿的内翻和外翻不充分，导致球无法向上踢起。

（三）颠球技术练习方法

（1）一人一球。初学者开始练习时，可以将球拿在手里，将球从手中松开，同时用脚背正面颠球一次，然后用手再次接住球，反复练习。熟练后，可踢一次球，让球落地一次，逐渐增加触球的次数。

（2）两人一球。用脚背、大腿、头部以及身体各部位触球，掌握好触球的力量，尽量不让球落地。每人可触球一次颠给对方，也可触球多次互颠。

（3）四五人一组。可规定每人触球的次数与部位，也可自由掌握触球的次数与部位。颠传球时要注意观察,防止两个球同时颠传给同一伙伴。

二、各种踢球技术的动作要领及特点

踢球是指运动员有目的地用脚将球击向预定目标的动作方法。踢球是运动员进行比赛活动的主要技术手段,它在比赛中的主要用途是传球和射门。踢球是为比赛的终极目标服务的,不同的动作方法其作用不同。

(一) 脚内侧踢球(又称为脚弓踢球)

它是用脚内侧的跖趾关节、舟骨和跟骨所构成的三角部位接触球的一种踢球方法。其动作特点是触球面积大、可控性强、出球平稳准确、出球力量较小,是短距离传球和射门常用的脚法。

1. 脚内侧踢定位球

直线助跑,支撑脚踏在球的侧方 15 厘米左右处,膝关节微屈,在支撑脚着地的同时踢球腿以髋关节为轴由后向前摆动。在前摆过程中屈膝外转,踢球脚的内侧正对出球方向,小腿加速前摆,脚尖稍翘起,脚掌与地面平行,用脚内侧部位击球的后中部。脚内侧踢球在脚与球接触过程中有两种踢法:一种是推送的踢法。这种踢法脚触球时,踢球腿要继续前摆,这样踢球脚与球接触的时间较长,出球易平稳。另一种是敲击踢法。踢球时,踢球腿的大腿摆动不大,只是小腿快速前摆击球,击球后,小腿突然停止前摆,该动作接触时间短促,动作有力。(见图 3-2)

图 3-2

2. 脚内侧踢平高球(正面凌空射门)

根据来球的速度、高度、运行轨迹,提前移动到位,大腿要抬起,小腿应拖后,利用小腿的加速前摆击球,抬腿的高度要与来球高度相适应,摆腿的时间应与来球速度相适应,击球的中部,勾脚尖,击球后身体重心向前移动。(见图 3-3)

图3-3

3. 脚内侧踢高远球（防守解围）

根据来球的速度、高度、运行轨迹，提前移动到位，身体放松协调，大腿带小腿摆动，击球的中下部，勾脚尖，击球后上体稍后仰。（见图3-4）

图3-4

4. 脚内侧踢向左右侧球

判断来球方向，提前预判选位。向异侧方向踢球时，支撑腿外展，踢球腿前摆，触球时做下切动作；向同侧方向踢球时，支撑脚内扣，踢球腿外展。

5. 脚内侧踢反弹球

根据来球落点，及时移动到位，支撑脚的站位应与球落点保持在踢定位球时支撑脚与球的相对位置。踢球腿摆动与踢定位球时相同。当球着地后刚弹离地面的瞬间用脚内侧击球的中部。（见图3-5）

图3-5

6. 脚内侧踢各种方向来的地滚球

支撑脚站位必须要有提前量，或早或晚都会影响脚触球的时机、部位，以及传球或射门的质量。当踢球脚触球时，应做"下切"动作，以保证球不易被踢起。踢球摆动腿多数依靠小腿爆发式地摆动。

7. 脚内侧踢球易犯错误

（1）踢球腿膝、踝关节外展不充分，脚趾没勾翘，击球脚型不正确，影响击球效果。

（2）踢球腿直腿摆击球，出球乏力。

（3）击球刹那，脚型不固定，出球不顺畅。

（4）触球部位不准，踢球腿摆动的方向出错。

（5）在踢高空球时，触球点靠后，预判不佳，以膝关节为轴，在两腿间向上摆动踢球腿。

（6）判断空中来球落点不准，支撑脚的站位不当。

（7）向左右两侧踢球时，支撑脚站位不对，影响踢球的准确性。

（8）踢反弹球时，对球的反弹点判断不佳，脚尖不勾。

8. 脚内侧踢球的练习方法

（1）在没有球的情况下，原地和上一步踢球模仿练习，按照正确的姿势在慢跑中做正确的踢球姿势，保持动作的稳定和连贯。注意支撑腿弯曲。

（2）两人一球，一人踩球，一人做踢球的模仿动作。体会支撑脚落位，体会脚触球部位。助跑距离不宜过远，只需一步。

（3）两人一组定位传球。两人相距4～5米传定位球，一人传球，一人停球，将球传回去。

（4）传准练习，两人一组相距8～10米，中间摆放一个2～3米宽的门型标志物，两人每次传球都要通过球门。

（5）连续传球，两个人一组相距5～8米，不停地做连续传球练习。

（6）三人循环传球，三人三角形站位，各相距5～8米，依次进行传球练习。

（二）脚背正面踢球（又称为正脚背踢球）

它是用脚背正面的楔骨和跖骨的末端构成部位触球的一种踢球方法。其特点是踢摆幅度大，动作顺畅，便于发力。但出球路线及性能缺乏变化，适用于远距离的传球和大力射门。在比赛中经常使用脚背正面踢任意球、地滚球、空中球、反弹球及倒勾球等。

1. 脚背正面踢定位球（通常为直接任意球射门）

直线助跑，最后一步稍大并要积极着地，支撑脚在球的侧方10～12厘米处，脚尖正对出球方向，膝关节微屈，踢球腿随跑步向后摆动，支撑的同时踢球腿以髋关节为轴，大腿做爆发式的摆动。当膝盖摆至接近球正上方的刹那，小腿做爆发式前摆，脚背绷直，脚趾扣紧，以脚背的正面击球的后中部。踢球腿随球继续提膝前摆。（见图3－6）

图3－6

2. 脚背正面踢侧身凌空球

首先要判断好球的运行路线和确定好击球点，并使身体侧对出球方向，支撑脚跨上一步，脚尖指向出球方向，上体向支撑脚一侧倾斜，踢球脚的大腿带动小腿急速向出球方向挥摆，用脚背正面踢球的后中部，在摆腿踢球的过程中身体随之向出球方向扭转。在踢球的刹那，眼睛始终注视球，身体正对出球方向。踢球后，面对出球方向。（见图3－7）

图3－7

3. 脚背正面踢正面凌空球（抽击下坠球）

踢空中球时，支撑脚的选位要稍远，触球时，大腿抬高，并向上提拉，使球产生强烈的前旋，球飞行一段距离后迅速下坠。此踢球技术多用于远距离射门。（见图3－8）

图 3-8

4. 脚背正面踢反弹球

踢反弹球时，要准确判断球的落点、反弹时间和角度，选好支撑脚的位置，在球落地的刹那，踢球腿小腿加速前摆击球，在球反弹离地时击球的后中部。踢地滚球时，支撑脚应正确选位，踢两侧地滚来球时，脚趾应对准出球方向，击球部位应准确，以保证击球能发上力。对速度较快的来球，要通过加大摆踢力量和调整出球方向，消除其初速度对出球方向的影响。（见图3-9）

图 3-9

5. 脚背正面踢挑传球

脚背正面搓球过顶时，摆动腿的动作是由后向前下方用力，脚掌贴擦地面，脚尖插入球底，踢球的底部，使球由脚尖经脚面向前上方回旋而出。触球的一瞬间，脚背屈，小腿做急速向上提摆动作，施加给球的力量不通过球的重心，使球产生回旋。（见图3-10）

图 3-10

6. 脚背正面踢倒勾球

先判断好来球的运行路线并确定好击球点，然后踢球脚上步蹬地起跳，同时另一条腿上摆，使身体腾空后仰，眼睛注视来球。在另一条腿下摆的同时，踢球腿以大腿带动小腿急速挥摆，两腿在空中成剪刀式交叉，以脚背正面踢球的后中部，踢球后，两臂微屈，手掌向下撑地，手指指向出球的相反方向，屈肘。然后背部、臀部依次着地。落地以手掌撑地时，手指方向不对，容易造成肘、腕挫伤。（见图 3–11）

图 3–11

7. 脚背正面踢球易犯错误

（1）踢定位球时，支撑脚的位置靠后，造成踢球时身体后仰，踢球的后下部，出球偏高。

（2）踢球腿前摆时，小腿过早前摆，造成直腿踢球，出球无力。

（3）摆腿方向不正，踢球时，因怕脚尖触地，脚背不敢绷直，造成脚趾触球。

（4）踢反弹球时，对球的落地时间判断不准，摆腿过晚，击球的后底部，击球偏高。

（5）踢侧身凌空球时，摆腿过早或过晚，造成漏踢。支撑脚尖没有对着出球方向，限制了身体的扭转。上体倾斜不够，造成踢球时腿朝斜上方挥摆，击球的中下部，出球偏高。

（6）踢倒勾球时，上体后仰不够，膝关节太直，造成踢出的球方向不是向背后而是向上运行。不敢跳或跳起后不敢向后仰体。

（7）踢挑传球时，踢球时，脚尖未插进球的底部，造成击球点不准确。

（8）踢下坠球时，大腿向上提拉不够，造成球踢出后没有向下运行而是踢向空中。

（9）过于考虑加大力量踢球，从而造成动作僵硬，忽略了触球的部位、身体的松弛状态，达不到预想的效果。

8. 脚背正面踢球练习方法

（1）按照动作要领在慢跑中做正确徒手模仿的踢球姿势，保持动作的稳定和连贯。在完成技术动作的过程中注意大腿带动小腿的摆速、大腿的前送动作，同时保持支撑腿的弯曲和身体重心的稳定。

（2）两人一球，一人踩球，一人做踢球的模仿动作。体会支撑脚落位，体会脚触球部位。助跑距离不宜过远，只需一步。

（3）踢反弹球练习时，每人一球，自己抛球，将球从腰部高度自然下落，原地进行模仿练习，不宜发力。

（4）两人一组，相距10～15米，一人抛球，另一人踢反弹球。

（5）踢下坠球时，每人一球，自己抛球，将球抛至胸部高度，当球自然下落时，提前预判，踢下坠球。

（6）踢挑传球时，两人一球，相距15～20米，进行对传球。

（三）脚背内侧踢球（又称内脚背踢球）

它是用第一跖骨及跖趾骨关节部位触及击球的踢球方法。其特点是踢球腿的摆幅大，摆速快，踢球的力量大，由于助跑方向、支撑脚选位灵活性较大，出球的方向变化幅度较大。因此，可踢出平直球、远距离弧线球等，也便于转身踢球。

1. 脚背内侧踢定位球

斜线助跑，助跑方向与出球方向成45°角。支撑脚以脚掌外沿积极着地，踏在球的侧后方20～25厘米处，屈膝，支撑脚脚尖指向出球方向，身体稍向支撑脚一侧倾斜。在支撑脚着地的同时，踢球腿以髋关节为轴，大腿带动小腿由后向前摆，当身体转向出球方向，膝盖摆到接近球的内侧正上方的刹那，小腿做爆发式前摆，脚尖稍向外转，脚面绷直，脚趾扣紧，脚尖指向斜下方，以脚背内侧踢球的后中部（踢高球时，击球的中下部），踢球腿随球继续前摆。（见图3-12）

图3-12

2. 脚背内侧踢地滚球

助跑、支撑脚落位等基本动作与踢定位球一样，要注意调整身体与出球方向的角度关系，以便踢球腿摆踢发力。脚触球的部位应该在球的中间，脚后跟抬高，整个脚背内侧直立触球。（见图 3-13）

图 3-13

3. 脚背内侧踢反弹球

根据来球的落点及时移动选位，在球离地（反弹）的瞬间踢球，其他动作要求与踢定位球相同。

4. 脚背内侧踢弧线球

击球点应在球的后外侧，击球刹那，踝关节内旋发力，脚趾勾翘，使球内旋并呈弧线运行，用脚背内侧踢球的后中部位。摆腿的方向不通过球心，在踢球的一刹那，踝关节用力向里转并上翘，使球成侧旋沿一定的弧线运行。（见图 3-14）

图 3-14

5. 脚背内侧踢搓传球

动作方法基本上与踢定位球相同。踢球脚背略平，插入球的底部做切踢动作，击球后脚不随球前摆。支撑脚踏在球的侧后方，踢球脚不要过于绷直，踢球的后下部，并稍有下切的动作，使球向前上方飞起并回旋。踢球脚不随球前摆。

6. 脚背内侧踢各方向来的地滚球

根据来球的速度、运行轨迹，选好击球的位置并及时移动到位。在选择支撑点时应考虑来球的情况和摆腿的速度，以保证脚触球的瞬间，球与脚的相对位置仍能保持动作规格要求。

7. 脚背内侧踢球易犯错误

（1）踢定位球时，支撑脚的位置偏后，踢球时上体后仰，易把球踢高。

（2）过于注重发力，致使身体僵硬，不舒展。

（3）踢球脚尖外转不够，接触部位不正确。

（4）击球刹那，膝没有向前顶送，而是顺势内拐，导致出球侧内旋。

（5）没有直向出球方向摆腿，形成划弧动作以致出球点偏外。

（6）踢搓传球时，踢球脚没有插进球底部，击球点不在球的后下部，使球不能产生回旋。

（7）踢球腿的摆幅不够，导致击球力量不足。

（8）助跑方向不准确，导致触球部位不当，影响出球效果。

（9）最后的跨步动作不明显，导致踢球腿后摆不够充分。

（10）踢弧线球时，踝关节用力过大或过小。

（11）踢球腿后摆动作紧张，影响前摆速度，击球发力不足。

（12）踢各方向来的地滚球时，预判不够，支撑脚落位的时机把握不好，或早或晚。

8. 脚背内侧踢球练习方法

（1）徒手模仿练习，原地和上一步踢球模仿练习，主要体会支撑脚的落位、助跑节奏、脚触球的部位。特别是助跑的最后一步跨步动作。

（2）两人一球，一人踩球，一人做踢球的模仿动作。体会完整动作。

（3）每人一球，将球置于11人制场地的球门区线上，将球踢起，进入球门。

（4）两人一球，相距20～25米，踢定位球。初学者的要求是把球踢起。

（5）利用球墙，距离由近到远练习踢准，体会踢球时的力量。

（6）练习踢弧线球时，可以每人一球，在角球区发角球，直接射门得分，体会动作要领。

（7）练习踢各方向来的地滚球时，两人一组，一人传球（变化方向），另一人体会踢出地滚球、平直球、弧线球。

（四）脚背外侧踢球（又称为外脚背踢球）

它是用第三、四、五跖骨部位接触球的一种踢球方法。其特点是除具备脚正面踢球的特点外，还具有在踢球时，预摆动作小，出脚快，能利用膝、踝关节的灵活变化改变出球的方向和性质。由于脚背外侧踢球时脚腕灵活性较大和摆腿方向变化较多等优点,所以它是踢各种距离弧线球和弹拨、削球的主要方法。它是很隐蔽的传球方法之一。

1. 脚背外侧踢定位球

助跑、支撑脚的位置和踢球腿的摆动,基本上与脚背正面踢球相同,只是用脚背外侧接触球。在踢球腿的膝盖摆到接近球的正上方的刹那,小腿做爆发式前摆时,膝盖和脚尖内转,脚面绷直,脚趾扣紧,以脚背外侧部位踢球的后中部,踢球腿随球继续前摆。(见图3-15)

图3-15

2. 脚背外侧踢地滚球

踢球腿以膝关节为轴快速侧摆或侧前摆。击球时,踝关节快速转动将球弹出,踢球脚快速收回。

3. 脚背外侧踢反弹球

根据来球的落点及时移动选位,在球离地(反弹)的瞬间踢球,脚背绷直,击球时,踝关节快速转动将球弹出,踢球脚快速收回。

4. 脚背外侧踢弧线球

支撑脚踏在球的侧后方15~20厘米处,踢球脚的脚踝用力,并以脚背外侧踢球的后中部,摆腿的方向不通过球心,并向支撑脚一侧的前方继续摆动,以加大球的旋转。

5. 脚背外侧踢球易犯错误

(1)踢定位球时,膝盖和脚尖内转不够,造成接触球部位不正确。

(2)击球刹那,脚型不稳,脚尖上撩,出球不稳。

(3)摆腿时髋关节内转或直腿击球,击球发力不足。

(4)膝、踝关节旋内不够,影响击球的准确性。

(5)支撑脚选位不合理,影响摆踢发力。

(6)支撑脚靠后,造成踢球时身体后仰,踢球的后下部,以致出球偏高。

(7)踢弧线球时,踢球脚的脚踝用力不够,摆腿方向靠球心轴较近。

6. 脚背外侧踢球练习方法

（1）徒手模仿练习，原地和上一步踢球模仿练习，主要体会支撑脚的落位、助跑节奏、脚触球的部位。特别是助跑的最后一步跨步动作。

（2）两人一球，一人踩球，一人做踢球的模仿动作。体会完整动作。

（3）两人一球，相距8～10米传球，体会完整动作。

（4）利用球墙，距离由近到远练习踢准，体会踢球时的力量。

（5）练习踢弧线球时，可以每人一球，在角球区发角球，直接射门得分，体会动作要领。

（五）脚尖踢球（又称为脚尖捅球）

它是用脚尖部位接触球的踢球方法。其特点是踢球腿的摆幅大，摆速快，踢球的着力点集中，出球快而有力，但因脚尖与球的接触面小，出球的准确性较差。基本动作要领是：脚尖踢球与脚背正面踢球动作大致相同，支撑脚踏在球的侧后方，击球时，脚尖翘起，趾、踝关节紧张用力并保持稳固，以脚尖击球的后中稍偏下的部位。此外，如遇支撑脚离球过远时，可采用脚尖捅球动作。脚尖捅球时，踢球腿要屈膝前跨，髋关节往前送，两臂向上摆，在踢球脚落地前，用脚尖捅球的后中部。

脚尖踢球易犯错误：

（1）击球点不正确，出球不准。

（2）踢球时，踝关节不够紧张，以致出球无力，而且容易受伤。

（六）脚跟踢球

这是用脚跟（跟骨的后面）接触球的一种踢球方法。其特点是脚跟踢球的出球方向是向后，隐蔽性强，具有突然性，但出球力量小，只适用于近距离向后传球。基本动作要领根据人与球的不同位置采用不同的踢法，当球在支撑脚内侧时，踢球腿自然提胯到球的前方，然后以膝关节为轴，小腿突然快速后摆，踝关节在后摆过程中紧张用力，以脚跟触球的前中部，把球向后踢出。当球在支撑脚外侧时，踢球腿先自然前摆，当摆过支撑脚时，立即向支撑脚一侧成交叉后摆，踝关节紧张用力，以脚跟触球的前中部，把球向后踢出。

脚跟踢球易犯错误：

（1）踢球腿自然前摆幅度大，隐蔽性不高。

（2）跑动中踢球动作不协调，踢球脚与支撑脚相绊。

三、各种接球技术的动作要领及特点

接球是指球员有目的地用身体的合理部位把运行中的球接下来，控制在所需要的范围内，以便更好地衔接下一个技术动作。接球又称控球或停球。接球是为下一个动作服务的，接球质量的好坏直接影响下一个动作的顺利完成。比赛中来球性质、状态不同，所以接球应根据不同情况，采用不同的动作方法。

在足球接控球技术中，包含了很多种接球方法，但无论采取哪一种，动作结构离不开以下四个环节。

（1）观察和移动。为了更好地完成接球动作，首先要注意观察来球的情况。根据球的运行轨迹、球的旋转与速度等情况，迅速判断球的落点，及时移动，使自己能够处于做接球动作时所需要的最佳位置。

（2）选择接球的部位和接球方法。接球的不同部位和采用不同的方法，各有其不同的作用，因此，必须根据当时的情况及下一步动作的需要，恰当地选择接球部位与接球方法。

（3）改变来球的力量。根据来球力量大小和接球实际需要，可分别采取加力或减力（缓冲）方法。根据来球力量的方向和接球实际需要，还可按照反射定律调整入射角，获取理想的反射角。

（4）随球移动。接球动作一做完立即随球移动，紧密衔接下一个动作，在接球与处理球的动作之间不能有停顿。

（一）脚内侧接球（又称为脚弓停球）

它是用脚内侧部位去接球的一种技术。由于脚内侧触球面积大，动作简单，掌握容易，在比赛中经常使用这种技术接各种地滚球、平球、反弹球、空中球。它是足球接控球技术中运用率最高的接球部位。

1. 脚内侧接地滚球

支撑脚脚尖正对来球，膝关节微屈，同侧肩正对来球。接球腿提膝大腿外展，脚尖微翘，脚底基本与地面平行，脚内侧正对来球并前迎，当脚内侧与球接触的一刹那，切压球的后上部并迅速后撤，把球接在脚下。（见图3-16）

图 3-16

若需将球接在侧面时,支撑脚脚尖应向同侧斜指,脚内侧与来球方向成一定角度触球,同时支撑脚提踵,以前脚掌为轴做适当转动,身体移动。当来球力量不大时,只需将脚提到一定的高度,并使脚内侧与地面形成锐角轻触球。也可在触球时用下切动作使球前进之力部分转变为旋转力,而将球接在脚下。

若想将球接到自己的侧后方,在接球脚撤到支撑脚的侧方时,再继续以髋关节外转和腿后引的动作将球引向侧后方,同时支撑脚提踵,以支撑脚脚掌为轴使身体转向出球方向。

2. 脚内侧接反弹球

根据来球的落点,及时移动到位,支撑脚与球落点的相对位置在球的侧前方,支撑腿膝关节微屈,身体向接球后球运行的方向偏移。接球腿提起小腿放松,脚尖微翘,小脚内侧对着接球后球运行的方向并与地面成一锐角,当球落地反弹刚离地面时,大腿向接球后球运行的方向摆动,用脚内侧部位轻推球的中上部。用这种方法接球时,也可在触球时使球产生旋转以达到接好球的目的,但应注意球的旋转情况并及时加以调整。(见图 3-17)

图 3-17

3. 脚内侧接空中球

根据来球的速度及运行轨迹,及时移动到位。若为抛物线较小的平空球,则应根据临场的实际情况选择适当高度的接球点,将接球腿抬起,使脚内侧部位对准来球的方向并前迎,脚在接触球的一瞬间后撤,并将球接在所需的位置上。

（见图 3-18）

图 3-18

4. 脚内侧接球易犯错误

（1）对来球的预判不准，没有提前移动，而是身体重心偏离，伸脚够球。

（2）接触球时，身体过于紧张，动作不协调。

（3）接球脚的踝关节过于紧张，没有缓冲动作，使球停得距离身体很远。

（4）接球时，身体后仰，接触球的部位不正确，将球停高。

（5）接地滚球时，脚提的高度太高，导致球从脚底漏过。

（6）接反弹球时，对球落点的判断不好，出现了踩球现象。

（7）接空中球时，对来球力量的判断不佳，影响踢球效果。

（8）接球后，衔接下一动作的能力不足。

5. 脚内侧接球练习方法

（1）两人一球，相距 5～8 米，原地反复传球，体会接球要领。

（2）三人一组，进行三角传球，练习将球停向下一方向。

（3）三人一组，直线排开，各相距 5～8 米，一侧队员传球给中间队员，该队员接球转身后，将球传给另一侧队员。完成规定次数后换人。

（4）6～8 名队员，分 2 组，每组 3～4 人，相距 8～12 米，进行循环传球，要求接球队员将球停在正前方体会。体会接、运球的连贯性。

（5）两人一组，相距 20～30 米，进行长传球，根据来球的力量，选择接反弹球或接空中球技术要领。

（6）每人一球，将球抛过头顶后自然下落，判断反弹点，接控地滚球。

（二）脚背外侧接球

1. 脚背外侧接地滚球

将接球点放在接球腿一侧，支撑腿膝关节微屈。接球腿提起屈膝，脚内翻使小腿和脚背外侧与地面成一锐角，并对着接球后球运行的方向，脚离地面的高度应略等于球的半径，然后大腿向接球后球运行的方向推送，同时身体随球移动。（见图3-19）

图3-19

2. 脚背外侧接反弹球

根据来球的落点及时移动到位，支撑脚站在来球落点的侧后方，根据接球的下一个方向，在接触球之前，身体重心在异侧，膝关节微屈，接球脚提起，脚尖内旋，使接球脚小腿与地面成一定角度，踝关节放松。除触球部位外，其他环节均与脚背外侧接地滚球相同。（见图3-20）

图3-20

3. 脚背外侧接球易犯错误

（1）接地滚球时，身体重心过高，接球效果不佳。
（2）触球部位过高，导致踩到球的顶部，造成摔倒。
（3）触球瞬间，接球脚小腿内翻不够。
（4）接反弹球时，对球的落点判断不理想，导致接球失败。
（5）身体重心过高，触球部位不准确，导致踩球。
（6）接球后身体不能及时跟上，从而影响下一个动作的衔接。

4. 脚背外侧接球练习方法

（1）两人一球，相距5～8米，原地反复传地滚球，体会接球要领。

（2）两人一球，相距 5～8 米，迎上去接对面同伴的传球。

（3）每人一球，将球抛过头顶，自然下落，然后进行接反弹球练习。

（4）两人一球，相距 10～12 米，一人将球抛向对方，另一人采用脚背外侧接控反弹球。

（三）脚背正面接球

1. 脚背正面接对向来的高空球

根据球的落点，及时移动到位，脚背正面上迎下落的球，当球与脚背正面接触的一瞬间，接球脚与球下落的速度同步下撤，此时大腿膝关节、踝关节、脚趾均保持适度的紧张，脚尖微翘将球接到需要的地方。（见图 3-21）

图 3-21

2. 脚背正面接高空下落球

仰脖抬头，判断球的落点，可以将脚微抬起，并适度背屈，当球接触脚背正面的瞬间，踝关节放松，脚尖微勾，做缓冲动作将球接到身体附近。（见图 3-22）

图 3-22

3. 脚背正面接球易犯错误

（1）当触球时，大腿抬起的高度过高，达不到缓冲的效果。

（2）踝关节过于紧张，球停得离身体过远。

（3）接球脚背的后上部，缓冲不了来球的力量。

4. 脚背正面接球练习方法

（1）每人一球，将球抛过头顶，使球自然下落，体会脚背正面接球技术。

（2）两人一组，相距5～8米，一人抛球，另一人做接球动作。

（四）脚底接球

由于脚底接球技术便于掌握，易于将球接到需要的位置，故常被用来接各种地滚球和反弹球。

1. 脚底接地滚球

身体正对来球方向，移动前迎，支撑脚站在球的侧面（或前或后均可），脚尖正对来球方向，膝关节微屈，同时接球腿提起，膝关节微屈，脚略背屈，使脚底与地面的角度约小于45°（且脚跟离开地面），一般以前脚掌接触球的上部为宜。在触球瞬间接球脚可轻微跖屈（前脚掌下点）将球停住，也可根据需要在接球同时将球推向前方或拉向身后。（见图3－23）

图3－23

2. 脚底接反弹球

根据来球落点，及时前移迎球，支撑脚站在落点侧后方，脚尖正对来球方向，球落地瞬间，用前脚掌触球的中上部，微伸膝，用脚掌将球接在体前。若需接在身后则应在触球瞬间继续屈膝，将球回拉，并伴随支撑脚以前脚掌为轴旋转90°以上。（见图3－24）

图 3-24

3. 脚底接球易犯错误

(1) 接球脚抬起过高，用脚掌踩球，使球漏过或停球不稳。

(2) 踝关节过于紧张，停球不稳。

(3) 接反弹球时，球落点和落地时间判断不准确，使球漏过。

4. 脚底接球练习方法

(1) 利用足球墙，自传自接地滚球。

(2) 两人一球，相距 8～10 米，一人传地滚球，另一人用脚底接地滚球。

(3) 两人一球，相距 12～15 米，一人抛高球，另一人用脚底接反弹球。

(五) 大腿接球

大腿接球一般可以用来接抛物线较大的高空下落球和略高于膝的低平球。

1. 大腿接抛物线较大的高空下落球

面对来球方向，根据球的落点迅速移动到位，接球腿大腿抬起，当球与大腿接触的瞬间大腿下撤将球接到需要的位置上。(见图 3-25)

图 3-25

2. 大腿接低平球

面对来球方向，根据来球高度，接球腿大腿微屈，送髋前迎来球，当球与大腿接触瞬间收撤大腿，使球落在所需要的位置上。(见图 3-26)

图 3-26

3. 大腿接球易犯错误

（1）接球腿过于紧张，不能较好地缓冲来球力量。

（2）接球腿下撤过早，使球不能随腿下撤。

4. 大腿接球练习方法

（1）每人一球，抛球过头顶，使球自然下落，用大腿接高空下落球。

（2）两人一组，相距5～8米，一人抛高空球，另一人大腿接球。

（3）两人一组，相距5～8米，一人抛低平球，另一人大腿接球。

（4）两人一组，相距15～20米，一人传球，根据传球的高度，另一人采用不同的接球方法。

（六）胸部接球

由于胸部接球部位较高，加之胸部面积大、肌肉较丰满等特点，易于掌握，故它是接高球的一种好方法。胸部接球包括挺胸式接球、收胸式接球两种方法。

1. 挺胸式接球

面对来球站立（两脚左右或前后开立），两膝微屈，重心置于支撑面内，上体后仰，下颌微收，两臂自然张开，维持身体平衡。接触球瞬间，两脚蹬地，膝关节伸直，用胸部轻托球的下部使球微微弹起于胸前上方。对于较高的平直球也可采用这种方法将球接于胸前，但触球瞬间膝关节由直变屈，脚由提踵状态变全脚掌落地，整个身体保持接球时的姿势，下撤将球接在胸前。（见图3-27）

图 3-27

2. 收胸式接球

多用于接齐胸高的平直球。面对来球，两脚左右或前后开立，两臂自然张开，挺胸迎球，触球瞬间收胸、收腹、臀部后移将球接在体前。若需将球接在体侧时，则触球瞬间转体将球接在转体后相应的一侧。（见图3-28）

图3-28

3. 胸部接球易犯错误

（1）没有收下颚，仰脖。无法判断来球方向，导致接球失误。

（2）挺胸式接球时，身体没有后仰，膝关节没有弯曲。

（3）收胸式接球时，收胸和收腹过晚，未能缓冲来球力量。

4. 胸部接球练习方法

（1）两人一组，相距3～5米，一人抛球，另一人体会原地挺胸式接球动作要领。

（2）两人一组，相距5～8米，互抛平直球，体会收胸式接球技术要领。

（3）两人一组，相距15～20米，根据传球的情况，分别采用挺胸式和收胸式方法接控球。

（七）腹部接球

在激烈的比赛中为了抢点控制球，根据比赛的需要也使用腹部接球。

1. 腹部接反弹球

接球者的身体正对来球方向跑动，判断好球的落点，身体前倾，腹部对准落地反弹的球，腹直肌保持紧张，推压球前进。也可在触球瞬间身体侧转，将球接向所需要的身体侧面。（见图3-29）

图3-29

2. 腹部接平高球

来球较突然且与腹部同高时,应先挺腹,在腹部与球接触瞬间迅速含胸收腹,将球接下。(见图3-30)

图3-30

3. 腹部接球易犯错误

(1) 对球的落地时间判断不准,接不到球。
(2) 接球时没有主动前进推球,影响跑动速度和衔接下一个动作。

4. 腹部接球练习方法

(1) 两人一组,相距5~8米,一人抛平高球,另一人体会接球要领。
(2) 两人一组,相距3~5米,一人抛反弹球,另一人体会接反弹球技术要领。
(3) 两人一组,相距15~20米,互相长传球,双方根据对方传球的速度和力量,选择接球技术。

(八) 头部接球

在比赛中,高于胸部的来球可使用头部接球。通常使用头部的前额接球。

根据球的运行路线,面对来球,用前额正面接触球的中下部,下颚微抬起,两臂自然张开,提踵伸膝,触球瞬间全脚掌着地,屈膝、塌腰、缩颈,全身保持上述姿势下撤将球接在附近,使球回旋。

1. 头部接球易犯错误

(1) 头部接触球瞬间,缓冲效果不明显,而将球顶出去。
(2) 身体过于紧张,全身不够协调。

2. 头部接球练习方法

(1) 每人一球,将球抛过头顶,使其自然下落,体会头部接球技术要领。
(2) 两人一球,相距5~8米,一人抛球,另一人用头部接球。
(3) 两人一球,相距15~20米,互相传球,体会头部接球技术。

四、头球技术

头顶球是指球员有目的地用前额将球击向预定目标的动作。足球比赛中不仅要处理各种各样不同形式和不同性质的地滚球,同时也要处理各种高空球,无论是进攻、防守还是传球。当遇到胸以下部位不能触及或不允许触及的一些球时就需要用头部来处理,因为头是人体最高的一个部位,额骨的前面较为平坦,只要掌握顶球技术,顶出的球就会有力量。现代足球比赛中对时间与空间的争夺异常激烈,头顶球技术的使用不仅使球员占据空间,又能争取时间。据统计,在国际各项大型足球比赛中,头球破门得分的比例越来越高,掌握头球技能,是衡量一个优秀运动员很重要的指标之一。

使用头顶球技术,不仅可以进行传球、抢断球、高球射门,而且利用鱼跃头顶球可以扩大运动员的控制范围。头顶球是足球技术中的一种,指运动员用头的某一部位击球,用于进攻中的传球、射门和防守中的抢断。头顶球可用头的前额正面或侧面,可原地或跳起顶球,由判断移动选准顶球点、蹬地上体摆动击球、击球时间和击球部位等环节组成。

(一)头顶球技术分析

1. 判断与选位

判断与选位是正确完成头顶球动作的前提,它直接影响到顶球时间、方向、力量和准确性;判断是选位的依据,二者息息相关。因此选位前必须对球的性质、运动路线、弧度进行敏锐的观察,做出准确的判断,选位时两眼一定要注视来球,在判断的过程中考虑位置的选择。选位既要考虑动作完整,又要重视完成的效果,否则将失去选位的作用。选择的位置一般在以球飞行自然弧线与两眼正视来球的视线直接相遇为宜,有时由于来球高度和弧线大小不同,在选位时需要适当调整身体姿势,如腾空跳或屈膝下蹲。

2. 蹬地与摆动

蹬地在顶球时有两个作用:①通过单脚或双脚起跳动作,利用有力蹬地产生的反作用力,以助于身体向上腾起;②通过单脚或双脚有力后蹬,加速身体的向前摆动,从而增大头部击球力量。

摆动是头部击球力量的重要来源。一种是上体借助两腿迅速有力蹬地的反作用力而向前摆动,带动头部快速迎击来球。这种方法能够充分发挥腹、背部肌肉的屈伸作用,使头部击球前预先获得一定的摆动速度,增大头部击球力量。原地无助跑向两侧顶起和远距离的传球和射门,一般都用这种方法。另一种是借助弓身拉长腹部肌群的有力收缩和颈部的灵活、快速的发力,以头部敲击来球。这种方法没有明显的准备动作,顶球突然快速,出击隐蔽,方向变化难测,但力量较小,一般用于短传、近射,在变向顶球时作为"摆渡"其效果则更好。鱼跃顶球和冲顶是用单脚蹬地的反作用力来加大身体的冲量,以头部撞击来球的一种顶球方法。此法力量大,效果好,但是顶球时机较难把握。

3. 击球时间与部位

头部击球时间直接影响到摆体击球作用的发挥。一般情况下,当身体前摆即将恢复到直立状态时击球较为合适,此时身体重心稳、摆体击球速度较快。头顶球部位、击球部位与踢球技术相似。

(二) 各种头球技术的动作要领及特点

头顶球技术的种类主要以顶球时运用头的部位来区分。正确的部位只能是前额骨的正面和侧面。在每一种技术中,由于顶球前的准备动作不同,又可分为原地顶球和跳起顶球,跳起顶球时又可分为单脚起跳顶球和双脚起跳顶球。由于球方向的不同,又可分为向前、向后和向两侧顶球。

1. 前额正面头球技术

前额正面坚硬平坦,触球面积大,它处于头的正前方和两眼上方,便于在顶球时观察来球周围情况,使击球准确有力。

(1) 前额原地正面头顶球技术。顶球时先选好站位,使身体正对来球方向,两脚前后或左右开立,膝关节微屈,重心在后,两眼注视来球,判断好来球的速度,做好准备工作,两腿前后开立,腰部前挺,胸部上提,下颌平收,两臂自然张开,上体后倾,身体重心放在后脚上(左右开立,提起脚后跟),顶球时后脚迅速蹬地,上体由后向前摆动,在即将触击球的刹那,两腿迅速用力蹬伸,以腰腹和颈部的快速摆动主动迎击来球。击球时,颈部肌肉保持紧张,两眼注视出球方向。(见图3-31)

图3-31

(2) 前额原地双脚起跳正面头顶球技术。身体正对来球，两脚左右开立15～20厘米，脚尖稍内转，膝关节微屈，上体稍前倾，两臂屈肘后伸，身体重心平均落在两脚上，两眼注视来球。起跳时，两臂由后向前上方振臂，同时弓身、提胸、收下颌、两脚积极用力蹬伸，在跳起上升过程中挺胸展腹，两臂自然张开，两眼注视来球，当跳起最高点准备顶球时，身体成背弓，当球运行到身体垂直部位前的刹那，快速收腹，折体前摆并且甩头，用前额正面将球顶出，顶球后两腿自然屈膝，屈踝落地。（见图3-32）

图3-32

(3) 助跑单脚起跳前额正面头顶球技术。可做3～5步助跑，在助跑过程中判断来球运行路线和起跳方向，起跳时，有利于脚迅速蹬地，另一条腿屈膝上摆，两臂自然上提，使身体向上跃起，成原地顶球预备姿势。顶球的动作要求与双脚跳起顶球基本相同，落地时双脚同时落地。（图3-33）

图3-33

2. 前额侧面顶球技术

前额侧面顶球的部位是前额的两侧。这个部位虽坚硬，但不平坦，面积亦小，又在两眼的侧前方，顶球时摆体用力方向又与来球方向不是迎而相遇，出球力量较小，故在击球时间、出球方向方面都难于前额骨正面顶球。其优点是动作突然，能变换出球方向，特别是前锋队员在门前得边锋传中球射门时威力更大。

（1）前额原地侧面头顶球技术。顶球前与出球方向同侧腿向前跨出一步，两膝微屈，身体重心放在后脚上，上体和头稍向异侧倾斜并转体约45°，两眼斜视来球，两臂自然张开。顶球时，后脚蹬地，上体和头向出球方向迅速扭转，屈体甩头，在与出球方向同侧肩的前上方，用额骨侧面顶球。（见图3－34）

图3－34

（2）前额侧面跳起顶球技术。分为原地跳起头球与助跑跳起头球。起跳动作与前额骨正面顶球的单脚起跳动作相同。在起跳后的身体上升阶段，上体向出球的相反方向侧摆，在身体达到最高点时，身体急速向出球方向摆出，颈部扭摆甩头，用前额侧面击来球的后中部，将球击向预定的目标。顶球后，两膝微屈缓和落地。（见图3－35）

图3－35

3. 鱼跃头顶球技术

在顶离体较远的平直球时，为了争取时间射门或解救门前危险，可以运用鱼跃顶球的方法。动作方法是判断好来球的路线和选择好顶球点后，以单脚或双脚蹬地，身体呈水平状态前跃出，两臂微屈稍前伸，两眼注视来球，利用身体向前跃起的冲力，以前额骨正面顶球。顶球后，身体成背弓形，两臂屈肘前伸，两手着地，接着以胸部、腹部和大腿依次着地。（见图3－36）

图 3-36

4. 向后蹭顶球技术

分为原地蹭顶和跳起蹭顶。第一环节分别与原地前额正面顶球和跳起前额正面顶球相同,当球运行到身体上空时,挺胸、展腹、扬下颚、身体向后上方伸展,用前额正面靠上的部位用力击球的下部,将球向后上方顶出。(见图 3-37)

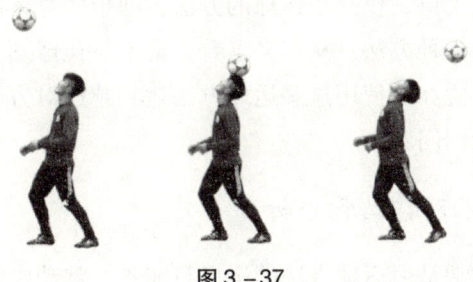

图 3-37

(三) 头顶球技术易犯错误

(1) 顶球时闭眼、缩脖子、不主动,造成错误的顶球部位。

(2) 在原地正面顶球时,用脖子发力击球,头顶球后向下用力,导致球的方向无法控制,一般产生回旋。

(3) 对运行中球的轨迹、速度判断不准确,不能很好地选择顶球位置和起跳位置,导致顶不到球或顶出去的球缺乏力量和速度。

(4) 跳起头球时,不能保持很好的身体姿态,发力不均匀,对球的判断不够好。

(5) 侧面头球时,上体的摆动不够,特别是转腰动作不够充分。

(6) 鱼跃头球时,下落后的支撑不协调,容易造成受伤。

(四) 头顶球技术练习方法

(1) 做各种头顶球的模仿动作练习。

(2) 每人一球,双手举过头顶,用前额正面或侧面触及球,体会触球部位。

(3) 利用吊球进行练习,改变吊球的高度进行各种跳起头球练习。

(4) 两人一球,一人抛球,另一人做前额正面原地、跳起顶球,前额侧面原地、跳起顶球练习。

五、运球技术

在足球比赛中,要想达到射门得分的目的,双方必然会在规则允许的范围内,运用各种可以运用的方法去争夺对球的控制权。为此经常需要适时地个人控制球以寻找进攻机会,或是一对一地突破对方的防守,制造射门的机会,这时就需要运用运球技术。

运球技术从狭义上讲,仅是指运球的方法,即指用身体的某一部分触球,使球能随运球者运动的一种方法;从广义上看,则不仅让球随人运动,还必须越过对方的防守,也就是说如何使用这些运球方法达到越过对方防守的目的。这里就包含了运球方法的运用问题。

(一) 运球技术动作结构分析

运球技术动作通常是由运球方法的选择与准备、跑动中间断触球、为下一动作的连续做好准备三个环节组成。

1. 运球方法的选择与准备

这一环节的进行是根据临场情况瞬间做出的,而且随时根据需要改变运球方法,所以这一环节仅仅指开始实施运球技术时所应进行的。

2. 跑动中间断触球

这一环节是运球技术的最关键部分,当开始实施运球技术后,应根据临场情况的需要使用适宜部位去间断触球,并使球始终处在自己的控制范围内,为了达到这个目的,必须注意如何避开(或越过)对手,注意触球时的力量及球运动的方向。运球跑动要自然、重心低、步幅小、频率快。这些要求是根据比赛的实际提出的。运球时协调自然的跑动能使动作自如,变向、变速较易进行;重心低便于突停突起,变换方向,而且不易在对抗中失去平衡;频率快是为了利于动作随时变换,并能随时触到球以保持对球的控制权。运球过程中眼镜不要只注视在球上,而应注意周围情况,这样才能在临场情况发生突然变化时迅速采取措施,并将球控制到所需的位置上去。

3. 为下一动作的连续做好准备

这主要是指运球的任务已结束，接着需要传球和射门时，球所处的最佳位置，以及身体应处于何种状态更有利于下一个动作。这就需要在运球即将结束时迅速做好上述准备，这种准备应是在运球过程中自然协调地进行，从而使得运球与传球（射门）一气呵成。

（二）各种运球技术的动作要领及特点

1. 脚内侧运球

要求在运球前进时支撑脚始终领先于球，位于球的侧前方，肩部指向运球方向，支撑腿膝关节微屈，重心放在支撑腿上，另一条腿提起屈膝，用脚内侧推球前进，然后运球脚着地。由于肩部指向运球方向，身体侧转，虽然移动速度较慢，但身体前倾有利于将对方与球隔开，因而这种技术多用在运球寻找配合传球时，或者有对方阻拦需用身体做掩护时。（见图3-38）

图3-38

2. 脚背正面运球

运球时身体保持正常跑动姿势，上体稍前倾，步幅不宜过大，运球腿提起，膝关节稍屈，髋关节前送，提踵，脚尖朝下，在着地前用脚背正面部位触球后中部将球推送前进。由于脚背正面运球时身体保持正常跑动姿势，故可以发挥出较快的速度，因而这种技术多用在运球前方一定距离内无对手阻拦时。

3. 脚背外侧运球

运球时身体保持正常跑动姿势，上体稍前倾，步幅不宜过大，运球腿提起，膝关节稍屈，髋关节前送，提踵，脚尖绕矢状轴向内旋转，使脚背外侧正对运球方向，在运球脚着地前用脚背外侧推拨球的后中部将球推送前进。

脚背外侧运球时，身体姿势与正常跑动时相同，因而可以发挥出较快的速度，故与脚背正面运球有相同的用途。另外，利用脚腕的动作可以很快改变脚背外侧所正对的方向，故在运球脚一侧改变方向时也多采用这种运球方法。这种方

法能用身体将对手与球隔开，故掩护时也常使用。（见图3-39）

图3-39

4. 脚背内侧运球

身体稍侧转并自然协调放松，步幅小，身体前倾，运球腿提起外展，膝微屈外转，提踵，脚尖外转，使脚背内侧正对运球方向，在运球脚落地前用脚背内侧推拨球，使球随身体前进。脚背内侧运球由于身体稍侧转，不能采用正常跑动姿势，因而不适用于高速运球。但由于接触部位和支撑位置的特点易于完成向支撑脚一侧的转动，故多用于向支撑脚一侧的转动变向运球。（见图3-40）

图3-40

5. 其他运球技术

（1）拨球。利用脚踝关节向两侧的转动，以达到用脚背内侧或脚背外侧触球，将球拨向身体的侧前方、侧方、侧后方。在过人时若使用拨球，还要在拨球后立即跟上推球，使球按预定方向运行。（见图3-41）

图3-41

(2)拉球。将触球脚前脚掌放在球的上部或侧上部,另一只脚在球的侧后方支撑,然后触球脚向后下方用力将球拉回。

回拉球一般都是躲开或引诱对方出脚抢球的瞬间将球拉回造成对方抢球落空,使其重心随抢球脚前移,趁对手难以返回的瞬间将球迅速推送出去越过防守者。拉球时,除了往回拉以外,也常使用接触球的上部向左右侧拉。(见图3-42)

图3-42

(3)扣球。包括脚背内侧扣球、胯下扣球、脚背外侧扣球。这种方法与拨球相同,不同的是它的用力是突然的并伴随着突然转身或急停,使对手在来不及调整重心的瞬间,突然从反方向推送球越过对手的防守。(见图3-43)

图3-43

(4)挑球。用脚背触球的下部并突然向上挑起,在对手来不及实施挡球动作时球已越过,运球者随球迅速跟进。(见图3-44)

图3-44

(5)颠球。在运球过程中,有时球在空中或地面上跳动,根据对手抢截时

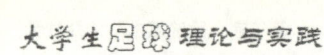

所处位置或实施抢截的时间,用恰当的部位将球颠起,越过对手可达到过人的目的。

(三) 运球技术易犯错误

(1) 运球时,支撑脚离球过远,身体后仰。触球后,身体重心不能随球迁移。

(2) 运球过程中,只顾低头看球,不能随时观察场上情况,耽误最佳的传球和射门的机会。

(3) 脚背外侧运球时,脚尖没有内扣及指向地面,用脚尖触球,不能保证运球的方向。

(4) 运球时,身体重心太高,影响变向和变速。

(5) 在扣球时,身体重心靠后,支撑脚没有向前跨步,导致扣球不成功。

(四) 运球技术练习方法

(1) 在慢跑中分别用单脚脚内侧、脚背正面、脚背外侧运球,运球方向沿直线进行。

(2) 在慢跑中沿弧线运球,用不同部位进行运球。

(3) 在慢跑中双脚交替用脚内侧运球沿折线运行。

(4) 每人一球,沿直线运球后做扣球、拉球、挑球技术。

(5) 两人一球,一人持球,另一人做防守,持球人做各种扣、拨、拉、挑球技术。

六、抢截球技术

抢截球技术是指运动员在规则允许的范围内,使用身体的合理部位将对手的控球权夺过来或破坏掉。

(一) 抢截球技术动作结构分析

抢截球技术的动作结构是由判断选位、实施动作、实施抢截动作后与下一动作紧密衔接三个环节组成。

1. 判断选位

包括对对方控制球情况和接应队员情况的观察以及对对方意图的分析判断。

根据观察、分析和判断，及时移动到实施抢截球最有利的位置上，这一环节虽短暂，但它是成功实施抢截球的先决条件，不具备这些条件，抢截球则是盲目的。有时为了抢截成功，在条件允许的情况下，可以拖长这一环节的时间和过程，甚至引诱控球队员做出错误的决定，以达到成功抢截球的目的。

2. 实施动作

在实施动作时，时机是最重要的因素，过迟过早都会影响抢截的效果，甚至造成失败。一般地说，抢截的时机可分为两种：一种是个人控球企图越过防守时的抢截时机，这种情况多是在控球者做触球动作后，触球脚即将落地或重心已移至即将落地的触球脚时，此时实施抢截动作，持球者已无法再改变球的运球路线；另一种为对方传球过程中的抢截时机，这种时机是在对方将球传出后未被同伴接到前，抢先出击截获或破坏球。时机的选择与选位直接有关，而使用的抢截动作又与时机的选择有密切的关系。

3. 实施抢截动作后与下一动作紧密衔接

抢截技术需要在不同情况下使用不同的抢截动作，有时在实施抢截动作时会使身体呈现各种状态，可能不利于下一个动作的连接（例如倒地铲球后身体已失去正常状态），为保证与下一动作的紧密连接，应使身体恢复到所需要的状态和位置。

（二）各种抢截球技术的动作要领及特点

1. 正面跨步堵抢

抢球者两脚前后开立，迎着运球者而站，两膝微屈，身体重心下降并置于两脚间，当运球者与抢球者间的距离缩小到一定范围（即抢球者上前跨一大步可能触及球），运球者脚触球后即将落地或刚刚落地时，抢球者后脚用力蹬地并跨步向前，以脚内侧去堵截球，当已堵住球时，另一只脚应迅速上步。若抢球脚堵住球，两个对手也堵住球时，则抢球者应将另一只脚迅速前移做支撑脚，抢球脚在不脱离球的情况下迅速向上提拉，使球从对手脚面滚过，身体重心也迅速跟上并将球控制好。（见图 3-45）

图 3-45

2. 合理冲撞抢球

当抢球者并肩与运球者跑动追球时，抢球者重心稍下降，靠近对手一侧的手臂紧贴身体，利用对方同侧脚离地的过程，用肘关节以上部位适当冲撞对手同样部位，使对手身体失去平衡，趁机将球控制住。(见图 3-46)

图 3-46

3. 正面铲球

移动接近控球者，膝关节微屈，重心下降，当控球者触球脚触球后尚未落地时，抢球者双脚沿地面向球滑铲，随即用手扶地做向一侧的翻滚，并尽快起身。

4. 异侧脚铲球

当双方都不能用正常的动作触球时（指跑动中），抢球者应根据与球的距离，同侧脚用力蹬地使身体跃出，异侧脚向前沿地面对着球滑出，脚底将球铲出，然后小腿外侧、大腿外侧、手依此着地。或者铲出球后身体向铲球腿一侧翻转，手撑地后立即起身，使身体恢复到与下一动作衔接的状态和位置。（见图 3-47）

图 3-47

5. 同侧脚铲球

抢球者在跑动中根据双方离球的距离做出判断，与对手均不能立即触球时，异侧脚用力蹬地，使身体向前方跃出，同侧脚沿地面向前滑出的同时向外摆踢（脚踝应有向外的动作），用脚背外侧将球踢出。也可用脚尖将球捅出，接着向对手一侧翻转，手撑地迅速恢复到下一个动作所需要的位置。在激烈的比赛中，由于铲球可以更大限度地争取时间和扩大控制面而被广泛地运用到踢球、接球、运球、抢球技术中去，这项技术应引起高度的重视。（见图 3-48）

图 3-48

（三）抢截球技术易犯错误

（1）正面堵抢时，易产生堵抢触球部位不准确，造成失误。当双方同时接触球时，未能及时提拉球而被对方抢先造成堵抢失误。还有堵抢时机不对，或迟、或早都会造成堵抢失误。

（2）侧面抢球冲撞时，冲撞动作不正确造成犯规。时机选择不当，不应选择在对手侧脚支撑时抢球。

（3）铲球时易犯错误。

1）铲球脚离地面超过球的高度，易伤害对手，造成犯规。

2）由于时机选择不当，或者时机与实施的动作配合不当，未触及球而铲到对手，造成犯规与失误。

3）动作不协调造成失误或影响下一个动作的衔接。

4）着地动作不正确易使抢球者受伤。

5）抢断球的时机选择不当，以及出击时机与动作配合不及时、不协调造成失误，以至扑空。

（四）抢截球技术练习方法

（1）两人一球练习。将球放在队员甲脚前，队员乙与其相距两米，队员乙上步做正面脚内侧堵抢练习，当队员乙触球瞬间队员甲也用脚内侧触球。让抢球队员乙体会上步动作及触球部位，两人可轮换做抢球练习。

（2）两人一球练习。甲、乙两队员相对站立，队员甲运球跑向队员乙（慢速），队员乙选择好时机实施正面脚内侧堵抢技术。

（3）两人同方向慢跑，在跑的过程中两人可做适当的合理冲撞，体会冲撞的时机和冲撞的部位，以及冲撞时如何用力等。

（4）一人直线运球前进，另一队员由后跑步与其并肩时伺机实施合理冲撞并控制球。练习时要求运球者能与抢球者配合，让抢球者得到练习，速度可以由慢速到中速循序进行。

（5）铲球练习。一人一球将球放在前面某一位置，练习者选择适当位置站立，原地蹬地做铲球动作练习。当基本掌握铲球动作后，练习者可将球沿地面缓慢抛出，自己追球将球铲掉，体会如何对滚动的球实施铲球动作。待较熟练地掌握铲球动作后，再用以上方法进行铲控、铲传的练习。

（6）一人直线运球前进，另一人由后追赶至适当位置时抓住时机进行铲球练习。要求运球者给予适当的配合，使铲球者能在对手运球过程中体会实施铲球动作。

（7）将抢截球技术的练习与射门或传球等练习结合起来进行，根据训练任务，对攻守方分别提出不同的要求。

七、掷界外球技术

由于掷界外球时接球人不受越位规则的约束，因此，不仅用于恢复比赛，而且可以为进攻创造有利条件。尤其是在前场 30 米内掷界外球，将球直接掷向门前，可以给对方造成很大威胁。

（一）掷界外球技术动作结构分析

（1）掷界外球的动作是一个下端固定的爆发式的平摆运动，需要稳固的支撑。

（2）根据身高和臂长掌握合理的掷出角（不超过45°），它是影响远度的重要因素，一般球出手早掷出角大，反之则小。

（3）球出手速度快则掷得远，这需要力量基础和协调用力能力。

（4）充分利用助跑的初速度有助于将球掷远。

（二）各种掷界外球技术动作要领及特点

（1）原地掷界外球。身体面对出球方向，两脚前后开立，屈膝后仰，两手自然张开，拇指相对持球的后侧部并屈肘置球于头后。掷球时，后脚用力蹬地，依次进行摆体收腹、挥臂、甩腕，迅速有力地将球掷向预定目标。整个动作可用移重心、蹬地、挺髋、挥臂、甩腕、拨指来概括。要求从蹬地开始发力，由下至上协调连续地将球掷出。（见图 3-49）

图 3-49

（2）助跑掷界外球。两手持球放在胸前，在助跑迈出最后一步时，上体后仰成背弓，垫步的同时双手持球举过头顶。当最后一步踏地时，后脚开始蹬地，但不能离地，并且按照原地掷界外球的方法将球掷出。（见图 3-50）

图 3-50

（三）掷界外球技术易犯错误

（1）掷界外球时动作不符合规则要求，造成违例。
（2）用力不协调，掷出角不合理而影响出球的远度。

（四）掷界外球技术练习方法

（1）两人一球，相距 10 米，原地对掷界外球。
（2）两人一球，相距 15～20 米，两端设两条平行线，助跑对掷界外球。

八、守门员技术

守门员通常处于全队的最后一道防线上，他的主要任务是守住球门，阻止对方进球。同时，当他截获球后，要快速而有效地发动进攻。由于守门员所处的位置便于观察场上情况，因此要求守门员要善于观察全局，分析比赛动向，协助指挥本队的防守和进攻。在足球比赛中，矛盾的焦点是射门和阻止射门，因此，门前的争夺异常激烈。守门员发挥得好与坏，直接关系到一个球队的命运。为此，守门员除具备应有的身体素质、娴熟的技术和较高的战术意识外,更应具备良好的心理素质。

(一)守门员技术动作结构分析

(1)选位。对方射门时,守门员一般应站在射门点与两门柱形成角的平分线上,当对方运球逼近或近射时,守门员应及时出击前迎,以便缩小射门角度或扑脚下球。当对方远射时,可适当靠前站,但要防备对方吊射。当球推进到中前场时,守门员可前移到点球点附近。在保证及时回位的情况下尽量扩大活动范围。

(2)准备姿势。两脚左右开立,与肩同宽,脚跟稍提起,身体重心放在两脚掌上,上体稍前倾。两膝微屈并内扣,两臂自然屈肘于体前,手指自然张开,目视来球。(见图3-51)

图3-51

(3)移动。为了更好地截获和接住对方传球和射门,守门员必须根据球和人的位置变化而随时调整自己的位置。向左右移动式一般采用侧滑步或交叉步两种步伐。①侧滑步,向左(右)侧滑步时,先用右(左)脚向右(左)用力蹬地,同时左(右)脚稍离地面向左(右)滑步,右(左)脚快速跟上,并立即成准备姿势,眼睛注视来球;②交叉步,向左(右)侧做交叉步时,身体先向左(右)侧倾斜,同时右(左)脚向右(左)用力蹬地,并快速向左(右)前方跨出一步,成交叉步,接着左(右)脚向左(右)侧移动,并蹬地跃出。

(4)手型。做倒"八"字形状。(见图3-52)

图3-52

（二）守门员各种扑接球、发球技术动作要领及特点

1. 接球技术

（1）接地滚球技术。有直腿式和单腿跪撑式两种方法。直腿式接球时，两腿直膝自然并立，上体前屈，两臂自然下垂并肘，两手小指靠近，掌心向前。在手指触球的刹那，随球后引并屈肘，屈腕，将球包于胸前。单腿跪撑式接球时，身体正对来球，两脚左右开立，一腿屈膝，另一腿内转跪撑，膝关节接近地面并靠近屈膝的脚跟，两手随球后撤并屈肘，屈腕将球抱于胸前。（见图3-53）

图3-53

（2）接平直球技术。平直球又分为低于胸部平直球和齐胸高平直球两种。接低于胸部的平直球时，首先移动使身体正对来球，两脚左右开立，上体稍前倾，两臂并肘前伸，两手小指相靠，手掌对球。当手触球的一刹那，两臂随球后撤并屈肘，顺势将球抱于胸前。接齐胸高的平直球时，先移动使身体正对来球，两脚左右开立，两臂屈肘手指向上，手指微屈，手掌对球，两拇指相靠。当手触球的刹那，手指、手腕适当用力，随球顺势屈臂后撤，转腕将球抱于胸前。（见图3-54）

图3-54

（3）原地接高球技术。先判断球的运行轨迹，确定接球点，迅速移动并起跳，两臂上伸迎球，手掌对球，手指自然分开，两手拇指相对成"八"字型。当手触球的刹那，手指、手腕适当用力将球接住，并顺势屈肘，下引，转腕将球抱于胸前。（见图3-55）

图 3-55

（4）跳起接高球技术。它又分为双脚和单脚起跳接高球技术。跳起接高球技术动作要求与原地接高球技术动作要求一致。双脚起跳接高球技术，多用于接正上方的高球。接球过程可分为判断、踏跳、腾空、接球、落地五个步骤。最后将球收至胸前。单脚起跳接高球技术，应用范围较广，而且接球点比较高，多用于接远侧高球、高吊球、传中球等。接球步骤与双脚起跳接高球技术相同，只是用单脚起跳。（见图 3-56）

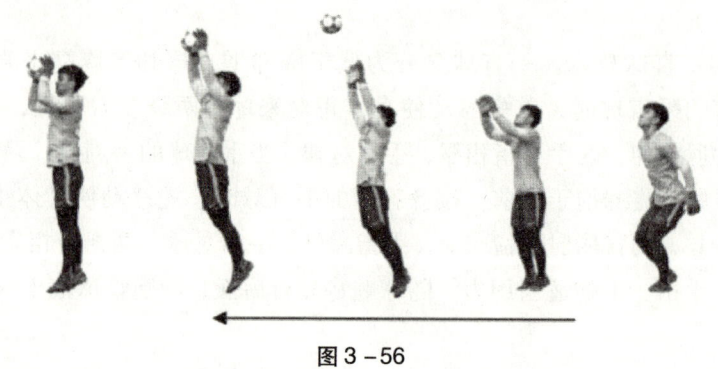

图 3-56

2. 扑接球技术

（1）倒地侧扑地滚球技术。扑接左侧低球时，右脚迅速蹬地，左腿屈膝向左侧跨出一步，身体向左侧倾倒，左脚着地后，随之小腿、大腿、臀部、上体和手臂的外侧依次着地，同时两臂向球伸出，左手掌心正对来球，右手在左手前侧上方，两拇指靠近，手腕稍向里弯，触球后把球收回胸前，然后站起。（见图 3-57）

图 3-57

扑脚下球时，重心降低出击迎球，在对手起脚射门的瞬间，快速倒地侧扑封堵路线，将球接住或挡出，随即做屈膝团身动作进行自我保护。

（2）鱼跃侧扑地滚球技术。扑球时，屈膝降低重心，在身体向扑球方向侧倒的同时，同侧脚用力蹬地跃出，空中展体，两臂向球伸出，两拇指相对，手掌对球。手触球时，手指和手腕用力，以屈肘、扣腕的连续动作将球抱于胸前，同时屈膝团身。落地时两手按球，前臂、肘、肩部、上体侧面、臀部、大腿、小腿依次着地。（见图3-58）

图3-58

（3）鱼跃侧扑平高球。身体重心移向靠近来球一侧的脚上，该脚用力蹬地向侧面跃出，身体展开，两臂向球伸出，两拇指靠近，手指自然张开，手掌对球。当手触到球时，以扣腕动作将球接住。落地时两手按球，前臂、肘、肩部、上体侧面和下肢依次着地，同时屈肘、转腕将球抱于胸前，并屈膝团身。（见图3-59）

图3-59

3. 拳击球技术

（1）单拳击球。先判断球的运行路线并确定击球点，在起跳上升阶段，击球臂位于肩侧，屈肘握拳于肩前，当助跑起跳接近最高点即将触球的刹那，身体快速回转，快速出拳，以拳面击球。（见图3-60）

图3-60

（2）双拳击球。判断来球并起跳，两臂屈肘握拳于胸前，两拳靠拢，拳心相对，在起跳接近最高触球点的一刹那，两拳同时快速出击，以两拳拳面将球击出。该动作接触球面积较大，准确性高，击球有力，多用于击正面球或高空球。（见图3-61）

图3-61

（3）鱼跃双拳击球。基本技术与双拳击球相同。判断来球后，双脚蹬地，起跳时双臂收于胸前，在触到球之前，迅速伸展双臂，击球后，以双臂支撑缓冲落地。（见图3-62）

图3-62

4. 托球技术

托球是对付来球弧度较大且近球门横梁或力量大、角度刁钻的射门，守门员接球把握不大或无法直接接到球时运用，起跳展体成弓背，单臂快速伸出，掌心向球，用手掌前部和手指用力向后上方或侧面托球，使球越过横梁或门柱。（见图3-63）

图3-63

5. 脚发球技术

脚发球常用的方法有踢高抛球、踢侧身凌空球和踢反弹球。踢发球的力量大，距离远，方法灵活多变，适用于各种发球的需要。其中，踢侧身凌空球发球技术是目前众多高水平守门员所采用的发球方法。其动作要领和脚背正面侧身凌空射门技术要领相同，作为守门员发球技术，它的特点是球速快、抛物线不高、准确性好。踢高抛球、反弹球的技术动作要领与脚背正面踢空中球和反弹球的技术动作要领基本相同，但是，由于要求把球踢得远，守门员都是向前方踢球。（见图3-64）

图3-64

6. 手发球技术

为了争取时间组织快速反击，守门员经常把获得的球用手掷给队友。抛掷发球出球快，准确性高，但力量较小，适用于中、短距离的快速发球需要。

（1）单手正面抛地滚球。单手低手持球于体侧，两脚前后开立，两膝弯曲，掷球臂后撤引球，在下蹲时，将球贴于地面抛出。（见图3-65）

图3-65

（2）勾手发球。勾手发球可分为发反弹球、平高球和高空球。动作要领基本相同，身体侧对出球方向，两脚前后开立，持球臂屈肘后引，身体侧转，腰部扭紧，重心移到后脚，掷球时，后脚用力蹬地，并快速转体，持球臂顺势由后经体侧向上呈弧线型抡摆，甩腕拨球，将球掷向目标。（见图3-66）

图 3-66

（3）单手肩上掷球。两脚前后屈膝开立，单手持球于肩上，身体侧转。利用后脚蹬地、转体、挥臂、甩腕的力量将球掷出。（见图 3-67）

图 3-67

（三）守门员技术易犯错误

（1）接地滚球时屈臂收球不夹肘，使球从臂间漏掉。
（2）引撤缓冲时机不好，缓冲效果差。
（3）接平高球时，手臂没有前伸引撤，球直接触及胸部。
（4）接球时手指过分弯曲，手型太小，接球不稳。
（5）接高球时肘外张，影响接球手型。
（6）跳起接球时，时机掌握不好，影响接球效果。
（7）侧扑地滚球迎球侧跨步时，上体不做压扑动作，影响倒地速度。
（8）倒地时肘关节外展，导致受伤并影响控球的稳定性。
（9）鱼跃扑接侧面高球，上体重心侧移速度慢，影响蹬地速度，腾起效果差。
（10）拳击球时用手掌前部托球，力度不够。
（11）发球时引球侧身转体不够，影响抛球力量。
（12）踢高抛球时击球时间掌握不好，击球部位不正确，踢出的球达不到理想位置。

（四）守门员技术练习方法

（1）准备姿势徒手练习，按照准备姿势技术动作要求做练习。要求动作幅度到位。

（2）接同伴抛来或踢来的各种地滚球，做单腿跪撑接地滚球练习。

（3）做移动中接同伴踢来的地滚球、平高球、高空球等练习，体会在移动中完成接各种不同性质来球的技术动作要领。

（4）拳击球和托球练习，助跑起跳，单手、双手拳击吊球练习。

（5）同伴手抛高球，守门员练习向后起跳托球。

（6）按照踢高抛球、反弹球的技术动作要领练习各种发球技术。

（7）做各种手发球练习，要求手发球动作正确，发球准确到位。

第四节　足球基本战术

足球运动是一项对抗性的运动项目，它是由进攻和防守这对矛盾所组成的。足球战术是指比赛双方为了充分发挥个人与集体的特长，进攻对方弱点，取得比赛胜利所采用的手段和方法。根据攻防的基本特点，足球战术可分为进攻战术、防守战术和比赛阵型三大部分。在进攻和防守战术中，又分别包括个人、集体与全队的攻防战术。

一、进攻战术

为了最终实现射门得分，场上队员有意识地传球和跑位所组成的战术方法，称为进攻战术。

（一）进攻战术原则

（1）宽度原则。指进攻者尽可能利用场地宽度（边线与边线之间距离），使防守队员被迫扩大横向防守，拉开和制造更多的空当便于进攻。这一原则要求进攻队既能发动边线进攻，又要善于中路突破，边线和中路进攻变换使用，始终针对对方防守薄弱环节组织进攻。

（2）渗透原则。指横向拉开对方防线后的纵向进攻。在中前场稳妥地向前推进时，伺机采用快速渗透性传球，制造射门得分机会。掌握好快慢相间的比赛节奏，是一支优秀足球队成熟的标志，它是足球比赛的艺术，是在长期训练与比赛中逐步形成的。成功的战术配合是建立在多变和突然性基础上的，稳步推进中暗藏着杀机，一旦拉开空当，突然攻击，使对方措手不及造成失分。

战术运用要灵活多变，变换速度、方向和进攻的节奏，还要创造性地发挥个人特长，造成更多的射门机会。一支优秀足球队要掌握几种比赛节奏，不等对方完全适应，就又改变了进攻节奏，使本队永远控制场上的主动权。

（二）进攻战术分类

1. 按进攻方向可分为边路进攻和中路进攻

（1）边路进攻一般是指进攻的最后阶段发生在前场禁区线以外区域的进攻。边路进攻主要目的在于利用宽度原则，拉开防线，创造中路包抄射门得分的机会。

（2）中路进攻一般是指进攻最后阶段发生在前场中间区域的进攻。中间地带正对球门，一旦突破防线，便可直接威胁球门。但这一区域又是对方重兵密集保护地区，突破中路要比突破边路难度大。这里由于射门角度最大，是攻守争夺最激烈地区。

2. 按进攻推进速度分为快速反击和层次进攻

（1）快速反击是指积极拼抢中一旦得球，趁对方立足未稳，把球快速、准确地输送给处于有利位置的中、前场队员，迅速发动进攻。从前场发动首先要考虑中路反击，这样能尽快插入对方的腹地，抢先射门得分。

（2）层次进攻是指有组织、有步骤，层层推进的一种进攻方式。这是经常采用的打法，当从后场得球，对方又很快地退守回防时，就只能稳妥地处理球，逐步布阵发动层次进攻。这种打法成功的要素是讲究比赛节奏，充分利用进攻的宽度，把握渗透原则，打法讲究细腻，并需具备优良的身体素质。

（三）进攻战术

（1）个人：跑位、摆脱、传球、射门、运球突破、接球、掷球。

（2）局部配合：掩护配合、传切配合、"二过一"配合及三人配合等。

（3）全队：边路、中路、转移、反击等。

(4) 定位球：开球、角球、球门球、任意球、掷界外球、罚球点球。

(5) 战术阵型："4-2-4"式、"4-3-3"式、"4-4-2"式、"3-5-2"式、"5-3-2"式、"1-3-3-3"式等。

（四）个人进攻战术

个人进攻战术是指个人在比赛中配合全队攻守战术而采取的动作和方法。

1. 跑位

比赛中无球队员不断进行有目的的跑位，对完成全队的战术配合起着极其重要的作用。跑位是为完成全队的战术配合服务的，根据不同的战术目的，跑位分为接应跑位、拉扯跑位、切入跑位等。不论哪种跑位，都要掌握好跑位的时机、方向和地点。跑位时机要恰到好处，若跑得早，同伴可能传不出球或看不到人，同时易被对方识破，起不到应有的战术作用。所以，跑位者要在同伴可能传球时，突然摆脱防守及时跑位。跑位的方向有3个，向前跑、向后跑和向两侧跑。向前跑是主要的、积极的，首先考虑能否向前跑，加快推进速度，其次才是向后、向两侧跑，接应控球或拉扯空当。在中后场控球，队员积极向前跑位、向前传球是可取的。在前场距球门40米左右，在球前面的队员向后跑位拉出防守队员，制造空当，在球后面的队员则突然插入空当接传球，突破防守。跑位方向要因场区而异，不可千篇一律。跑位地点同样注意不要几名队员跑一个方向、一个地点。跑向对方球门是最有威胁的。所以，在跑位时要注意协调配合，几名队员跑位要注意先后次序，跑位要有层次，防止跑向一个地点、一个方向。另外，每名队员不应只做一种一次性的跑位，而是要根据比赛实际不断调整，改变跑位的目的、方向和位置。跑位在足球比赛中的地位至关重要，跑位是拿球的前提，如果没有好的跑位，队友是不会将球传给你的，即使得到了球也不可能很好地组织进攻，同时整个队伍也不会形成一个完美的进攻阵型。

2. 足球中的基本跑位方法

（1）套边跑。就是跑位队员从持球队员身后插入外侧的跑动。这种跑动方式常常被用在边前卫和边后卫的配合中，当边前卫拿球时，边后卫利用对手上前防守背后留下空当的时机，从边前卫身侧后插入助攻。此战术在注重边路进攻的球队中经常可以看到。

（2）身后跑。就是进攻队员插向防守队员的身后的跑动。这种跑位方法在中路配合进攻时经常被前锋队员利用。当前锋插向防守队员身后时，中场队员看准时机将球塞给前锋队员，前锋就此直插对方防守要害，给对方以致命打击。由于中路是各个球队的防守要地,每个球队都会囤积重兵防守,所以,这种具有危险性直塞成功的传插配合,需要跑、传队员之间很好的默契。

(3) 斜线跑。是指近似球场对角线的跑位。斜线跑分为向外斜线跑和向内斜线跑。向外斜线跑的主要目的是在一边进攻无法进行的情况下,将球转移至防守薄弱的另一边。向内斜线跑主要是在反击中跑位队员向拿球队员靠拢时所采用的战术。

跑位战术对队员的意识要求要远远强于对队员的技术要求,它考验的是球员阅读比赛和操控比赛的能力。所以,要想提高自身的跑位水平,不仅要提高自己的技术,更要提高自己的战术意识。跑位意识包括摆脱、插入空当、传球接应等。

摆脱,常常作为跑位的前奏而与跑位联为一体。摆脱一般指进攻队员为避开对方防守队员盯防而采取的各种有目的的身体动作,如虚晃、突然起动、变向跑、折返跑等,这些都是构成有效跑位的重要条件。现代足球中的摆脱更是指无球队员在本队进攻时为自己或同伴创造更好的接传球、射门等机会所实施的有战术意识、战术目的的战术行动。在比赛中,只要本队获得控球权,就应及时地根据持球队友的位置、对方队员的布局状况和球所处的场区(也就是通常所说的"阅读比赛"),摆脱对手去积极地寻求进攻空当。

传球是集体配合的基础,它是完成战术配合、创造射门机会的主要手段。选择传球目标、掌握传球时机和控制传球力量是传球的主要战术内容。传球按距离可分为短传(15米以内)、中传(15~29米)和长传(30米以上),按传球的高度可分为地滚球、低平球和高空球,按传球的方向可分为直传、斜传、横传和回传。

传球目标,一般可分为向脚下传和向空当传两种。比赛中向空当传,特别是向前方空当传可以增加进攻速度,能有效地渗透防守线,对对方威胁最大,是主要的传球形式。但比赛实际也需要向脚下传和横传、回传。这些传球的目的是为了更好地控制球,掌握比赛的节奏,为有效地向前、向空当传做好准备。过多的向脚下传和横传、回传虽能控制球,但对对方威胁甚小;而单一的向前、向空当传虽推进速度快,却易被对方识破而降低进攻成功率。所以,两者必须有机结合、灵活应用,才能达到最佳战术效果。

比赛中当控球者同时可向几个队员传球时,应传给对对方威胁最大的球员,一般向前、向空当跑的队员威胁较大,就应及时、准确地将球传向这些球员。

传球力量,应能既不利于防守队员的抢截,又有利于接球队员处理球。当向被对手紧逼的同伴传脚下球时，传球力量要大些；向空当传球时，由于要求球到人到，传球速度应与同伴到空当跑速相吻合；向前方空当传球时，若突破队员速度快，防守的补位队员也较远，对方守门员不易出击截球的情况下，传球力量可大些，以利于发挥突破队员的速度的优势。

3. 传球的时机

（1）传球在先，跑位接球在后，即传球指挥跑位。这种传球主要是控球者通过传球，指挥接应者按传球路线进行跑位接球来实施战术意图。如转移进攻，当一侧边路进攻时，能吸引对方大量队员在该区布防，这时控球者突然又将球转移到异侧边路，异侧队员及时插向该空当进行快速进攻。又如快速反击，控球队员截得球后，快速将球传向防守队员身后空当，接球队员快速插向空当接球，实施射门。这种传球，一定要突然、快速，接球队员也应快速跑向传球点，否则易被对方识破，战术也难以奏效。

（2）跑位在先，传球在后，即跑位引导传球。这种传球主要是指数个接应者同时各自跑向空当，控球者应选择最有威胁空当进行传球。如前卫队员在中场得球后，相邻前卫靠拢接应，边后卫从边路插上，中锋回撤接应，另一中锋插向该中锋拉出的身后空当，这时控球队员选择中后卫身后的空当进行传球。这种类型传球的最好时机，是在同伴疾跑将要超越对手的一刹那。若传早了，同伴还未靠近对手，则防守队员来得及转身先得球；若传晚了，则可能造成同伴等球，防守队员能及时转身截球，还会造成同伴越位。

以上两种传球，一般来说，第一种属单点单线，隐蔽性较差，但只要传球突然、快速、准确，仍有一定的威胁；第二种传球属多点多线，传球者有充分选择的余地，有较大的隐蔽性，防守者不易防守，战术成功率较高，是主要的传球形式。

4. 运球突破

运球是突破进攻战术中极为重要的个人战术。当今世界足球运动日益发展，对足球技战术要求越来越高，各种技战术的完成都是在高速度、强对抗的情况下进行的。运球技术在足球运动中始终占有很重要的地位，它在比赛中可以变换进攻速度，掌握比赛节奏，在对方密集防守时，可以用运球技术摆脱对手，强行突破，破门得分或造成对方犯规获点球。另外，运球过人可形成局部的以多打少的局面，突破对方的防线，打乱对方的阵型，寻找到有利的空当射门得分。运球过人技术是足球运动中的基本技术，也是在比赛中最常采用的技术，随时出现在比赛的进攻和防守之中，特别是在对方门前作战，面对对方严密防守和贴身盯防，运球过人技术熟练合理的运用尤为重要。运球过人突破防守的方法有强行突破、假动作过人突破、人球分过突破等。

5. 射门

足球比赛的最终目的是射门进球。任何进攻，不论组织得如何漂亮，但没有把球射进球门，也就失去了任何意义。队员应该明白，一个队比赛的取胜，只有通过射门，才有可能变成现实。

射门次数是射门成功率的重要前提条件，射门成功更多地还依赖于把握良好的射门机会以及射门准确性和力量。就射门质量来看，准确、突然、有力是其最核心的三要素。准确是射门的前提；在准确的基础上，要射得突然，它往往能使对方守门员猝不及防；射门力量也是很重要的一个因素，尤其在远射时，力量更能显示威力。

（五）集体（局部配合）进攻战术

集体进攻战术是指两个或两个以上队员在比赛中，为了完成全队攻防任务而采用的局部协同作战的配合方法。个人战术是集体战术的组成部分，集体战术是一系列个人战术的综合。它包括"二过一"战术配合、"三过二"战术配合和反切配合等进攻战术。

1. "二过一"战术配合

顾名思义，"二过一"配合是指两个进攻队员通过传球配合突破一个防守队员的配合方法。"二过一"配合是集体配合的基础，可以在任何场区、任何位置上运用这种方法来摆脱对方的抢截或突破防线。"二过一"配合是进攻的两个队员之间相距10米左右，进行一传一切的配合。要求传球平稳及时，一般多用脚内侧、脚外侧等脚法，传地滚球为主。传球的位置，尽可能是接球人脚下或前面二三步远的地方。

比赛中在任何地区、任何位置都可以运用"二过一"配合摆脱抢截或突破防守，它是通过队员传切配合，在局部地区以多打少的基础战术配合。常用的"二过一"配合有：

（1）斜传直插"二过一"配合。进攻队员做斜传，接球队员直接插到对方的身后空当接球，突破对方的防守。（见图3-68）

（2）直传斜插"二过一"配合。进攻队员直线传球，接球队员从对方防守队员的内线空当斜线插入他身后空当接球。（见图3-69）

要求：持球队员用运球或其他动作诱使防守者上前阻截，这就为传球创造了条件。插入的队员要突然快速起动接球。但要注意起动时间，避免越位。

图 3-68

图 3-69

（3）回传反切"二过一"配合。回传反切"二过一"，进攻队员回撤接球，防守队员紧逼，持球队员将球传给回撤队员，回撤队员接球后再回传给持球队员或直接回传给持球队员，然后立即返身切入防守队员身后空当接球。（见图 3-70）

对持球队员的要求：运球至接球队员 8～10 米处传球，向接球队员脚下传球，传球力量稍大，接回传球后立即将球传到防守队员身后空当。

对反切队员的要求：回撤接球要逼真，以引诱防守队员实施紧逼，回传的球应向持球队员脚下传球，传球力量稍大，回传后迅速转身插向防守队员身后空当。

运用回传反切"二过一"时要有一定的纵深距离，特别是在罚球区前中间地区更要估计到守门员可能出来断截的情况。

图 3-70

（4）踢墙式"二过一"配合。踢墙式"二过一"配合方法是在局部地域，两名进攻队员通过两次传球越过一名防守队员的战术手段。

踢墙式"二过一"进攻时，持球队员带球向前接近防守队员后向接应队员脚下传球，接应队员直接将球传至防守队员背后空当，持球队员快速切入接球。（见图 3-71）

对控球队员的要求：带球逼近防守队员 2～4 米处传球，最好传地滚球，力量要适度，球要传到位，传球后立即快速切入，准备接球。

对做墙队员（即接应队员）的要求：控球同伴带球逼近防守队员时，做墙队员要突然向侧后方摆脱防守者，并侧对进攻方向，以利于传球；一次触球，力量适度，传球到位，尽量传地滚球。传球后立即跑位，寻找再次进攻的有利位置。

图 3-71

（5）交叉掩护"二过一"配合。进攻队员持球向内线横斜向运球，防守队员紧逼。接应配合队员向进攻队员运球方向跑动靠近，在进攻队员与接应配合队员交叉时，进攻队员通过运球和身体的掩护将防守队员挡住，接应配合队员突然启动并接过进攻运球队员脚下球，在进攻队员掩护下带球切入突破防守。（见图3-72）

图 3-72

2. "三过二"战术配合

三人进攻配合，一般指在局部区域由三名进攻队员攻击两名防守队员（即"三打二"）的战术配合方法。它与两人进攻配合相比，因进攻面广，传球的点与路线一般有两个以上，所以战术变化比两人进攻配合要多，对防守的威胁也较大。因配合是由三人组成，其复杂性和困难程度比两人配合大，对队员的要求也更高。三人进攻配合战术，一般可分为第二空当、连续"二过一"配合。

（1）第二空当，是指当一名进攻队员跑向一个有利的空当（第一空当）并牵制一名防守队员时，使原区域出现了空当（第二空当），第二个进攻队员迅速插向第二空当与控球队员利用传切配合战胜另一防守队员，突破防守。（见图3-73）。

图 3-73

(2)连续"二过一"配合,至少由两组"二过一"配合组成。在三人配合时应做到三名进攻队员的位置基本上呈三角形。当一名队员控球时,另外两名无球队员应一拉一插或一接一插,不能重叠插和接,在时间上要有先后,不能一起跑向同一个点造成位置重叠。控球者在传球前应注意观察,选择最有威胁的进攻配合点。(见图3-74)

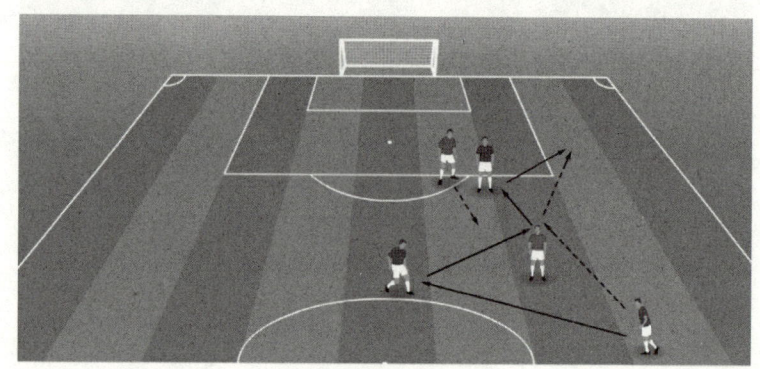

图3-74

3. 集体(局部配合)进攻战术练习方法

(1)两人一组,徒手模仿斜传直插"二过一"配合、直传斜插"二过一"配合、回传反切"二过一"配合、踢墙式"二过一"配合、交叉掩护"二过一"配合的传球、插上跑动、接球、运球等几个环节的运行路线。

(2)两人一组,做结合球的斜传直插"二过一"配合、直传斜插"二过一"配合、回传反切"二过一"配合、踢墙式"二过一"配合、交叉掩护"二过一"配合的传球、插上跑动、接球、运球练习,演练这几个环节的运行路线。熟悉掌握传球、跑动、接球的运行路线和传接球力量的控制。

(3)两人一组,做固定防守(标杆)"二过一"战术配合练习。两人相距10米左右,进行斜传直插"二过一"、直传斜插"二过一"、回传反切"二过一"、踢墙式"二过一"、交叉掩护"二过一"的传接球配合练习。

(4)做有防守队员(防守队员要消极防守)的斜传直插"二过一"、直传斜插"二过一"、回传反切"二过一"、踢墙式"二过一"、交叉掩护"二过一"等几种方式的"二过一"战术配合练习。

(5)徒手做"三过二"战术中第二空当传接配合跑动路线练习。队员三人一组听口令,按照第一跑动人、第二跑动人的顺序做熟悉跑动路线练习。

(6)三人一组,结合球做"三过二"战术中第二空当传接配合练习,前卫在中场附近拿球,前锋第一人在前场罚球区右侧附近,前锋第二人在前场罚球区左侧附近。前锋第一人向回跑动准备接前卫的传球,前锋第二人向前锋第一人跑动扯出的空当插上准备接前卫的传球,前卫拿球假传给第一接应人,待第二接应人插上时,将球快速传给第二空当插上的队员。

(7) 做有防守队员(防守队员要消极防守)的"三过二"战术中第二空当传接配合练习。方法同(6)相同。

(8) 连续"二过一"配合练习。三人一组,①持球,②、③为固定传球者,相距10米左右站在一条直线上。①相距②直线距离10米,横向距离8～10米运球,②迎球接应,①传给②,②横斜向①跑动,传球给①做"二过一"配合,①再直接将球传给③,③横斜再传给①做连续"二过一"配合,依次反复练习。

(9) 有防守的"二过一"配合射门练习,三人一组,两人进攻一人防守,进攻者根据防守者的位置练习"二过一"配合并结合射门。

(10) 有防守的"三过二"配合射门练习。五人一组,三人进攻两人防守,进攻者根据防守者的位置练习"三过二"第二空当战术配合并结合射门。

(六) 全队进攻战术

它是指比赛中一方获得球后,通过队员之间的传递配合达到射门的目的而采用的配合方法。与局部进攻战术相比较,全队进攻战术的进攻面比较广,参加进攻的人员和传球路线更多。

1. 边路进攻

利用球场两侧地区发起进攻的方法叫边路进攻。边路进攻是全队进攻战术的主要形式之一,其主要特点是有利于发挥进攻速度,打破对方防线,制造缺口,包括前场局部边路进攻和全场全队边路进攻。(见图 3-75、3-76、3-77)

图 3-75

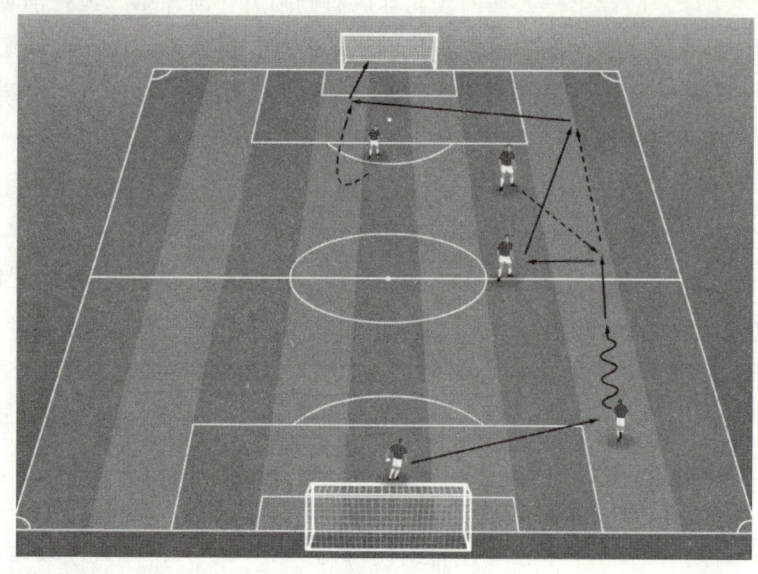

图 3-76

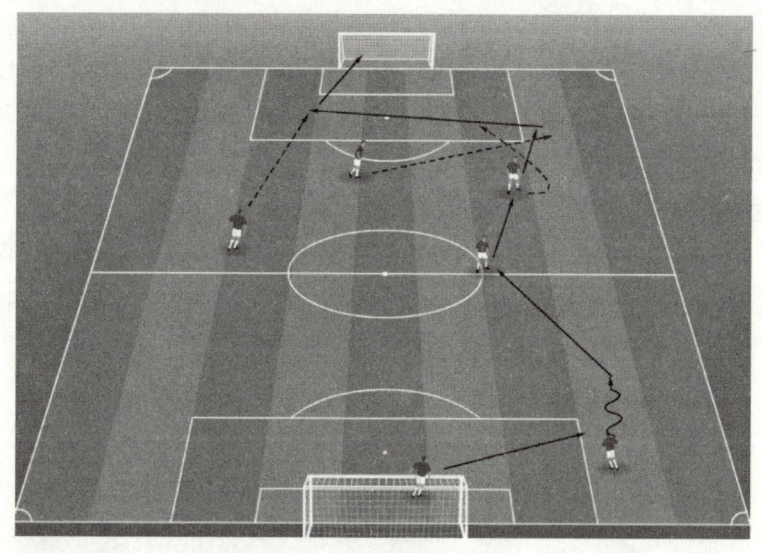

图 3-77

2. 中路进攻

中路进攻是利用球场中间区域组织的进攻。这种进攻虽能直接射门,但难度最大,因中路防守最为严密,前面的攻击队员必须是反应极其敏锐、意识强、技术高、敢于冒险、速度快和善于跑位策应的队员。中路进攻包括前场局部中路进攻和全场全队中路进攻。(见图3－78、3－79、3－80、3－81)

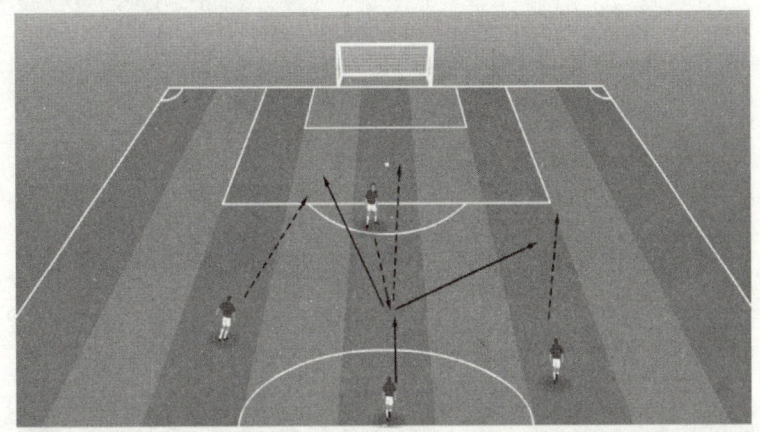

图3－78

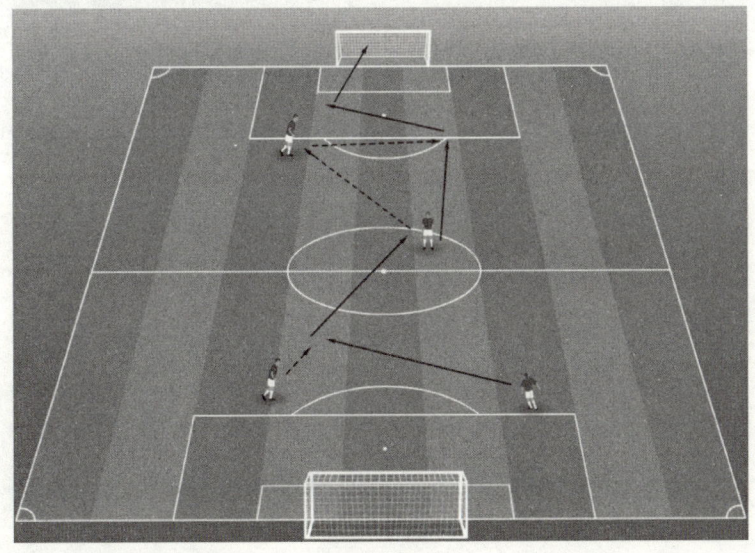

图3－79

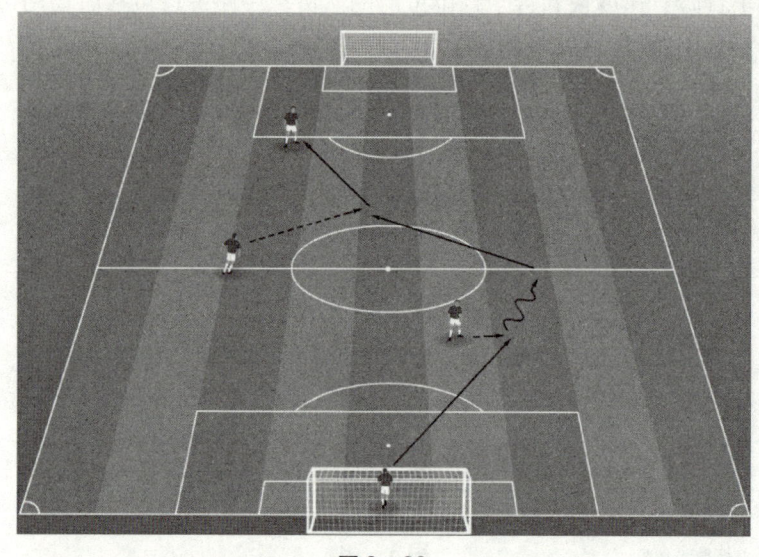

图 3-80

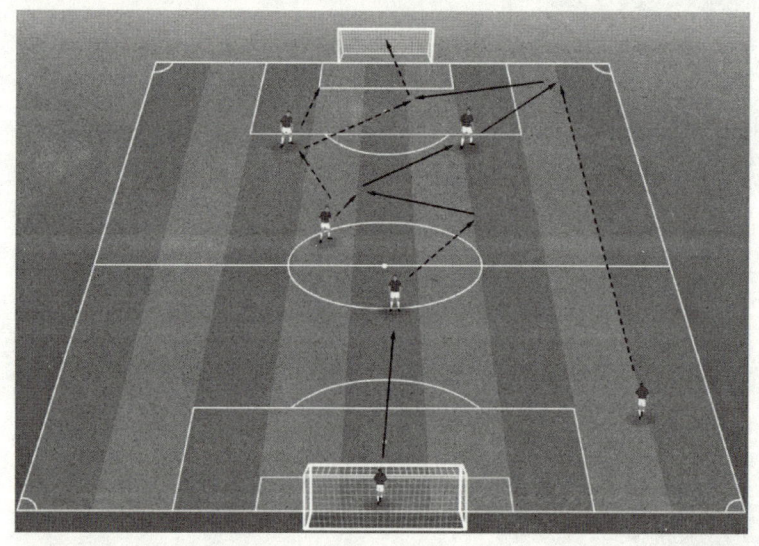

图 3-81

3. 快速反击

比赛中当攻方进攻时，后卫线往往压至中场附近，防守人数也由于插上进攻和助攻而相对减少，此时防守方如能抓住对方防区空隙较大和回防较慢的机会，趁其失球发动快速反击，往往能取得良好的效果。快速反击是最有威胁的进攻手段,有效的进攻在于突然快速地反击,但其难度较大,既要冒险,又要有准确、快速的传切配合技能。快速反击要有组织,配合要极为默契。

4. 全队进攻战术练习方法

(1)按照规定的战术打法路线,从后场守门员或后卫线开始发动进攻,经过前卫传球到前场中路或边路进攻完成射门,反复练习。

(2)分组比赛,有要求地练习全队进攻战术配合。

(七)定位球攻防战术

定位球战术是指在比赛中,利用"死球"后重新开始比赛的机会组织进攻与防守配合的战术方法。定位球战术包括中圈开球、角球、任意球、点球、掷界外球等进攻战术配合。

定位球战术在现代足球比赛中的地位、作用和效果已经显得越来越重要了。任意球和角球往往左右赛势与胜负。在许多比赛中我们可以看到,在双方攻守都处于僵持阶段时,经常是定位球影响场上的局势,而在两支强队的争夺中凭借定位球的进球而决定最终结果的战例也屡见不鲜。

定位球战术之所以是足球战术中的重要组成部分之一,这与定位球战术的本身特点和优势有密切关系。①定位球战术在开球前有充足的准备时间,在此时刻,每一名进攻队员可以根据对手情况随意灵活地选位和商量进攻对策或者具体细致地布置安排既定的进攻战术计划。②无论进攻者是即兴商定战术打法还是有目的地执行既定战术计划,防守者都无法知其内容,这样,如果进攻者能准确如愿地执行这些战术配合,必然会出其不意,使防守者措手不及,易于取得成功。③定位球之所以有正常进攻所不具备的优势,原因在于执行定位球均是在"死球"状态下进行的,除界外球外,对手至少距球9.15米以外,防守者没有办法对罚球者进行紧逼盯防,所以,进攻方可以按照事先演练的一些战术进行有效的进攻。由于定位球均是在死球状态下进行的,所以,进攻方可以有更多的球员投入进攻,这给防守方施加了更大的难度。此外,随着现代足球运动技战术的发展,球员可以踢出更高质量的弧线球,这也是定位球的得分率有了很大提高的一个重要原因。

定位球战术越来越被世界足坛所重视,特别是角球和罚球区附近的任意球战术,具有更大的进攻威胁,因为比赛的结果常常以一个定位球决定了关键性比赛的胜负。据不完全统计,比赛中40%左右的进球源于定位球。在比赛实战中可以看到,在定位球进攻战术配合上,一次简练的配合创造射门机会,往往容易奏效,战术配合越复杂成功率就越低。因此,必须重视定位球攻防战术的训练,才能在比赛中取得好的效果。

1. 任意球进攻战术

任意球进攻,特别是前场任意球进攻,是当今足坛破门得分的最锐利的武器之一。在比赛中常用的进攻方式,一是直接射门(直接任意球),二是两人配合射门,三是三人或三人以上配合射门。

任意球进攻战术的选择,主要取决于队员特点和场上的具体形势。一般来说,在发任意球时应遵循以下几个原则。

(1)前场任意球特别是罚球区附近的任意球机会在高水平比赛中非常难得,在组织进攻战术时必须考虑周密,认真对待,力争成功。

(2)在执行任意球进攻战术时,罚球队员只要有可能直接射门的就应该果断直接射门,能做简单战术配合的尽量做简单战术配合,不做复杂的或过于复杂的战术配合,避免贻误战机。

(3)任意球进攻过程应尽可能快速,特别是在前场获得任意球时,在防守队员不影响罚球时,持球队员在防守队员还没有站好防守位置时尽快罚球,直接射门或直接传给插进的同伴,以最短的时间创造得分战机。

(4)罚任意球前,每一队员应根据场上站的位置、个人特点和赛前布置及时到位,做到既有计划准备,又能随机应变。

(5)前场任意球进攻失败后,距球较近的队员应尽快靠近持球队员,就近进行抢截,延缓对方进攻速度。其他队员必须迅速回撤到位,形成防守布局。

一般来说,战术配合简练,成功的可能性就会大些。能对对方构成较大威胁的是发生在罚球弧处的任意球,但是比赛的实际告诉我们,这个地域的任意球机会较少,而罚球区两侧的任意球机会较多。

2. 任意球直接射门进攻战术

无论在场地中间或两侧获得任意球的机会时,只要有可能射门,最好的办法就是直接射门,随着防守队排墙人数的增加,直接射入对方球门变得更加困难,因此,主罚队员更需要掌握高超的射门技术和踢弧线球的技术。同时进攻队队员常采用在对方人墙的两侧或中间"夹塞"的办法,或者在罚球点自行排成人墙,来遮挡守门员的视线,使其看不清罚球队员动作,而在射门时这些队员迅速让出空当,使射出的球通过空当,射向球门。任意球直接射门进攻战术战例见图3–82、图3–83、图3–84。

如图3–82所示,6号队员主罚,8、9号队员分别排在"人墙"的侧前面。

在 6 号队员射门前，8 号队员起阻挡守门员视线的作用。射门时 8 号和 9 号队员迅速离开人墙，球从 8 号、9 号队员离开的空隙中穿过，射至近角，使守门员难以防守。当然，这种射门的难度比较高。

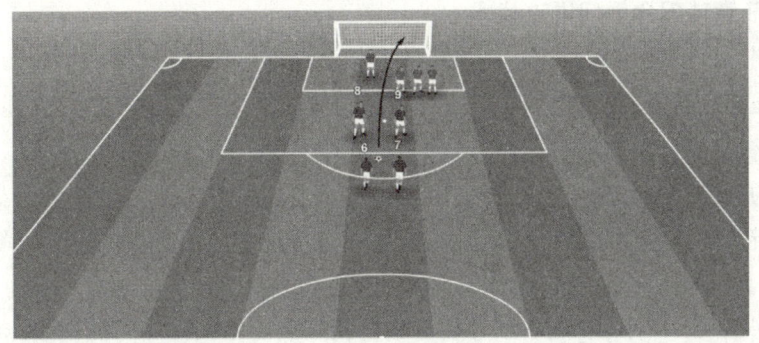

图 3-82

图 3-83

图 3-84

如图 3-83 所示，8 号队员主罚直接弧线球射门。如图 3-84 所示，7 号、8

号队员都站在罚球点附近，使对方不知道会由谁来主罚任意球，可利用错觉获得射门成功。图3-84发任意球方法是7号和8号这两名队员中有一人是"假踢真跑"，转移防守队员的注意力，另一队员紧接着直接射门。

3. 任意球配合射门进攻战术

在罚球区的侧角和两边，当不可能直接射门时，则应进行配合射门。经常采用的有短传配合和长传配合两种，但配合的传球次数宜少不宜多，宜简不宜繁，经一两次传球即能完成射门。传球和射门配合要默契。为避开"人墙"，要用声东击西的假动作分散对方注意力，争得射门机会。传球要及时，插上队员要注意时机，避免落入越位陷阱。任意球配合射门进攻战术战例见图3-85、图3-86、图3-87。

如图3-85所示，7号、8号队员站在罚球点前面挡住守门员视线，4号队员传球给5号队员直接射门。

如图3-86所示，6号队员主罚，他可将球传到任意一个点使其同伴插上射门。

图3-85

图3-86

如图 3-87 所示，6 号队员主罚将球传给 7 号队员，7 号队员传中，其他队员在中路、边路包抄射门。

图 3-87

4. 任意球防守战术

当对方在中后场罚任意球时，防守队员需要很好地组织和站位。如果在前场罚任意球，则必须要排"人墙"，排"人墙"队员的人数取决于球所处的位置。一般来说，球在球门正中方向，排 6 名队员；球在与球门成 70 度左右位置，排 5 名队员；球在与球门成 40 度左右位置，排 4 名队员；球在与球门成 20 度左右位置，排 2 名队员。每个队员也可根据攻守双方队员特点和防守能力及场上具体情况做适宜的增减。在排 4 名队员时，一般第一个队员应站在球与近门柱的直线连线上，然后向外侧横跨与肩同宽一步以防止对方弧线球绕过"人墙"射门。也可指定"人墙"的第二个队员站在球与近门柱的直线连线上。"人墙"的第一个队员为能精确地站位，应与守门员保持联系。此外，该队员的身材应高大些，这有助于更好地保护球门近角上端。每一排"人墙"队员必须贴紧站立，以防球从人缝中穿过射门。球门近角由"人墙"封堵，守门员站在球门靠近远角一侧，并能保证观察到踢球队员及其附近队员活动的位置。

排"人墙"队员以外其他队员的站位一般是：头球好的防守盯住对方空中争顶能力强的队员；中锋盯住对方插上的盯人中卫或拖后中卫；其余队员盯住自由进攻者，或者站在"人墙"的侧后起保护作用；另外派一名速度较快且运球能力较强的队员站在中线附近准备反攻。一旦防守成功抢下球后，应尽快发动快速反击。

5. 角球攻防战术

角球也是一种特殊的直接任意球，既可直接射门得分，又可组织配合射门，因而角球是易于破门得分的锐利武器之一。

(1) 角球进攻战术。

发角球进攻时除直接射门得分外，在组织角球进攻战术中，站位的基本原则是，队员分布在禁区内和附近区域，力争获得更多的进攻点。基本的站位形式是：①这个区域以球门区近侧角、罚球点和罚球区远角的三点所构成，形成进攻的宽度、深度；②队员略居第一条线之后，以便获得同伴回传球和对方顶出的短距离球。有时角球进攻战术中根据战术需要，角球区附近也站一名队员，他或为短传配合，或为诱惑防守者，分散中路防守的注意力。

角球进攻的方式通常有四种：①内弧线球至近球门柱或远球门柱；②外弧线球至近门柱或远门柱；③低平球或高吊球至近球门柱或远球门柱；④短传配合。

在选择采用以上角球进攻方式时，首先需考虑的是对方队员和本方队员特点以及对方站位形式。一般来说，当防守者具有强于本队的空中争夺能力或队员集中于门前时，最好避免直接长传至门前。此外，角球进攻战术方式还需要考虑到阳光、风力等气候因素。特别值得注意的是，角球进攻战术应尽可能有变化，因为只有不断地变化，才可造成守方防不胜防，措手不及。在各种长传球传至门前时，如果没有直接顶或射门的机会，触球者应通过头或脚把球传给位置较佳的同伴，创造更好的射门机会。由于角球进攻时大多数队员在前场参与进攻，因此，当对方从角球进攻中抢断得到控球权时，进攻的每一名队员要及时回撤到位，以防对方快速反击。

随着足球技术的不断提高和角球进攻战术的发展，角球进攻的威胁大增。角球进攻战术可分为短传角球战术配合和长传角球战术配合。角球进攻战术战例见图 3-88、图 3-89。

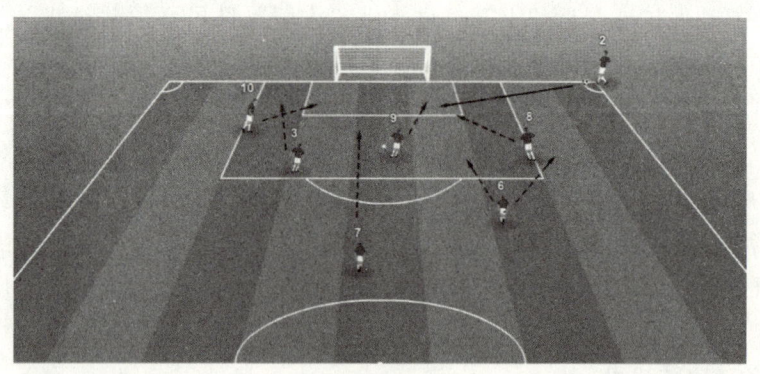

图 3-88

图 3-89

（2）角球防守战术。

在决定角球防守成败的因素中，站位和盯人是重要的环节。对角球站位和盯人一般应掌握好以下几个原则：

1）发角球同一侧的防守边锋队员，应站在发角球队员的前面、角球区和球门的连线上。他可以阻止或至少干扰对方发快速的低平球，使其发出的角球不到位，迫使对方发高球。而高球对守方队员，包括守门员是极为有利的。

2）有一名后卫站在近端球门柱内，他可以封住前角。防止进攻发角球队员发内旋球射门和限制近角附近进攻队员参与进攻战术行动。

3）守门员站在靠近远端门柱附近。这种选位主要是便于观察场上情况，做出正确的判断，及时出击。

4）空中争顶能力强的防守队员盯住头球好的进攻队员，一定要把对方重点队员和头球好的队员看好、盯死。

5）禁区内一定要每人盯一人，最好是拖后中卫不盯人，随时随地补防。

6）中场布置快速反击队员。将一个速度快而运球技术好的队员布置在中线边上，他的主要任务是在本方抢下球后作为"目标人"接球，在对方防守没有组织好之前，发动快速进攻。

7）其余队员根据本队防守战术思想要求和进攻者的站位情况，分别选位和盯人。

8）防守队员始终站在被防队员和球门线中点的连线上，而且要既能看到球又能看到人，要干净利索地把踢来的角球踢出罚球区。

掌握好正确的站位和盯人的原则是有效防守的基础，但为了保证站位和盯人的实际效果，角球防守时还应注意以下几点：第一，每一盯人者与被盯者的距离应保持适当，一般来说，他应尽可能站在既能观察到对手和球，同时又能先于对手接触球的位置；第二，当对方发球时，每一防守者切勿把目光集中于球上而忽略了被盯者的行动；第三，由于角球攻守中，门前攻守队员较多，防守队员在触球时应尽量干净利索地处理球，以免因控制球失误而给球门造成危险；第四，在门前争夺中，防守队员既要勇猛，但又要小心，以防犯规而造成罚球点球；第五，在抢下球后，拿球队员应尽快发动进攻，其余队员应迅速压上。

（八）掷界外球攻防战术

（1）掷界外球进攻战术。足球比赛中掷界外球的次数很多，掷界外球进攻战术效益通常表现于前场，它已接近了角球对双方所产生的影响和效果。由于掷界外球时接球队员不存在越位问题，进攻者灵巧的跑位加之快速、娴熟的配合，常常能造成防守阵脚混乱，取得良好的进攻效果。因此，在定位球战术中，掷界外球进攻战术也是人们极为重视的战术内容之一。

（2）掷界外球进攻的方式主要有四种：①接球队员直接接球、运球或直接与同伴配合下底传中；②接球队员接球后直接长传转移或与同伴配合长传转移；③接球队员接球后与同伴配合推进；④掷球队员将球掷于门前、球门区或罚球区附近，接球队员用突然的变速变向摆脱防守、接应或插入接球，创造直接射门或威胁球门的进攻配合机会。

队员在掷界外球时，选择进攻方式和发动进攻应尽可能快，这有助于在时间上瓦解对方防守。对于接应者来说，由于对方盯人很紧，一是摆脱能力和对周围局势的洞察力要强；二是决定运用个人运球突破还是与同伴配合方式等战术思维速度和行动要快。一般来说，掷界外球进攻的效益，主要是由正确的战术方式选择、配合过程的技术战术熟练程度以及进攻队员即兴应变能力所左右的。掷界外球进攻战术战例见图3-90。

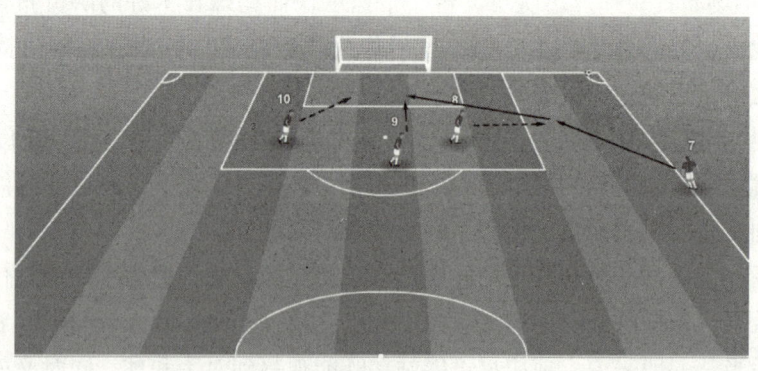

图3-90

(3) 掷界外球防守战术。在前场掷界外球时，除一至两名队员在中场准备反攻外，其余防守队员都应回位防守。由于掷界外球进攻的方式多样，合理选位是特别重要的。一般来说，掷界外球异侧的防守队员应适当向中路靠拢些，以便给向掷界外球一侧靠近的中路防守队员提供保护和减小相互间的空当距离。在防守中，在掷球局部要紧逼，特别是对有可能接球队员要死盯。对掷球队员附近的进攻队员和门前队员应盯紧，严格限制其行动范围，特别应防范对方向门前掷球的进攻配合，应注意安排头球好的队员盯住对方争顶空中球能力强的队员。对比较危险的地域和有可能出现空当的位置要重点防守和保护。

（九）中圈开球攻防战术

（1）中圈开球进攻战术。一般对防守队球门构成的直接威胁不大，这主要是因为中圈开球时防守队有足够的时间准备。

中圈开球进攻的形式通常有两种：①有组织配合地层层推进，利用开球进行控制球、倒脚，寻找进攻机会。这主要运用于对方防守阵脚稳定、布置严密的形势下；②长传快攻突然袭击，这一般是利用比赛刚开始防守者注意力不集中、站位不好、布局有漏洞，出现明显空当时采用的长传突袭，使对方措手不及。这种战术即使不能成功，也会给对方造成心理上的压力。

（2）中圈开球防守战术。一是全队思想集中，防守者应利用充分的准备时间，选好位置，细致谨慎地部署防守，严防对方偷袭；当对方采用短传推进时，按防守原则行动，力争尽快地夺得控球权。二是在思想上要严阵以待，随时准备断抢进攻者发动的任何进攻球，尽快夺回控球权。

（十）球门球攻防战术

（1）球门球进攻战术在比赛中的进攻效益不太显著，这主要是由球门区域的位置特点所决定的。球门球战术进攻的形式通常有三种：①队员与守门员配合后由守门员发动进攻；②由后卫或守门员通过中短传，由两翼或中路队员组织进攻；③长传快攻。对于以上形式而言，长传快攻威胁最大。长传快攻的运用主要依赖于守方队员的回位速度。一般来说，它是在防守队员回位较慢或组织不稳且进攻队员已居于前方的形势下而采用的。要想成功运用这一进攻战术，首先是发球门球队员传球的及时性和准确性，其次是拿球队员快速运用个人突破，一旦受阻，迅速调整，寻找同伴利用快速简单战术配合突破对方防线。

（2）球门球的防守战术。当对方发球门球时，防守的主要任务是迅速组织阵脚，每一队员要根据自己的防守任务，分别盯住对方相应位置队员或站好自己的位置。在整体位置布置中，须注意各线间的适当距离和位置间的相互保护措施。在发球门球时，有时几个防守者也可站在禁区外附近，干扰进攻者的推进或发球配合。

（十一）罚球点球的攻守战术

任意球中也包含罚球点球，在罚球点球时，进攻队员应注意补射，守门员应注意脱手或碰球门柱反弹后的第二动作，其他防守队员应注意在守门员脱手或碰球门柱反弹回来后冲上解围。

1. 主罚队员

（1）以射准为主，以力射为辅，射球门的底角和上角为最佳位置，但要留有余地。

（2）心理要稳定，有必进的信心。

（3）先看守门员位置，决定射门方向，不能轻易改变决定。

2. 守门员防守

（1）应有必胜的信心，心理要稳定，因为对方主罚队员更紧张，守门员守不住不会受到太多的指责。

（2）可以采用故意放大一侧的方法，或者用假动作迷惑干扰对方。

（3）掌握对方射手惯用的脚法和射门方位等特点，有针对性地防守。

（十二）防守战术

防守战术是指在控球方丢球后即刻开始的转攻为守的战术方法。防守战术是建立在个人防守战术和局部防守战术基础上的整体防守战术配合，称防守战术。

防守战术在比赛中的具体运用，往往表现出一定的被动性，即受进攻战术的牵制。但就其目的而言，防守战术是扼制对方进攻并设法夺回对球的控制权。因而，其主动性仍然是极其明显的，防守战术的主动性通常体现在战术原则主动运用方面的积极抢断。为了掌握好防守战术，防守队员必须掌握好下面几个原则：

（1）延缓原则。就是延缓阻碍对方的进攻速度，为本队组织严密的防守布局争取时间。延缓原则常用于进攻失球后的即刻，完成这一任务的队员一般是离球最近的锋线队员。一般说来，锋线队员失球后的唯一战术职责就是作为防守的第一道障碍线，阻止对方有组织的快速反击。当然，在条件许可的前提下，这一队员也可以见机行事，主动积极地抢断球。作为初学者必须清楚地了解延缓的目的、原则与灵活性常常是战术奏效的不可分割的因素,而恰到好处的随机掌握,则来自队员对具体赛势的分析以及整体战术意识和应变能力。

(2) 平衡原则。主要是指防守队员在人数上至少与进攻队员保持等量。在同伴延缓对方进攻速度时,每一名防守队员应根据自己的位置职能要求,迅速回撤到自己的防守位置上并在整体布局上形成相互保护的合理站位。一般说来,初学者在练习实施这一原则时,总是要求防守队在防守人数上尽可能多于进攻队。在执行平衡原则中,延缓进攻速度的防守队员可以灵活地断截球。对于防守的队员来说,这一有助于迅速恢复控球权的机会切不可放过。当同伴在运用延缓原则时,其他防守队员绝不可把延缓作为减慢回撤速度的理由,相反,每个队员都应尽可能快地回位。

(3) 集中原则。是指防守队员在回位后,把注意力专注于每一位进攻者,面对进攻者要因时制宜地采取积极性的反抢行动。在执行该原则时,要以近球者紧逼、远球者适当保持一定距离为基本思想。集中防守的成败,从个人角度讲,每一队员的抢截、铲球、破坏球技术,良好的起动断抢速度以及防守意识、临场经验等都起着十分重要的作用。就整体配合而言,成败更取决于队员间的保护、补位、夹击以及围抢的配合能力。

(4) 控制原则。通常是针对后场区的防守而言。其基本内容是,基于球门前面是防守区域的咽喉地带,为了确保球门安全,防守队员必须采用盯人方法,以控制对手在此区域的一切行动。盯人可采用人盯人与保护的方式,也可运用区域盯人的方式,这主要取决于本队队员和对方队员的具体攻守特点。但无论采用何种形式,牢牢控制对手的根本目的是不能掉以轻心的。在完成这一战术任务过程中,防守队员所运用的技术手段可包括限制进攻者靠近球、封堵控球者脚下球、抢截和追逼进攻者等。

总之,防守者必须竭尽全力阻拦和扼制进攻队员任何可能的射门机会。在执行防守战术中,每一名防守队员的主要任务在于控制进攻者的一切行动,但每一名防守队员也应始终在头脑中留有随时准备反攻的意识,因为一旦抢下球就意味着进攻的开始,如果防守者能在防守中孕育进攻的动机,那么,抢下球后必然会寻求快攻,而快攻则必然有助于增加进攻的威胁性。

(十三) 防守战术基本因素

防守战术如同进攻战术一样,在比赛中始终是以整体意识支配着个人行动,体现着整体防守打法特征。每个队员的战术行动,都是整体打法的有机组合成分。因此，防守战术也可分为个人防守战术、局部防守战术和整体防守战术，每种形式的防守战术都含有下列基本因素。

（1）选位因素。选位一般是指由攻转守后的防守队员根据自己的位置职责和当时赛势的具体情况，在整体意识的支配下，有目的地选择恰当的防守位置。选位的基本原则是，每一名防守队员在本方失球后应尽快回位并站在进攻者与本方球门线中点的连接线上。合理的选位不仅有助于个人防守行动的效果，而且也密切联系着整体布局的合理程度，对防线的稳固性起着重要作用。

选位的基本要求是，由攻转守的选位必须及时快速，每一防守队员之间必须根据对手情况保持适宜的横向和纵向联系，提供保护和有效补位的基本条件。选位合理性对一个队员的能力要求是多方面的，而最关键的则是由攻转守意识和整体防守意识。选位合理性与选位基本原则是密不可分的，但它更取决于防守队员的灵活运用。一般来说，只要善于把握原则而又不受原则的束缚时，才有可能在该方面运用得十分成功。

（2）堵缓因素。堵缓一般是指且战且退，以积极主动干扰封堵对方，缓解对方进攻速度，达到化解对方快攻意图和赢得同伴防守布局的时间。堵缓是一种防守技巧，它既要求防守队员对持球者有攻击性，牵制对方行动，同时又要求必须善于洞察持球者的心理动态，保持适度，以免因攻击性较强而导致堵缓意图的失败。当然，堵缓并不排斥有效地抢截，如果在堵缓中，对方持球失控，这一机会绝不应错过，但堵缓中的抢截必须慎重小心，必须拥有绝对成功的把握才可行事。堵缓战术一般运用于以少防多的局面。比如在局部攻守对垒中，由于某个或几个防守同伴被对方突破而形成以少防多的局面时，即可运用堵缓手段扼制对方快速推进，给其他防守队员回撤争得时间。但堵缓又不是以少防多战势所独有的手段，比如由攻转守时，尽管防守人数未必少于攻者，但为了避免进攻一方长传反击和确保本队形成更稳妥的防守布置，同样可以运用堵缓手段。

（3）盯人因素。盯人是现代足球比赛中的重要防守技巧之一。盯人的基本含义是，防守者通过各种方法，紧紧跟随并看住自己的对手。其基本目的在于严密控制对手在种种战术形势下的有效行动，诸如接球、运球、传球、射门等。盯人方式主要有紧逼盯人和松动盯人两种。紧逼盯人一般适用于禁区地带或盯接近球的进攻队员。松动盯人一般适用于盯离球较远的队员。

在运用盯人时应注意的几个问题：

1）防守队员应该根据球的位置站在位于被盯进攻队员与本方球门线中点之间的连线上，并根据比赛情况，与球保持适当距离。

2）防守队员在盯人时注意力要高度集中，能够洞察周围局势，以便提前有准备地干扰被盯进攻队员接球或处理脚下球。

3）防守队员盯人通常在固定的被盯人员或相对稳定的区域范围。为了防止盯人的漏失，每一盯人防守队员除了完成自己的任务之外，还应具备补漏意识和补漏能力，以便在同伴防守失败后仍能保证整体防守的有效性。

4）防守盯人队员应当具备随机应变能力，当同伴防守吃紧时可见机采用夹击、围抢，当周围有球可断截时，应善于主动出击。各负其责是盯人成功的基本条件，而同伴间灵活、主动积极的协作，更能提高盯人防守的效率。

5）防守盯人队员盯人时，在运用抢截技术时，必须谨慎小心，因为一旦失误，往往会给本队带来以少防多的被动局面，给同伴增加压力。如果抢截失误，该队员应立即回追。

6）盯人防守对体力的要求比较高，盯人队员应根据自己的体力状况，采用合理盯人方法。当体力不支时，可适当地减少盯人中的争抢，多采用盯堵方法来达到防守目的。

（4）抢截因素。所谓抢截，通常是指防守队员有意识地运用各种争抢动作，主动地向持球者发动进攻，把球抢过来、破坏掉或者是截断持球者的传球。它与其他防守手段的区别在于攻击性和主动性。

抢截动作在常见的抢截过程中有以下三种形式：

1）在对手接球前断截球。这种抢截方法不仅主动、干净、利索，而且也可使防守方立即转入快速反击或迅速组织进攻。

2）在对方接球的一瞬间抢断球。由于对方接球瞬间注意力主要倾注于球上，因此，在这种情况下抢截很容易成功。

3）在对方拿好球后抢截。由于对方已控制好球，所以，在这种情况下抢截成功的难度相对较大，要求抢截队员要格外谨慎行动。

抢截成功与抢截动作的运用情况是有一定联系的。无论在哪种情况下抢截，都应在实施抢截动作时做到：在抢截前对周围攻守队员情况有清晰了解，并能对持球队员和对方的其他队员的下一步行动有初步判断；在抢截中应该准确把握好实施抢截动作的时机，以免因抢截动作过早或过晚造成抢截失败，一旦抢截失败，必须及时追抢或迅速回到替自己补位的同伴的位置上去。抢截过程中的许多失败战例是由抢截者的犹豫不决所致，因此，每一个防守队员在抢截时应注意，在没有把握的情况下不可轻易拼抢、出脚，一旦看准时机，就应该坚决果断出击。

(5) 补位因素。补位的主要意义是它不仅可以解脱处于某一防守困境中的同伴之危,填补由此漏洞可能带来的整体防线受损或崩溃,而且全队每一队员的补位意识和能力,也将增强每一位置身于防守争夺中的队员的信心和勇气。补位常见的方式是空当补位,如中后卫队员插上角球进攻失败后,对方发动快速反击,而此时中后卫队员又不可能及时回到自己位置,此时,另一名中后卫或同侧边后卫乃至相邻前卫可根据场上情况,迅速补到空缺中后卫位置,互相补位。再如某边后卫被对方前锋突破,此时,同侧中后卫队员补该边后卫队员位置去封堵阻拦对方传球或突破,该边后卫队员则迅速回补到中后卫队员位置。

补位的成功与否主要取决于:防守队员之间的站位是否具有一定的纵向、横向保护联系,防守队员的整体意识和默契配合,补位队员的补位意识、反应速度和补位的及时到位。

(十四) 个人防守战术

个人防守战术就是指个人的防守战术行动,个人的防守行动体现着整体防守战术的特征,是整体防守战术的基础。个人防守战术包括选位与盯人、断球、抢球、封堵等。

(1) 选位与盯人。

这是个人防守战术的统一整体,选择正确的防守位置才有利于盯人,而有效的盯人就要有正确的防守位置。

选位应根据比赛实际不断调整防守位置,但应始终站在对手与本方球门中心所构成的直线上。在场地的任何位置防守,都要根据要里不要外、要中不要边、要后不要前的原则选位,并在选位的同时做到人球兼顾。只顾球不盯人,或者只盯人不顾球,都是不对的。

盯人是紧逼盯人还是松动盯人,应根据场上的活动情况灵活运用。紧逼盯人是贴近对方,不给对方从容活动的余地;松动盯人是与对方保持适当的距离,以便随时上前抢断对方的球。

一般情况下,有球的一侧要采用紧逼盯人,无球的一侧要采用松动盯人。松动盯人的队员要注意人球兼顾,既要注意对手的活动意图,又要注意保护门前危险地区。以多防少或以少防多时,都要及时地跑位选位。

(2) 断球。断球是指把对方的传球从途中截下来或者破坏掉的战术行动。断球是转守为攻最主动、最有效的战术行动,能在对方来不及反抢的状态下发动快速反击。

断球成功的关键是：在断球之前，要判断好对方的传球方向、落点和球速。断球时，要根据球的不同方向、高度和速度，使用头、胸、腹和脚等部位把球截下来，或者破坏掉。

比赛时，防守队员不可能把每个球都抢截过来。为了不让对方掌握住球，在不得已的情况下可以把球踢出界外，以破坏对方有组织的进攻。

(3) 抢球。抢球是指球在对方控制范围内或双方都有同等的抢球机会时进行的行动。抢球是将对方控运的球抢过来或破坏掉的防守战术行动，是个人防守能力的重要标志。成功实施抢球应做到以下几点：

1) 正确的站位。抢球首先要选择在持球人与球门中点之间站位，这是对方运球突破的必由之路。

2) 保持合理的抢球距离。通过移动与持球人保持一步内的距离，这个距离是抢球最适宜的距离。

3) 准确的抢球时机。要把握对方接球未稳或控运球两个动作衔接之间的时机，及时抢断球。抢球时自己首先要站稳，不要被对方的假动作所迷惑而盲目出脚，从而被对方轻易突破。抢球时还可先向一侧假抢，诱惑对方向另一方运球而果断采取真抢行动。抢得球后要迅速发起攻击，抢球失败则需要及时换位回防。

(4) 封堵。封堵是在没有把握抢夺球的情况下运用的一种方法。特别是在以少防多的局面下，进行堵截可以减慢对方进攻的速度，使本方队员有充裕的时间进行回防。封堵是防守队员用身体某一部位挡住对方传球或射门，有正面封堵和侧面封堵之分。正面封堵是指对方射门时，正面迎上去用身体挡住射门角度，正面封堵要及时、准确和勇猛。侧面封堵则是指对方从边路突破时，防守球员快速回追奔跑中与运球对手形成同步位移，当对手传中时及时封堵传中球。

实施个人防守战术时重点注意以下问题：

(1) 密切注意传球后跑动接应的队员，不能松懈对他的防守，传球后立即跑位的队员往往是最危险的对手，特别在本方后场更要加强控制传球后立即跑位的对手。

(2) 向前抢截与补位时，应先考虑自己身后是否会出现空当被对方所利用。

(3) 在禁区附近防守时要站稳位置，切忌盲目乱抢，被对方突破。

(4) 对方射门时，要坚决封堵，不可躲闪，否则会使守门员的视线受到干扰。

（十五）集体（局部）配合防守战术

集体（局部）配合防守战术是指两个或两个以上队员在比赛中为了完成全队防守任务而采用的局部协同作战的配合方法，它包括补位战术、围抢战术、造越位战术等防守战术。

1. 补位战术

补位战术，是足球比赛中局部地域集体（局部）配合进行防守的一种战术方法。当防守过程中一个防守队员被对手突破时，另一个队员则立即上前进行堵封、保护与补位。

2. 围抢战术

围抢战术，是指比赛中在某局部位置上，防守一方利用人数上的相对优势（一般是两三个队员），同时围堵对方的持球队员，以求在短暂时间内达到抢断或破坏对方进攻的目的。

3. 造越位战术

造越位战术是利用规则设计的一种防守战术，是一种致对方进攻功亏一篑的打法，因而成为一种重要的防守手段。但由于其配合难度较大，掌握不好会造成被动或失利，让对手钻空子，因此，造越位战术往往被水平较高的球队所采用，但在一场比赛中也不应多次运用。

（十六）全队防守战术

全队防守战术是指比赛中由攻转守时，为全队有效防守而通过队员之间的协同作战所采用的配合战术方法。与局部防守战术相比较，全队防守战术的防守面更大，参加防守的队员更多。

全队防守战术主要目的是保护球门不被攻破和随时转守为攻。要积极封堵，力争不给对方留有任何进攻的传球、战术配合空隙和任何射门机会，特别是在罚球区附近的射门机会。同时努力拼抢，争取在最短时间内夺回控球权并及时组织发动有效的快速反击。实施全队防守战术时应该做到积极防御，争取以多防少，保持斜线防守，严格注意保护和补位，对持球人和离球近的人要紧逼盯死，对离球远的人则要松动盯住，做到防里线、让外线，防身后、让身前。由攻转守时，离球近的人要积极封堵对方的第一次传接球，延缓推进速度，其余的人迅速回防，形成一个纵深整体防守战线。

全队防守战术可分为盯人紧逼（人盯人）防守、区域盯人（盯人和区域相结合）防守、混合防守、密集防守等基本战术打法。

防守最根本的原则是紧逼和保护。只有紧逼才能有效地主动抢断，压制对方技战术的优势而获取主动权，保护是为了更好地紧逼和控制空当。

（1）盯人紧逼（人盯人）防守战术是一种在防守时除自由人外，其他每一个防守队员都有固定防守对象的防守形式。这种打法突出的特点是，在全场攻守两阵对垒的每一时段的空间内，总是使每一个进攻队员始终处于压力之中。攻转守时防守队员必须盯住固定盯守的进攻队员，要严密控制被盯进攻队员的各种行动，迫使进攻队员的传球、接应发生困难，从而使进攻方的攻势减弱。而自由人的任务则是补位，并指挥防守队员移动和提醒防守队员补位。

人盯人防守有其自身的缺点，如一旦被突破，造成以少防多，会处于被动挨打的局面。另外，容易被对方有目的、有意识地策动制造空当而进行攻击。现代足球比赛中，单纯人盯人防守已很少有人采用了。

在实施人盯人防守战术中，要求每一队员必须具有较强的个人作战能力和相互协作能力，要求每一防守队员必须有较强的体力素质，因为在全场范围内，防守队员始终需要不停地奔跑和争抢。

（2）区域盯人（盯人和区域相结合）防守战术的基本含义是：每个防守队员根据自己的防守职责，防守住一个相对固定的区域，当进攻队员进入该防区时，区域防守队员就应该对其进行积极防守，严密盯人，以控制进攻者在此区域的一切有效行动。

实施区域盯人防守战术中，同样需要一个自由人担负补位和指挥作用，这一自由人一般由中后卫担任，特别是在本方半场内防守时。区域盯人打法规定了每一名防守队员的明确任务，但同伴间仍需必要的协作，当某一区域盯人防守失败时，邻近区域队员应及时补位，被突破防守队员应及时与他换位，以求得整体防守的有效性和稳固性。当一个队运用区域盯人防守打法时，须特别注意的是各区域之间交界处的防守。由于这一交界处常常因防守职责不明而给进攻方带来可乘之机，因此，在比赛中必须对各区域交界处的防守有明确的分工安排。

（3）混合防守战术是人盯人防守和区域盯人防守两种战术形式交织为一体的防守战术打法。它的最大特点是能根据对方进攻情况，灵活地将人盯人防守和区域防守战术的优点充分发挥和运用，以提高全队防守的效益。

混合防守战术通常运用的方式是，选择体力好、个人作战能力强的队员以人盯人防守盯住对方的核心队员，限制其行动自由，干扰和破坏该核心队员的传球、接应以及组织各种形式的战术配合，削弱其核心队员的作用。至于其他队员则多采用区域盯人防守。混合防守战术的运用方式是非常灵活的,这要根据进攻方队员的特点和主要进攻方向。比如对方的进攻主要靠两前卫组织和插上,这时防守队就可以用两个前卫紧盯,其余队员采用区域盯人。又比如对方进攻最有威胁的人物是中锋,混合防守战术打法就应重点派人紧盯该中锋,以遏制他发挥作用。

混合防守战术实施时应该使防守队员明确,防守对方重点核心人物的队员时,应尽最大能力贴近该队员,特别是在他没拿球以前,使他无法组织有效的进攻战术配合。在本方进攻时,该盯人防守队员,应当善于甩开被盯的对方,大胆参与进攻。在安排盯人防守队员时应尽量避免选用本队的核心队员,即使是位置对应也应该避免,因为核心队员是本队防守和进攻的组织者,如果担任盯人防守任务将限制他组织作用的发挥,影响本队攻防力量。混合防守战术打法是当今足坛采用最多的防守方法,也是比较奏效的战术打法之一。

(4) 密集防守战术是一种缩小防范区域、将防守主要力量放在本方门前危险区域内,而仅留一至两名队员于中场附近的防守形式。它的主要防范区域是门前的罚球区附近。其防守打法的主要特点是:防守人数多,给对方可趁之机空间较小,使对方渗透性进攻配合较难,破门的难度也相对较大。但由于这一防守打法是绝大多数队员集中于门前,当由守转攻时会限制全体队员有组织的进攻速度,因此,就一般情况而言,这种防守打法更多地用于那些只要求平局或少输、期望侥幸得胜的弱队身上。当然,有些以"稳固防守快速反击"为指导思想的队,尽管实力并非明显弱于对手,有时也采用这种防守形式。这种打法的基本要求是,当由攻转守时,密集防守的队员必须迅速回撤,以布置和站好各自的位置,当由守转攻时,拿球队员应尽可能通过长传为前场队员送球,力求形成出其不意、攻其不备、以快制胜的战术效果。

第五节　比赛阵型与位置职责

一、阵型的演变和发展

所谓足球阵型,也称"比赛阵型""比赛阵式",是为了适应攻守战术的需要,在比赛时场上队员的职责分工和位置布局的表现形式。其目的是为了适应攻

第三章　足球基本技术与战术

守战术的需要，合理运用队员的力量，最大限度地发挥全队作用。各阵型的名称是按队员排列的形状而定。自19世纪中期世界上出现了第一个足球比赛阵型至今日的"4-3-3"式、"3-5-2"式、"4-2-4"式等战术阵型，以及某些国家所采用的"混凝土式""锁链式"等战术阵型，都是根据足球技战术发展的特点而演变和发展的。

足球阵型是现代足球运动发展中不可忽视的重要理论问题，一直受到国内外教练员们的普遍重视。它的变化是随着比赛攻守矛盾的斗争与规则的改变，运动员技战术水平和身体素质水平的提高以及训练科学性的不断完善而改变。比赛阵型的变化始终贯穿足球比赛运动发展过程，而阵型的不断发展变化，又和比赛中双方争夺中场愈演愈烈，中场打法不断更新有着密切联系。阵型变化发展的一个突出特点就是中场队员越来越多，并且遵循着一定的规律向前发展。

19世纪中叶现代足球刚诞生的时候，场上的22名球员赶鸭子似的追着球满场跑，像狩猎一样乱哄哄的。随着足球运动的发展，球员们开始意识到组织一支进可攻、退可守的球队至关重要。人们开始考虑通过安排队员的场上位置和职责分工，达到攻守优化组合及其效率的增值，这就是战术阵型产生的最早契机。由于技术的不断提高、攻守战术方法的变化，比赛战术阵型也在不断地发展与演变，从而产生许多的战术阵型。

（一）"1-9""九锋一卫"式战术阵型

对于19世纪的足球运动员来说，足球并不复杂。除了守门员外的10个队员在球场上像猎杀动物一样追逐足球，没有科学的研究和严谨的战术作为指导，大家的目的只有一个，就是将足球踢入网窝。随后，球员逐渐发现足球运动的博大精深，足球学术的研究渗入球场，许多当时的足球队员都意识到了足球那无序的滚动和飞驰的速度比人的跑动要快，如果没有一个有组织和有结构的管理，比赛场上的队员们就会为此而不必要地消耗大量的体力。于是，进攻和防守这一矛盾体出现了。最初的战术在现在看起来很不可思议，当"0-10"式战术阵型出现后，当时的许多球员都以为进攻就是最好的防守，球场上的进球非常频繁。"0-10"式战术阵型打法曾经是19世纪的球员的主流打法，但后来有人通过总结发现，当10个前锋都在前场的时候，对手只要一个大脚解围到本方半场，本方就没有一个队员能够及时回撤，而不得不眼睁睁地看着对手一对一面对守门员并轻松地将足球踢入网内。1863年，英国足球协会引入了越位规则，规定进攻方"任何一名处在踢球队员前方的球员都是越位的，越位球员不得触球"。随之足

球阵型出现了"1-9""九锋一卫"式战术阵型。(见图3-91)

　　一名进攻球员被拉回来作为中卫使用,以帮助略显孤单的守门员。此战术的最大特点是从原先的前锋线撤回一名防守队员,这在一定程度上遏制了对手的单刀球机会,但进球仍然很频繁,守门员几乎形同虚设。足球于19世纪中叶在英国兴起,但到了20世纪才真正被当作一门学科来看待。作为现代足球的发源地,英国足球在足球运动诞生的早期为现代足球发展做出了不可磨灭的贡献。当他们打"0-10"式战术阵型和"1-9"式战术阵型的时候,世界各国还对足球一片茫然。随着经验的增多,已经有不少人发现了足球比赛除了前场和后场,还有一个中场的承上启下,于是,新的战术体系产生了。当时有人将前场的9名前锋又进行了细划分,就好像国际象棋里的棋子一样,有的安排在前面,有的安排在后面,这是足球真正意义上的阵型。这和10名队员一字排开地平行站位,然后一起向前冲的莽汉打法的不同之处在于,足球开始出现了组织、战术和阵型。

图3-91

(二)"1-1-8"式战术阵型

　　随着技术水平的提高,一名后卫的防守难以阻挡九名前锋的攻击,1868年,越位规则被修改为"在球(被队友)传出的时候,进攻球员和球门线之间必须至少有 3 名对方球员"。此后球员的角色和职责划分得更加清楚，19 世纪 70 年代出现了"1-1-8"式战术阵型（见图 3-92），前锋减少为 8 人，增加了 1 名中场球员。"1-1-8"式战术阵型出现后，为了加强防守，又出现了"三卫七锋"式战术阵型。其间，越位规则发生变化，使无球队员可以跑到球的前面去而有利于进攻，促进了传递配合，进球增多，这样就暴露了"三卫七锋"式战术阵型的弱点。于是，1870 年又创造了"四卫六锋"式战术阵型。

图 3-92

（三）"2-3-5""倒金字塔"式战术阵型

在 20 世纪初期，战术依然很混乱，有人还坚信 9 个前锋的打法，而另外的一批新兴力量则通过摸索和实践将前场的 9 个前锋不断地减少。1900 年，英格兰布利队率先奠定了"2-3-5"式战术阵型，他们让前锋 5 个队员自始至终站在对方的禁区，迫使对方的前锋不得不兼顾防守，不敢贸然出击。在布利队的 5 个前锋的后面又有 3 个前卫，他们恰恰弥补了以前阵型上的脱节，牢牢卡住对手的要害位置，迫使对手被动挨打。在中场，别看只有 3 个前卫，由于对方的前锋攻击体系被本方的阵型给破坏了，他们就好像是最后一道关卡，对手根本无法突破他们就已经被拦截了。而两个拖后中卫以及守门员的后防线，只是偶尔会遇到点威胁。这套阵型在当时经过了很多的争议和辩论后终于成功了，布利队凭借这一打法取得了当年的英国足总杯冠军。许多俱乐部纷纷开始研究这一打法的优越之处，得出的结论是：布利队让球场上的每个角落都有自己球员的身影，他们早早地就被划分到他们的区域,所以,等对手进入这个区域,他们已经做好了充分的准备来破坏对手的进攻。而过去的打法则不同,他们是10个前锋或9个前锋一起追逐着足球,许多队员把没有意义的追逐看作比赛得分的唯一手段,而最后的结果是他们大量的无谓跑动消耗了体力,这和布利队的以逸待劳是有根本性区别的。

"2-3-5"式战术阵型打法极大地推动了足球运动的发展,由于这一攻守兼备的打法以优越的进攻和防守理论为基石,许多俱乐部开始效仿。"2-3-5"式战术阵型打法的布局给对手施加的压力是,这5个前锋可以在对手的禁区来回游荡,极大地干扰了对手的部署。不擅长这个打法的球队都表示头疼和烦恼。起初,前锋没有意识到这一问题,但随着这一阵型的大行其道,"倒金字塔"式的"2-3-5"式战术阵型逐渐有了位置和责任分工。5个前锋学会了通过巧妙的跑位来和"越位"进行对抗,并且取得了新的特点,那就是当对手自以为可以利用越位规则而放心大胆地向前的时候,5个前锋会如影随形地和对方的后防线保持一定的距离,一旦到了反击的时候,5个前锋会突然如潮水般地往对方的球门涌去,因此,"2-3-5"式战术阵型仍然无懈可击。乌拉圭队就是用它赢得了1930年的世界杯冠军,1934年,意大利国家队同样利用这一打法夺取了世界杯冠军。这一阵型继续保持了进攻的活力,用两名边路球员给中间的3名前锋输送"炮弹"。但是,受制于当时的越位规则,这一阵型下进球仍然不太容易。由于加强了防守,基本上体现了攻守平衡,因而"倒金字塔"式的"2-3-5"式战术阵型在几乎整个欧洲大陆乃至世界足坛流行长达40年。(见图3-93)

图3-93

（四）"WM"式战术阵型

1925 年，国际足联修改了越位规则，将进攻队员与对方端线之间对方队员不足 3 人改为不足 2 人时为越位。虽然只减少了一人，但新规则对攻方极为有利，进球变得容易了，从而也丰富了战术内容。为了解决攻强守弱的矛盾，英国人查普曼于 1930 年首创了"WM"式战术阵型。（见图 3-94）这是在"2-3-5"倒金字塔式战术阵型基础上改革的产物，也是一个攻守平衡阵型。查普曼可以被看作现代足球的"后卫之父"，他将原先 3 名中场球员中居中的 1 名后撤到 2 名后卫中间，再将原先 5 名前锋中最边的两人回收，置于剩下 2 名中场球员身前担任内锋，形成了 20 世纪初期风靡一时的"WM"式战术阵型。这一阵型也可以看作"3-4-3"战术阵型的早期版本。靠这一划时代的"三后卫"阵型，英格兰人在世界足坛领袖群雄长达 20 余载。该阵型在进攻时中锋从中央突破，两边锋从边路突破沉底传中，防守时 2 个前卫防守对方 2 个内锋，3 个后卫基本上采用"人盯人"防守对方 3 个前锋，每 1 名球员在进攻和防守时都有明确的职责。

图 3-94

在这一时期，意大利赢得了 1934 年和 1938 年两届世界杯冠军。他们在防守上采用了老式的"2-3-5"式战术阵型，进攻上则采用了"WM"式战术阵型。

(五)"四前锋"式战术阵型

由于"W"型的3前锋很容易被"M"型的3后卫盯死,于是匈牙利人在20世纪50年代初期向"WM"式阵型发起挑战,创造性地运用了"四前锋"式的战术阵型,从1950年至1954年4年间创造了29场重大国际比赛不败的优异成绩,包括1952年获奥运会冠军。1953年在英国伦敦,匈牙利队以6:3的悬殊比分大胜英格兰国家队,从而打破了英格兰队在本土保持的90年不败的纪录。1954年,英国人带着"雪耻"的决心回访布达佩斯,匈牙利队再以7:1大胜,从此,"四前锋"式战术阵型风靡全球。这种阵型的出现使原来攻守平衡阵型发展为攻强于守的不平衡阵型状态,使当年的第5届世界杯赛创造了平均每场进球5.4个的纪录。匈牙利人尽管在该届世界杯赛上未能夺得冠军,但是他们勇于进攻、敢于变革的创造精神为世界足坛所信服,他们的成功永载足球史册。他们的成功在于能利用4个前锋的人数优势攻击3个后卫的防守,在前锋线的每一局部地区,都能以准确的短传配合与频繁的交叉换位,有效地突破对方的防线。

一时间,"四前锋"式阵型风靡全球,被誉为足球运动史上的第一次重大变革。然而,"四前锋"式阵型带给匈牙利足球队的辉煌是短暂的,1958年,巴西在瑞典世界杯上运用"4-2-4"式进攻型阵型,一举夺得第六届世界杯冠军,成为热带足球的代表。"4-2-4"式阵型也因此在世界足坛备受推崇,被誉为足球运动史上的第二次重大变革。

(六)"4-2-4"式战术阵型

20世纪50年代,匈牙利人带来了一次巨大的改革。他们的足球不仅展现出了高超的传球技巧和控制能力,同时队员们在场上还不停地换位。在对方控球时,他们将"3-3-4"式战术阵型下的一名中场球员后撤,组成一条四人防线。前锋(特别是拖后前锋)会利用盯防队员身后的空间制造杀机。这一方法被1958年世界杯上的巴西队采用,不过巴西人用的是"4-2-4"式战术阵型。(见图3-95)这一阵型创造了进攻和防守时人数上的优势(防守时他们会将两名边锋中的一人回撤到中场帮助防守),虽然增加了一名纯防守球员,但由于两名后卫不时参与进攻,进攻力量并没有被削弱。

图 3-95

在该届世界杯赛上，巴西队 6 场比赛中进球 16 个，失球 4 个而荣获冠军。"4-2-4"式战术阵型被世界各国的球队所关注和仿效。

"4-2-4"式战术阵型的特点是：

(1) 攻守平衡，既保持了 4 前锋进攻锐利的长处，又弥补了 3 后卫防守单薄的不足。

(2) 层次减少，便于锋卫联系，加快了进攻和防守的转换。

(3) 边锋和边后卫协助控制中场，有利于夺取中场优势，取得比赛的主动权。

足球界人士充分肯定巴西人在阵型变革中的杰出贡献，更推崇巴西人卓越的个人技术，对足球技术的发展产生极深刻的影响，世界足球从而进入了以巴西为代表的攻势足球年代。

(七) "4-3-3"式战术阵型

20 世纪 60 年代，足球战术阵型不断发展和变革，继"4-2-4"式阵型后，又出现了"4-3-3"式战术阵型。由于这种阵式攻守平衡，战术灵活多变，体现了技战术和身体素质全面发展的趋势，因而被誉为足球运动史上的第三次革命。

"4-3-3"式战术阵型被看作"4-2-4"式战术阵型的延续。不失球的重要性以及链式防守的影响使得各支球队开始广泛使用更加注重防守的阵型,边锋也逐渐被牺牲掉。"4-3-3"式战术阵型的成功之处在于在4名后卫身前安排了1名中场的"清道夫",同时安排了1名"影子杀手"。这一阵型需要队员在比赛中大量跑动,进攻时队员之间的相互策应也是必不可少的。

20世纪60年代,不同的足球阵型可以说各有千秋,但真正能够把理论与实际结合的仍然是巴西人。巴西队当时的教练莫雷拉觉得"四前锋"的打法很难突破日趋严谨防守,与其这样,倒不如增强中场的实力,来防范对手的反击。莫雷拉的战术思想是相信中场的力量雄厚既可以避免防线的危机,也可以在对手疲劳的时候给自己的前锋制造机会。这实际上是"4-2-4"式战术阵型的一个演变,其方法就是把过去的一个前锋后撤回中场,增加控制中场的力量,由"4-2-4"式战术阵型变成"4-3-3"式战术阵型。(见图3-96)新的阵型发挥了效果,并且开始在世界足坛有了影响。巴西队的贝利当时因为受伤没有参加1962年世界杯后面的比赛。当时的巴西队是通过桑托斯兄弟、毛罗和佐济莫的后防线,济托、迪迪和扎加洛的中场以及加林查、瓦瓦和阿马多的锋线而最终夺取冠军的。实际上,这也是一个不得已而为之的招数。教练莫雷拉因为没有贝利这张胜利王牌,自然打起了稍微保守一些的足球,但利用前场加林查的反击速度,居然取得了同样的效果,夺得了这一届世界杯赛的冠军。于是,"4-3-3"式战术阵型当时在欧洲反而得到更好的评价,因为素来稳重的欧洲人相信只有攻守平衡才能夺取胜利!

由于20世纪50年代匈牙利队、巴西队的攻势足球和卓越的个人技术所产生的威慑,迫使世界各国的球队不得不加强防守以遏制进攻,在整个20世纪60年代里,各种加强防守的阵式应运而生,例如"清道夫"式的中卫,"锁链"式、"混凝土"式等。当时足坛处于攻守平衡与不平衡的矛盾斗争中。这也是足球运动发展的规律。

直到1970年第9届世界杯赛这种防守踢法的局面才开始改变,巴西队努力贯彻"进攻先于一切"的指导思想,第3次获得世界杯冠军,并使该届赛事平均每场进球又回升至3个。评论家称这届比赛是"进攻型足球的胜利"。

(八)"4-4-2"式战术阵型

20世纪60年代中期,英格兰队主教练拉姆塞将当时流行的"4-2-4"式

图 3 - 96

战术阵型稍做调整,让两名边锋后撤。从此,经典的"4-4-2"阵型诞生了。英国人在 1966 年第 8 届世界杯赛上凭借加强防守、伺机反击的"4-4-2"式战术阵型获得成功,第一次登上世界杯冠军的宝座。时至今日,"4-4-2"式战术阵型仍然被广泛使用。(见图 3-97)

图 3 - 97

虽说"4-4-2"式战术阵型的创始者是英国人,但毫无疑问,将"4-4-2"式战术阵型用得最炉火纯青的球队,绝对非巴西队莫属。1994年和1998年世界杯赛上,依靠这套战术阵型,巴西队分别获得冠军和亚军,其轰动效应吸引了诸多世界球队的追捧。"4-4-2"式战术阵型的变化主要集中在中场,站位分双后腰"碟型"中场(见图3-98)、单后腰"菱形"中场(见图3-99)、正三角、倒三角等,变化繁多。有的主攻,有的主守,还有的攻守兼备。1994年世界杯冠军巴西队在吸取了20世纪80年代沉迷"艺术足球"的教训后改变了风格,主帅佩雷拉几乎将那支巴西队改造成欧洲球队。相比起80年代世界公认的足球艺术大师桑塔纳所打造,由出色的世界级球星济科、苏格拉底和法尔考组成的华丽中场,由邓加、马津霍、毛罗·席尔瓦和津霍组成的新中场更注重防守。铁腕队长邓加绵里藏针的球风让1994年的巴西队攻守更为均衡,来自拉科鲁尼亚的"抢断王"毛罗·席尔瓦负责扫荡对手残余的进攻,马津霍和津霍球风朴实稳健,很好地协助了边后卫尤尔津霍和布兰科插上进攻。和80年代拥有"四大天王"的巴西队比起来,1994年的巴西队缺少了绚丽的艺术色彩,但却赢得了"大力神杯"。

图3-98

图 3-99

相比 1994 年攻守平衡、风格稳健的巴西队，1998 年的巴西队用 "4-4-2" 式 "菱形" 中场站位重新塑造了充满激情的桑巴足球，美洲杯横空出世的卡洛斯和上届世界杯决赛替补出场的卡福占据了左右两个边路，这两个边后卫包办了巴西队所有的边路进攻；双中后卫一个是老将阿尔代尔，另一个是巴亚诺；队长邓加坐镇中场，是巴西队的攻防枢纽，而莱昂纳多和里瓦尔多在左前卫和前腰位置上轮番突击，再佐以桑帕约，就构成了经典的 "菱形" 中场；加上锋线上的罗纳尔多和贝贝托。在老帅扎加洛的调教下，巴西天才们在 1998 年世界杯上的进攻可谓行云流水、绚丽多彩，直到决赛才败于引领全新战术革命的东道主法国队。

"4-4-2" 式战术阵型在今天仍然是应用最为广泛的阵型之一，该阵型是在 1966 年世界杯赛中得到认可的。该阵型进攻特点是中场和边后卫队员频繁套边活动，以构成对方门前险情。另一常见进攻打法，是前锋扯边吸引防守队员，中前卫前插禁区制造机会，形成威胁。第三种常见进攻方式是利用双前锋速度快、技术好的特点，在抢断球后迅速长传发动快速反击。在防守上，该阵型主要强调队员回位和密集防守下的组织与协调配合。

攻守矛盾的激化是阵型演变和发展的直接推动力。20 世纪 80 年代以来，"4

-3-3"式、"4-5-1"式、"3-4-3"式、"3-5-2"式、"5-3-2"式等多种战术阵型也相继在绿茵场上亮相。

(九)"3-5-2"与"5-3-2"式战术阵型

随着全攻全守打法的兴起,世界足球浪潮的新趋势是,得中场者得天下。1982年的巴西赫赫有名的四大中场和1984年欧洲足球锦标赛冠军得主法国"铁三角"在阵式上已经朝这方面发展了。但敢于向权威挑战的还是创造力丰富的阿根廷人。当时许多教练认为3名后卫无疑是自杀式的表现,阿根廷教练比拉尔多手中有新球王马拉多纳这张王牌,他大胆地采用了"3-5-2"式战术阵型。(见图3-100)1986年墨西哥世界杯比赛基本都在中午开球,高原反应和炎热的天气导致欧洲球员难施其技,比拉尔多考虑欧洲球队多用2名前锋,所以,他认为用2名盯人中卫和1名"清道夫"防守已绰绰有余。这样就可以释放1名后卫到中场,在后防稳固的同时,又加强中场的压迫力。5个中场的打法带来的最大的特点就是中场的齐全,前、后、左、中、右,中场的每个位置都有了具体分工,队员配备更完善。马拉多纳和巴尔达诺仍然打前锋,中场则由巴蒂斯塔打拖后,居斯蒂、奥拉蒂科切打两边,恩里克和布鲁查加在中前场负责牵头和策划,防守上则由布郎担任清道夫,鲁杰里和库茨夫打盯人中卫。一个构思精美的阵容诞生了,这个阵容当时在一定程度上让阿根廷人又同时发现了明星战术的好处,那就是所有的队员同时围绕马拉多纳展开行动,这让阿根廷队夺取了1986年世界杯冠军。

"3-5-2"式战术阵型的打法同时也掀起了另外一种革命,它导致了防守比例的上升。别看比拉尔多使用的是"3-5-2"式战术阵型,实际上他很强调防守的作用,5个前卫里,2个边前卫充当了后卫和边锋的双重作用,所以,在进攻的时候是"3-5-2"式战术阵型,而防守的时候则成了"5-3-2"式战术阵型。(见图3-101)进攻时让2名边后卫灵活地轮流进入中场以确保中场优势和主动,保证及时组织点多面宽的进攻;转入防守时,又能将对方的进攻扼杀或瓦解在组织和发动阶段。同时,拖后中场的崛起让以后的比赛在进球上更为困难,到了20世纪90年代,几乎每个俱乐部都有一个类似阿根廷在1986年的世界杯赛场上的大胡子巴蒂斯塔那样的拖后中场。"3-5-2"式战术阵型成为现代亚热带足球的发展模式。

第三章 足球基本技术与战术

图 3-100

图 3-101

(十)"4-3-2-1"("4-5-1")式战术阵型

到20世纪90年代,足球的战术研究到了极限,许多微小的战术改动都被认为是一次成功,足球战术阵型中便有了四位数字排列的概括描述。比如范加尔首度执教巴塞罗那队时的"3-3-3-1"式,这个激进的战术阵型一时名声大噪,但是效果不好;其后是意大利流行的"3-4-1-2"式战术阵型,然而,这些战术阵型在这几年逐渐走出了人们的视野,被主流打法所代替。萨基带领AC米兰打的攻势足球,他将"明星"战术、荷兰"全攻全守"战术和意大利"混凝土"战术以及"自由人"战术进行多种组合,使AC米兰夺取了1987—1988赛季的冠军。萨基的战术阵型没有什么真正的创新,但他总结的经验说明了足球的战术已经不可能是"一招鲜吃遍天"了,要想取得胜利,必须兼备各种战术。所以,当时萨基带领AC米兰队能够看到20世纪60年代的"4-3-3"式战术打法、"1-3-3-3"式战术打法、"4-4-2"式战术打法和20世纪70年代的"全攻全守"战术打法的特点,并利用了这些战术阵型的长处。但真正带来新思维的不是萨基,而是卡佩罗。卡佩罗在接手AC米兰队后已经发现了当时俱乐部的强悍基础,不费吹灰之力地率领俱乐部称霸当时的欧洲。荷兰"三剑客"离开俱乐部后,他研究出了新的战术阵型——"4-5-1"式的战术阵型,因为前卫中的2个突前前卫有着影子前锋的作用,所以,又有人根据"4-3-2-1"式战术阵型形状像"圣诞树"的原因,将其称为"圣诞树"阵型。(见图3-102)这个阵型的特色在于在后防线除了有巴雷西率领,中场还必须有1个优秀的拖后组织者为中枢,既能够和巴雷西协助防守,还能够参与全队的进攻。卡佩罗是防守方面的专家,他挖掘出了里杰卡尔德、德塞利和阿尔贝蒂尼这样的中场大师,即使是后来效力于的阿森纳队的维埃拉也在AC米兰队学到了拖后中场的精髓。而在前场,更有巴乔和萨维切维奇的组合以及维阿在前锋线的鹤立鸡群。这个阵型保证了AC米兰队虽然后防线整体年龄结构偏老,仍然取得了1993—1994赛季的冠军。卡佩罗去了皇家马德里后,他又让"4-3-2-1"式战术阵型帮助马德里人战胜了垄断西班牙足坛的巴塞罗那队。

2000年后开始,"4-3-3"式战术阵型逐渐风行,在欧洲各豪门足球队中使用的范围之广泛实属空前,形成一波新的战术潮流。不过这些"4-3-3"式战术阵型都不是什么新发明,以荷兰为代表的双边锋还是延续了克鲁伊夫时代的阿贾克斯的老传统,以AC米兰为代表的"4-3-1-2"式战术阵型只不过是"4-4-2"式战术阵型的一种变种,有时双边锋的后撤变成"4-3-2-1""圣

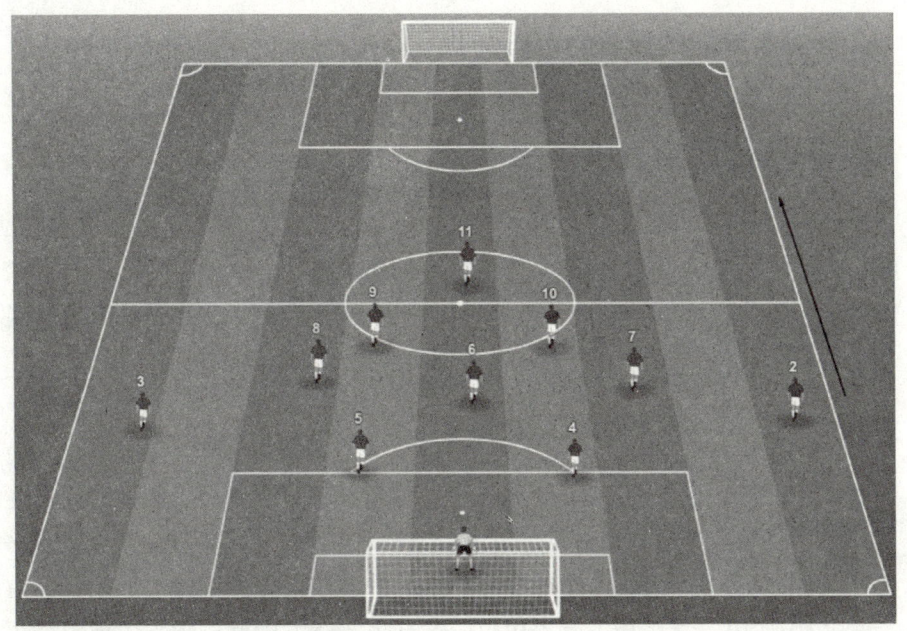

图 3-102

诞树"阵型。

　　随着时间的流逝，现代足球教练在制定阵型时，需要更多地考虑球员特点、能力、双方实力、比赛时的天气气候条件、地理环境等因素，因而派生出一些适于本队的阵型。足球风格是环境的产物，足球阵型是足球风格的体现。100 多年的足球运动发展史，实际上就是一部足球运动与当地气候、环境相适应、相融合的历史。阵型无优劣之分，只有适合与不适合之别。但不同地区足球的基本理念、基本阵型不会有根本性的改变。

　　足球的战术阵型改革仍然在继续，但真正意义上的大变动已经不再有可能出现了。场上能够自由调动的只有 10 个队员，而这 10 个队员的布局无非就是为了取得最后的胜利，所以，将来的足球发展会朝着更加实用的战术前进。那时足球将会拼抢更加激烈，攻防转换更加快速多变。从足球战术的发展可以看到，真正能够取得胜利的战术阵型一定要把握防守的重点，要求运动员能攻善守，技战术、意识能力更加全面，不论跑到哪个位置都能胜任那个位置的职能，也必然要求运动员的意志品质、技战术、身体素质和心理素质的全面化，从而达到实际上的攻守平衡，充分发挥集体和个人的积极性和创造性。

二、战术阵型的站位排列与特点

(一) "1-9" 式战术阵型

这种阵型产生于19世纪六七十年代,是足球比赛的起源阵型。其站位是1个后卫,9个前锋。它的基本战术思想是片面追求进攻,"一窝蜂"踢球和带球是当时比赛场景的特征。因此,就当时阵型的作用而言,没有明显组织队员的意义。

(二) "2-3-5" 式战术阵型

随着足球演变中传球的发展,场上队员的组织性日显重要,因此,就产生出"2-3-5"式战术阵型。其站位是2个后卫——左后卫、右后卫,3个前卫——左前卫、中前卫、右前卫,5个前锋——左边锋、左内锋、中锋、右内锋、右边锋。该战术阵型中,2个后卫基本居中,重点防守对方中路进攻。中前卫的主要职能是进攻,2个边前卫参与防守,主要防范对方的2个边锋。5个前锋的任务主要是在边路和中路进攻,担当得分重任。这一阵型基本思想进攻仍占主导位置。

(三) "WM" ("3-2-3") 式战术阵型

"WM"式战术阵型是在1925年越位规则改变后,由英国阿森纳队的主教练查普曼所创造的。其站位是左边后卫、中卫、右边后卫、左前卫、右前卫、左内锋、右内锋、左边锋、中锋、右边锋。

该战术阵型试图通过牢固的防守瓦解对手进攻,首先考虑的是"安全第一",趋于攻守平衡。这在足球史上具有重大的突破意义。它的特点就是5锋5卫,除守门员外其他10个人大约排成"W"和"M"形状。由于这一阵型问世后效果甚佳,因此,它不仅迅速被英国接受,而且在足球场上统治了20多年。

该战术阵型防守的主要特点是区域与盯人不断转换,距球门近时人盯人防守,离球门远时则松动盯人。当发动进攻时,留下中前卫和两边卫防守。其进攻特点是2个内锋稍后撤,作为进攻的重点组织者,中锋和两边锋担负攻门得分的主要任务。

第三章 足球基本技术与战术

（四）"4-2-4"式战术阵型

该阵型使用4名后卫——右边后卫、盯人中卫、拖后中卫、左边后卫；2名前卫——右前卫、左前卫；4名前锋——右边锋、右内锋、左内锋、左边锋。该战术阵型是一种攻守队员排列较为平衡的阵型。在此阵型运用中，2名前卫是承上启下的中坚力量。当进攻时，他们积极组织策应，当防守时，则迅速回防堵截。由于活动频繁，该阵型对2名前卫的体力及技术的全面性有着特殊的要求。该阵型的弱点是中场力量相对薄弱，特别是当2名前卫队员在体力不足时，就更是如此。这一阵型也要求前锋线及后卫线在攻守的不同阶段，积极策应中场的攻守。它与"4-3-3"式战术阵型的区别在于，撤回1个前锋至中场，加强中场人数的力量。

（五）"4-3-3"式战术阵型

该阵型使用4名后卫——右边后卫、盯人中卫、拖后中卫、左边后卫。3名前卫——后腰（或前腰）、右前卫、左前卫。3名前锋——右边锋、中锋、左边锋。"4-3-3"式战术阵型的位置比较灵活，它要求每一位队员能根据战势灵活调整位置和打法，同时又保持其布局的整体性。"4-3-3"式战术阵型的攻守力量布局较为平衡，中场的防守较为稳固，在防守与进攻的阵型变换及兵力运用时较为机动灵活。但是，该阵型有自己的缺陷：当3前锋处于4后卫的逼抢下，攻击力相对减弱，尤其是突前中锋，身受双中卫夹击，势单力薄。这样，"4-3-3"式战术阵型特别强调要求边后卫掌握时机突然插上，以增加进攻力量。"4-3-3"式战术阵型着重攻击，在某些需要争取净胜球的比赛中，强队排出这个阵型的意思就很明显：本队准备强攻抢分。在落后情况下，一些本来处于劣势的球队迫不得已，也有由其他阵型变阵为"4-3-3"式战术阵型进行反扑的。

（六）"4-4-2"式战术阵型

该阵型是在1966年世界杯赛中得到确认的。当时英格兰队教练拉姆塞因缺乏世界级的优秀边锋，便拉回一个边锋队员组成"4-4-2"式战术阵型。该阵型使用4名后卫——右边后卫、盯人中卫、拖后中卫、左边后卫；4名中场——双后腰（或前、后腰）、右前卫、左前卫；2名前锋——右前锋、左前锋。该阵型前面无边锋，只有2名中锋存在，突出了防守力量，进攻特点是中场和后卫队员频繁套边活动，以构成对方门前险情。"4-4-2"式战术阵型给人的印象是攻守平衡,是现在最常见的阵型之一。

(七)"3-5-2"式战术阵型

该阵型站位是,3名后卫——右边后卫、中卫、左边后卫;5名前卫——双后腰、右前卫、左前卫、前腰;2名前锋——右前锋、左前锋。这一阵型的兵力主要集中于中场,中场不仅是控球权争夺的焦点,也是攻与守战术成败的关键所在。在这一阵型打法中,中场队员承上启下的作用最为经典。没有中场队员频繁灵活地插上,前场将很难表现出有威胁的攻击力;相反,没有中场队员的回撤,后方也很难有稳固的防守。许多足球专家认为:"对付'4-4-2'阵型最有效的方法就是'3-5-2'战术阵型。"它把1名后卫顶到中场,用3名后卫防守2名前锋,这样就避免了人力的浪费,而在中场,则用5名前卫对付对方的4名前卫,这在人数上占了优势,有利于加强中场的拼抢力量和控制。这样的安排,使后场和中场都形成了人数上的优势,确保了中、后场的稳固和主动。进攻时,5名前卫可轮流出击,多点进攻,既隐蔽又面宽,而且从中场出击缩短了进攻的距离,可加快进攻速度,威胁性较大;防守时,该阵型的特点是球门前的区域防守特别严密,前卫线上可迅速撤回2名边前卫队员退守边路,变成"5-3-2"式战术阵型。

(八)"5-3-2"式战术阵型

"5-3-2"式战术阵型是由"4-4-2"式战术阵型变化而来的,它把1名前卫撤回到后卫线,成为自由中卫。该阵型是5名后卫——自由中卫(自由人、"清道夫")、右边后卫、盯人中卫、拖后中卫、左边后卫;3名中场——后腰、右前卫、左前卫;2名前锋——右前锋、左前锋。这个战术阵型可以看出对防守的重视,一般被视为防守型的战术阵型。该阵型能组成巩固的防线,有利于快速反击,中、后场队员特别是两个边后卫能随机插上进攻,充当边锋的作用,增加了进攻的突然性。

(九)"4-3-2-1"("4-5-1")式战术阵型

该阵型站位是4名后卫——右边后卫、盯人中卫、拖后中卫、左边后卫,5名中场——后腰、右前卫、左前卫、双前腰,1名前锋。一般遇到实力较强的球队,教练都会选择"4-3-2-1"式阵型("4-5-1"式战术阵型)的战术阵型和重点盯防的战略。把本方最有经验的锋线队员放在最前面,把重点放在中场上，既可以保证后场球门少受威胁又可以为前锋球员创造机会，是以防守反击为主的战术打法。

对于战术阵型的选择主要是由本队上场的队员和对方球队的实力所决定的。教练通过平时的训练了解队员的综合水平、竞技状态及队员相互间的磨合程度，然后确定球员各自位置，并进一步来确定合适的阵型。阵型的选择是多变的，但最常用的是"4－4－2"阵型，这样的阵型可以充分发挥每个球员的作用，并且运动空间广阔、战术多变。

场上阵型随着足球攻守的不断变化而变化，进攻中场和前锋之间的界限越来越不明显，以人数与局部空间的优势来控制中场，中前卫和边前卫频繁的换位便起到了前锋的作用。整体进攻和整体防守的概念越来越深入地注入足球中。总的来说，战术阵型只是人们的一个构想和符号，要实现它必须要由球员的能力与发挥程度来决定。但它终究是足球这个庞大的有机体里面不可缺少的重要部分。

（十）"混凝土"式战术阵型

"混凝土"阵型是由意大利队所创造的，20世纪50年代中期在世界范围逐渐得到普及。

该阵型是一种完全侧重防守的位置排列，"清道夫"担负防守组织、指挥的核心作用，他位于除守门员外所有防守者之后。如果任一区域被对手突破，"清道夫"将补上迎战；如果有进攻者无人盯防，"清道夫"也将上前堵截；当"清道夫"离位参战时，必须有其他防守队员补上"清道夫"的位置。

该阵型的指导思想在于筑起坚固的防守，但其变化形式则是多样的，有时进攻人数可排列3～4人，有时仅1～2人。当与"4－2－4"式战术阵型交锋时，"混凝土"式战术阵型常以"1－4－2－3"或"1－4－3－2"式阵型对垒；当对方采用"4－3－3"式战术阵型时，它又常呈现出"1－3－2－4"或"1－3－3－3"式战术阵型布局；有时对方攻击性较强时，"混凝土"式战术阵型还可排列为"1－5－2－2"式战术阵型。总之，"混凝土"式战术阵型无论对方怎样布局，它总是在防守上至少多于对方一个队员，以稳固防守阵线。

三、各个位置的职责

（1）守门员。主要职责是守住球门。由于守门员处在最后，能纵观全局，及时发现本队进攻及防守上的不足，他要及时提醒队员弥补这些不足，起一定的指挥作用。守门员接住球后,他又是本队进攻的第一个发起者,将球迅速而准确地传给处在有利位置的同伴。

(2) 边后卫。可分为左、右边后卫,主要职责是防守对方的边锋以及其他进攻队员在边路的活动,破坏对方由边路发动的进攻。尽力不让对手得球和从边线切入。对方从中路进攻时,除注意对方边锋外,还应向中央收缩,准备补中卫的漏洞。现代足球踢法的特点之一,是边后卫直接参加进攻。守门员接住球后,边后卫要立即跑向边路空当,准备接球组织进攻。边锋内切或回撤而拉出边路空当时,应及时插上进攻,起边锋作用。

(3) 中后卫。中后卫有突前中后卫和拖后中后卫之分。前者主要任务是盯守对方突前的最有威胁的中锋,因而又被称为盯人中后卫;后者则主要担负整个防线的指挥任务,其站位经常处于其他防守队员后面,一般称他为自由中卫。中后卫是防守支柱,主要职责是封锁通向球门的主要通道,保护门前的危险区,制止对方射门,并随时准备弥补其他后卫的漏洞,组织好防守阵型。现代足球比赛中,出现了"自由中卫",他拖在几个后卫的后面,弥补整条防线的漏洞,是组织防守的指挥者,也是进攻的积极参与者。

(4) 前卫。通常称之为中场队员。中场是一个非常重要的区域,控制了中场也就是得到了比赛的主动权,因此,比赛各队往往都在中场投入较大力量。前卫是进攻的组织者。主要职责是控制中场,是后卫与前锋的桥梁和攻防的枢纽,并控制进攻的速度和节奏。在现代足球比赛中,没有快速、全面型的前卫,是组织不起全攻全守型打法的。当突前中锋拉到边线或回撤时,前卫要及时插上,担任中锋角色。边锋内切或回撤时,前卫要插到边线起边锋作用。前后左右大范围的交叉换位和频繁插上进攻、射门,是现代前卫的特点。前卫可分为:

1) 前腰。这个球员一般是攻击的中枢,大部分的进攻会经由他进行策划,是球队的大脑,也是所谓的指挥官,一般由传球、控球、射门能力都比较强,技战术、意识比较全面的队员担任。

2) 右中场。站位在前腰球员的右侧,靠近右边线,为球队的主力攻击手之一。进攻时需要上去参与,防守时需要回来。

3) 左中场。相对于右中场,于另一侧的相同职位。左中场如果是左脚选手的话更有优势,传中、过人更方便。

4) 后腰。相对于前腰,虽然他也经常参与进攻,但后腰的主要工作需要放在防守上。一般由防守能力强,善于卡位和抢断的选手担任。这个位置的队员的特点是奔跑能力和远射强,后腰是后卫前面的最后一道屏障。

(5) 中锋。一般站位在对方球门前最危险的地带，如小禁区周围等。其特点是身体硬朗、身材高大、力量强，能对对方的后卫形成明显的压力，是球队的攻击力重点，是队内的"尖刀"和"炮手"，主要职责是突破射门。进攻时，依靠传球配合，运球突破和积极的穿插、接应等创造射门机会。同时还经常与边锋、前卫交叉换位，扰乱对方防线，为同伴创造插上、切入或射门机会。由攻转守时，应立即回抢，阻挠对方反攻，破坏其第一传或延缓其进攻速度。

(6) 边锋。相对于中锋，边锋的攻击重点在球场的左右两个边线地区，负责边路进攻。进攻时，依靠个人突破和配合突破，从边路打开缺口，策应中锋，互相配合以取得进球。边锋应具备熟练的运球过人技术，机智快速的起动和奔跑能力，以及准确的传中和射门技术。他还要负责踢角球。一侧突破后，另一侧边锋要及时冲向本侧球门柱进行包抄射门。边锋经常要与突前中锋或另侧边锋交叉换位。由攻转守时，要紧盯对方的后卫，阻止其自由助攻。除在前场、中场担负防守任务外，当本队同侧边后卫因插上助攻来不及回防时，还要回防到后场补位防守。

第四章 足球运动员的身体训练

第一节 身体训练概述

身体训练是指在训练过程中有计划地运用各种身体练习方法去加强运动员的机体机能，使运动素质得以提高和发展。同时也使运动员的身体形态正常发展，使他们的健康水平得以提高。良好的身体素质是运动员学习和掌握技战术，并在比赛中充分发挥技能的基础。身体训练对提高运动能力，延长运动生命，防止和减少运动创伤有着重要的作用。身体训练的过程还有助于运动员加强顽强刻苦及勇于克服困难等意志品质的培养。

一、身体训练的作用

身体训练是确保运动员有机体适应大负荷足球训练和比赛的保障。整体型足球的发展和完善对运动员身体能力提出了相应的要求，据统计：一场高质量比赛，运动员在场上的跑动距离为 8000～14000 米，冲刺 100～140 次，并且还要完成上百次的技术动作。没有大负荷的艰苦训练，是无法适应比赛对机体的负荷要求的。

良好的身体训练为运动员掌握高难度技术动作创造了物质条件。身体训练过程实际上是使运动员有机体各器官系统功能协调发展，具备足球运动工作能力的过程，运动员完成技战术的效果与质量，正是其身体能力的外在表现结果。

身体训练过程也是培养运动员意志品质的过程。身体水平的发展是运动员克服自身身体变化的一个极其艰苦的过程。这一过程对意志品质的影响非常深刻，它能使运动员产生对比赛成绩顽强追求的意志和克服困难的决心。

高水平身体能力所表现出的灵敏、协调和反应，对比赛中减少和避免运动损伤，减轻伤势具有重要作用。

身体训练对延长运动寿命有着积极意义。长期系统的身体训练所获得的素质基础，是保持良好竞技状态的重要物质保证。

身体训练是足球运动训练中一个重要的组成部分。通过身体训练，能增强运动员的身体健康，全面发展各种身体素质，提高机体的活动能力。良好的身体训练，是进行技术和战术训练的基础，对承担大强度、多数量的运动负荷和激烈比赛有着重要的意义。

二、身体训练的内容和任务

足球运动员的身体训练包括一般身体训练和专项身体训练两个方面。

一般身体训练是指采用多种多样适宜于足球运动员所需的身体练习，以增进运动员身体健康，提高各器官系统的机能水平，以全面发展身体素质和改善运动员的身体形态为目的。专项身体训练是指采用与提高专项身体素质，发展专项技战术动作和比赛特点有直接关系的各种身体练习，以便提高和发展足球专项运动素质。

所谓身体素质，就是运动员在训练和竞赛过程中的力量、速度、耐力、灵敏性、柔韧性等方面机体工作能力的表现。

足球运动员的一般身体训练和专项身体训练的关系十分密切，它们之间既相互促进又相互制约。实践证明了运动素质直接转移的规律：良好的一般身体训练为专项身体训练奠定了基础，而良好的专项身体训练在一定程度上又能促进一般身体训练水平的提高。在全面身体训练中，由于采用了多种多样的训练手段，所以，身体素质得到了全面发展，同时掌握了大量的运动技能，使中枢神经的兴奋性得到提高，从而促进了专项运动技能的改进和发展。此外，植物性机能也能得到相应的改善和提高。例如，运动员具有良好的一般耐力，则可有效地改善机体摄氧、输氧和用氧能力，增加了机体内能源物质的储存量，为足球专项耐力奠定了充足的物质基础，对改善运动员的无氧代谢能力起着重要的作用。运动员无氧代谢能力的提高，可改善机体 ATP-CP 系统再合成能力，对提高运动员一般耐力起着促进作用。

一般身体训练和专项身体训练除有相互促进的一面，还有相互制约的一面，两者是有区别的，不能互相代替，否则会影响各自的发展。因此，对足球运动员进行身体训练所采用的练习，必须根据一般身体训练与专项身体训练之间的关系进行选择。只有科学地、合理地进行细微的安排，才能使运动员获得较高的训练水平。

在进行各项身体素质训练时，要考虑到它们之间不是孤立存在和发展的，而是互相影响、互相促进和互相制约的。因为各项身体素质都是由肌肉活动的形式表现出来，肌肉活动又统一受中枢神经系统的控制，以一定的生理变化和生化反应予以实现，所以，在发展某一素质的同时，另一素质也或多或少，或直接或间接地产生着变化。通常把由于某一运动素质的发展而影响到另一运动素质的发展称之为运动素质的转移。

运动素质的转移是身体训练中的一个实质性问题，如果不在实践中很好地了解、掌握其内在规律，就会干扰其他素质的提高，从而影响到整体身体素质的均衡发展与提高。

在身体训练过程中，不仅应了解和掌握同类转移和非同类转移，直接转移和间接转移的规律，更应重视良好转移和不良转移的原理与条件，科学地安排和有针对性地选择训练内容与手段，提高训练质量。

三、足球运动员身体训练的特点

足球运动员身体训练一般包括速度、力量、耐力、灵敏性和柔韧性五个方面的训练。为了保证它们高效益且符合足球比赛需求的发展，在身体训练过程中必须考虑训练的针对性和互辅性，为此，世界各国都在采取积极的措施，运用科学合理的训练方法和手段，努力提高运动员的身体训练水平。其主要特点有如下几点：

（一）重视系统化训练

足球运动员身体素质的提高是一个漫长的过程。运动员经过训练，在身体形态、生理、生化方面所产生的一系列适应性良好变化，是一个由少到多、由低到高渐进的积累过程，只有持续不断地进行训练，才能使这些适应性的变化一步步地提高。否则，就会使已经建立起来的暂时性神经联系逐渐中断，条件反射消退，从而使身体素质的发展受到很大影响。世界优秀足球运动员的成功经验告诉我们：只有进行多年严格、科学的系统化训练，才有可能成为一名优秀的足球运动员。

各项身体素质的发展都有其本身的内在联系和各自的体系，只有根据其内在联系以一定的顺序安排训练内容，使运动员循序渐进地去掌握和提高，才能取得良好的训练效果。实践证明，在训练过程中，各个分段目标的序列演进通常是不可逆转的，任何企图超越全过程中各个阶段的特点，片面地追求短期训练效果的早期强化专项训练，都必然导致运动员昙花一现，造成运动生命夭折的恶果。

不少国家依据人体生长发育的规律和运动素质发展"敏感期"的规律，将儿童到成人的系统身体训练分为三个序列：第一序列（7～11岁）为发展基础能力时期，主要发展反应速度、一般耐力、灵敏性、协调性、柔韧性、适应性，以及与神经系统有关的各种能力；第二序列（12～17岁）为全面发展时期，主要进一步巩固与提高基础能力，着重发展快速力量与一般耐力，并逐步结合专项素质进行训练；第三序列（18岁以后）为专项素质训练时期，其任务是在全面发展力量、速度、耐力的基础上向专项素质训练过渡，增强与突出专项素质训练。

（二）重视综合性训练

身体训练的目的是提高运动员的身体素质，进而在比赛中发挥出最佳状态。无论是技战术训练，还是意志品质等方面的训练，当今优秀运动员的身体训练已由过去侧重于某几项身体素质的训练过渡到对全部相关素质进行全面训练。更突出的是，现已趋向于将这些因素进行多周期、综合性的同步训练。而且，在身体训练中尽可能采用结合球的快速训练、对抗性训练手段，单纯无球身体训练的比重已经减少，使身体训练更符合实战的要求。

（三）重视区别对待

运动员个体遗传及生长发育等因素的差异性，使每个运动员身体素质的发展表现不平衡，也由此造成了运动员各自的不同素质特点，因此在身体训练安排上要充分考虑运动员的个体因素。如量的大小、要求的高低、内容的侧重等，以使每个运动员的素质发展取得最佳效果。

（四）重视恢复训练

现代足球比赛的连续性、对抗性、规律性已经很明显，各国对运动员身体训练越来越重视，在这个过程中，差距也越来越小。但是对于训练和赛后的恢复，将是未来运动队建设最为关键的问题。随着现代足球比赛和训练负荷的增大，特别是在负荷极大的情况下，采用诸如恢复训练、医学生物学恢复和心理恢复等，都已经成为足球训练,特别是身体训练全过程的一个重要环节。它不但可以防止过度训练,预防运动伤病,而且能提高运动员5%～10%的负荷能力。

第二节 足球运动员专项身体训练的内容及方法

一、力量素质

对任何运动员而言,肌肉不仅是建立良好运动能力的核心基础,而且也为运动员提供了比赛动作所需的更大力量。足球运动员在一场比赛中通常跑动上万米,而且还需要利用身体与对手进行对抗。

力量素质是肌肉收缩时所表现出来的克服阻力能力,是各项素质的基础,也是足球运动员掌握运动技能、提高运动成绩的基础。在快速激烈的足球比赛中,运动员要完成各种跑、跳、起动、冲刺、急停、急转、冲撞、跳起争顶等动作,还要在快速和对抗中合理准确地完成踢球、停球、顶球、射门等技术动作,更要不断地克服身体的阻力和惯性。因此,运动员需要具备良好的动力性力量、速度力量和力量耐力。

力量素质对人体运动有极大影响,是人体运动的基本素质,是进行一切体育活动的基础。力量素质影响并促进其他身体素质的发展,它也是衡量运动员身体训练水平的重要指标。因此,对力量素质的发展应特别重视。

(一)足球运动员力量素质的特点

足球运动员的力量特点,是以动态用力成分为主的一种非周期性的肌肉活动,是一种快速而富有弹性的爆发力量。足球运动员的力量素质应在发展全身力量的基础上,重点发展腿部和腰腹部力量。

快速力量,特别是爆发力是足球运动员力量素质中最重要的要素。由于足球运动员克服球和肢体的重力都是恒定的,因此,快速力量实际上是运动员在特定的负荷条件下所表现出来的最大动作速度。爆发力是快速力量最典型的表现形式。它是运动员在尽可能短时间内发挥出尽可能达到的力量的能力,如快速起动、大力踢球、跳起争顶等。

足球运动员主要肌肉力量训练部位为:胸大肌、背阔肌、三角肌、肱二头肌、肱三头肌、斜方肌、腹肌、背肌、臀肌、内收肌、腰大肌和腰小肌、股四头肌、腘绳肌、腓肠肌和比目鱼肌、胫骨前肌。

足球力量素质训练的三种类型为：

（1）最大力量。动态或静态状态下克服阻力所产生的最大力量。

（2）速度力量（爆发力）。动员机体或物体最快速度的能力。

（3）耐力速度。长时间运动所需要的力量和耐力，以及肌肉抗疲劳能力。

（二）影响力量素质的主要生理因素

1. 肌肉生理横断面的面积

由于同一块肌肉的肌纤维数量是固定不变的，但肌纤维的粗细却可以变化，因此，增粗肌纤维是提高肌肉力量的一个重要方面。训练中一般采用中等负荷的练习，可使用力肌肉能较多地重复收缩，促使该肌肉中肌纤维增粗和收缩蛋白质含量增加。

2. 中枢神经系统发放冲动的强度与频率

同一块肌肉在工作时，往往由于肌肉中运动单位参加的数目不同，肌肉表现出的力量也不同。中枢神经系统传出的神经冲动强度越大，频率越高，肌肉才能在短时间内表现出更大的力量。训练中采用大负荷、动作速率快的练习，运动中中枢神经发放神经冲动的频率越快，肌肉就能在短时间内发挥出较大的力量。

3. 足球专项力量素质训练所需要的肌纤维的质量

足球运动员所需要的力量，既要能持续较长时间的耐力性力量，更要在瞬间就能最大限度发挥出来的爆发力。所以，要在全面提高红、白肌纤维的基础上，重视提高白肌纤维的质量。在训练中可采用不同负荷重量，参与活动的肌纤维也不相同的规律，进行有针对性的训练。采用小于本人最大力量 1/4 的负荷量时，参与活动的是红肌纤维；采用本人最大力量 1/2 以上负荷量时，参与活动的主要是白肌纤维。

4. 肌肉群之间的协调关系

运动员在完成动作时，必须使相应的主动肌、对抗肌、协同肌等肌群处于良好的状态。这样就可以最大限度地减弱抗阻肌的收缩力量，发挥肌肉工作的最大效率。在训练时一般采用结合足球专项动作特点的中、小负荷练习，可有效地改善中枢神经系统功能调整的一致性，改善肌肉群之间的协调关系。

5. 骨杠杆的机械效率

利用骨杠杆的机械效率，调整肌肉对骨骼的牵引角度，改变杠杆的阻力臂与动力臂的相对长度，可有效提高肌肉力量。在训练中，应对技术动作和练习手段进行必要的力学和生物学分析，使技术动作或练习手段达到骨杠杆的最佳机械效率，以提高动作的练习质量。

6. 增加肌肉收缩前的初长度

在一定范围内，肌肉收缩前的初长度越大，收缩时的力量也越大。在训练中，通常采用预先拉长主动肌的初长度，然后又快速收缩该肌肉（如持续蛙跳），以增加神经冲动的强度，提高肌肉力量。

（三）力量素质训练的目标

力量素质训练的目标是提高肌肉动员速度（力量的激增）和改善运动员体质，以达到最佳运动表现，并在此基础上发展肌肉之间的协调性。这可以通过另一种运动训练机制进行强化，即超等长训练或反应力量训练。通过功能性和神经性的调节，建立潜在的动力性和爆发性能力。

增加肌肉体积，扩大能量潜力，为新的力量发展提供基础。通过结构性调节，建立一个坚实的、运动的、发达的肌肉基础。

通过提高肌肉的能量"流"（运动时的供能途径），进行能量调节，提供更好的肌肉输出基础。足球运动员的力量训练和发展必须注重质量训练和专项训练两个方面，就专项训练而言，应设法改善与比赛相关的方面，例如，速度、起动力量、弹跳力和爆发力、射门力量、对抗力量、自信心，以及关节、肌肉和韧带的损伤预防。

（四）力量素质训练的建议

（1）建立在提高主动肌和对抗肌力量基础上的良好而全面的肌肉发展，不仅可以实现足球运动员的力量发展，而且确保了肌肉之间力量的均衡性。对于未从事过力量训练的青少年运动员来说，这一点特别重要。

（2）在泛化阶段，我们的目标首先旨在全面发展肌肉系统，确保良好的总体平衡，为足球专项能力的更进一步发展奠定基础。这一基础力量训练阶段是引入与协调技能发展相关的专项肌肉力量训练的最佳时期，特别在方向、分化和平衡方面。对于肌肉训练来讲，它是一个教育、装备阶段，训练时一般不负重（运动员自身体重），之后，再逐渐增加负荷至30%~70% 1RM。这种方法不仅针对青少年，还针对那些肌肉发展水平不足的运动员。

这个阶段可采用循环训练法（15~30秒/2~3组/练习），或分站训练法

(3组,10次,50%~70%最大力量),之后,可以进行最大力量训练。但是,教练员一定要确保训练的安全性,负荷不宜过重。另外,训练不应对上体/躯干造成危险,训练重点在下肢,同时负荷不宜超过80% 1RM。

在安排训练内容时,从解剖功能来看,既要考虑主动肌的训练,又要考虑对抗肌的训练,以防止力量的不平衡,如有必要还需进行一些纠正性训练。训练内容包括全身各个部位(上下肢、躯干)。在泛化阶段,一般认为一周有必要进行两次力量训练(如周一和周四或周二和周五),特别在准备期或对象是青少年时。

(3)在强化阶段,训练强度逐渐增加,而训练量逐步下降。例如,如果采用循环训练法,运动恢复时间变为20~40秒;如果采用分站式训练法,练习次数变为5~10次。

在泛化阶段和强化阶段的微周期训练中可以加入跳跃能力或超等长训练。这类训练练习极其多样,可以从地板上的赤脚练习或者更高强度的垫上练习过渡到硬地练习(足球场)。这种练习至少每周一次,可以单独进行,也可以与间歇性训练一起组合练习。

(4)在专项力量训练阶段,务必每周至少进行一次肌肉训练(在一周训练的前几天),以便在漫长的赛期保持良好的肌肉力量。

这个阶段可以采用几种训练方法:

1)分站训练。在足球专项力量训练时,大负荷和小负荷交替进行。

2)循环训练。每个练习15~30秒,大负荷和小负荷交替进行。

3)上肢和躯干进行超长的循环力量训练(20~40秒),腿部进行不同形式的跳跃训练。

4)重点采用混合式间歇性训练(5~10秒或10~20秒),每组练习6分钟,共3组,组间间歇3~6分钟,训练目的旨在分钟速度耐力能力。

5)就力量、爆发力和反应力量(非周期性速度)一体化并融入微周期训练而言,建议训练时应大、小负荷交替进行,并应安排在每周的最初几天。而爆发力和速度或反应力量训练则应安排在每周的后几天进行,确保肌肉在周末比赛时保持最佳状态。

(5)另外,在进行力量素质训练时,还应注意以下基本训练常识。

1)在未进行充分热身之前不要进行力量训练。

2)重点是同时发展主动肌(肌群)和对抗肌(肌群)的力量。

3)力量训练时必须进行牵拉。

4)训练后必须进行放松和牵拉。

5）为了确保肌肉力量训练效益的最大化和训练方案的有效性，教练员需要不断地评估、调整训练计划。

总之，正确组合力量训练以及与足球专项相关的所有训练（爆发力、反应力量、周期性及非周期性速度），不仅可以确保运动员的完整体能，还可确保运动员高质量的运动表现。

（五）发展力量素质的训练方法

1. 发展腿部肌肉力量

（1）腿部伸展。这个练习可以有意识地锻炼在膝盖周围的股四头肌部分。（见图 4-1）

图 4-1

练习方法：双脚踩在脚垫上，与肩同宽。确保双膝的背面都靠在膝垫上。背部紧贴椅背，小心地抬脚。可以通过稍微改变脚的位置来控制练习效果。

（2）腿弯举。这个练习锻炼大腿的背部肌肉——腘绳肌。（见图 4-2）

图 4-2

练习方法：躺在垫子上，双腿分开，与髋部同宽，并确保膝盖在垫子外面。将脚后跟拉向臀部，使移动绕着膝关节发生。

（3）负重下蹲。这个练习可以提高跳跃能力。

练习方法：将杠铃杆靠在斜方肌上，而不是靠在脊柱颈段上。双脚分开，与肩同宽，脚趾指向外侧。保持上身挺直，慢慢下蹲，直到大腿与地面平行。这个练习一定要注意在任何情况下，都不应该背弓。

（4）发展内收肌的方法。坐在机器上，将腰背部压在靠背上，脚尖微勾。慢慢地并拢双腿。确保大腿的内收肌在发起移动。（见图4-3）

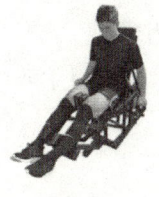

图4-3

（5）发展外展肌的方法。坐直，压着靠背。闭合双腿，垫子压在腿的外侧。尽可能宽地打开双腿，然后小心地把双腿重新并拢在一起，但不要让大腿相互接触，保持肌肉收缩。

（6）提踵。这个练习锻炼小腿肌肉。（见图4-4）

图4-4

练习方法：站在踏步机或台阶的边缘，将前脚掌置于上面，并且脚跟可以随意上下移动。向上推脚后跟，并有意识地收缩小腿肌肉。然后小心地放下脚后跟，回落到起始位置。也可以抓住杠铃，以帮助自己保持平衡。

（7）腿后踢。该练习锻炼臀大肌和大腿后部肌肉。（见图4-5）

图4-5

练习方法：上半身趴在软垫上，双手握住前面的把手，并把双脚放在身后的脚垫上。收缩臀部肌肉，用力小心地向后推动脚板。膝盖处的角度在整个练习中保持不变，因为动力来自臀部。

2. 发展背部肌肉力量

(1) 拉力器下拉。该练习主要锻炼斜方肌和背阔肌等。（见图4-6）

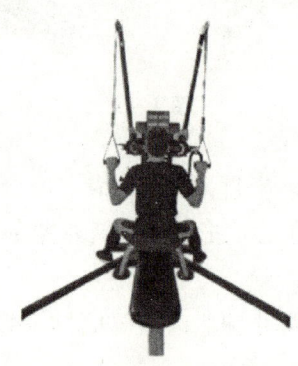

图4-6

练习方法：坐直，在座位上稍微凹背，双臂伸直向上并抓住杠铃杆。向自己的后颈拉下重量，同时两侧肩胛骨向下朝着彼此移动，锁紧手腕，然后小心地让杠铃杆返回起始位置。

(2) 山羊挺身。该练习锻炼腰背部肌肉。（见图4-7）

图4-7

练习方法：调整好合适的位置。收缩上半身的肌肉，双臂交叉于胸前。弯曲腰背部，将上半身慢慢地、小心地向下移动，只要上身与地面平行，就停顿片刻，然后将上身重新抬起。也可以将双手放在太阳穴位置从而增加练习的强度。

3. 发展胸部肌肉力量

(1) 卧推。该练习锻炼胸大肌。（见图4-8）

图4-8

练习方法：仰躺在一张水平板凳上，抓住杠铃杆，双手位置比肩略宽。弯曲双膝，以减轻背部的负担。将杠铃重量置于胸部中心，然后流畅地将重量向上推，在杠铃杆达到最高点的时候，不要凹背。

（2）斜卧推。该练习也能锻炼胸肌。但由于采用不同的角度，也使锁骨区域的上方更结实。（见图4-9）

图4-9

练习方法：与卧推一样，将杠铃重量置于胸部中心，双肘应指向地面，锁紧手腕。小心地将重量向上推，头部应该继续放在长板凳上。在最高点，不要锁定肘部，然后小心地将杠铃杆重新下降至胸部。在练习中，要避免凹背。

（3）飞鸟式。该练习锻炼胸肌及三角肌前束。（见图4-10）

图4-10

练习方法：平躺在长凳上，弯曲膝盖，以保护腰背部。双手各持一个哑铃。伸直并举起双臂，不要锁定肘部，双手掌心应彼此相对。张开双臂，让手臂落向两侧，直到胸肌感觉到明显的拉力，然后小心地把双臂再次并起来。

4. 发展肩部肌肉力量

（1）三角肌侧平举。该练习针对肩部肌肉中被忽视的侧面和后部区域。（见图4-11）

图4-11

练习方法：站直，双脚与髋同宽，并确保自己的双肩在练习过程中没有提高。向两侧抬起双臂，直到它们与地面平行，不要高于这个水平。

（2）前倾三角肌侧平举。该练习锻炼肩膀后部的肌肉。（见图4-12）

图4-12

练习方法：握哑铃，后退一步。双手掌心应该相对。上身稍向前倾，确保上半身在整个移动过程中保持非常稳定。抬起稍微弯曲的上臂，并在同一时间，将两侧肩胛骨拉向中间。在最高的位置，双臂应与肩膀平行。然后再次小心地放下双臂。

（3）颈后推举。该练习锻炼三角肌前束。（见图4-13）

图 4-13

练习方法：握哑铃，弯曲双臂。稍微凹背，在整组练习中收缩稳定肌肉，确保锁紧手腕，并且不要松掉。上推哑铃，不要锁定肘部，然后哑铃回到起始位置。

5. 发展肱二头肌力量

（1）杠铃弯举。站立，双脚与髋同宽。握住杠铃杆，抬起前臂，将杠铃杆缓慢而小心地带到胸部。（见图 4-14）

图 4-14

（2）反握引体向上。双手反握单杠，位置与肩同宽，手指朝上，并且双手的手掌都面向自己的脸，肘部稍微弯曲。将身体向上拉时呼气，在最后的位置时，胸部与单杠平行。然后，缓慢而小心地再次降低身体。（见图 4-15）

图 4-15

(3) 哑铃弯举。站立,双脚与髋同宽。双手各握一只哑铃。抬起前臂,可以选择双臂一起或单臂轮流练习。弯举动作开始时,双手向内,处于最低点,然后在抬手时,双手转向上。这个练习可以专门针对前臂扭转运动。(见图4-16)

图 4-16

6. 发展肱三头肌力量

(1) 窄握卧推。平躺在长凳上,弯曲并抬起双腿,以减轻腰背部的负担。正握横杆,让手背向着头部,双手距离应该比肩宽略窄。将横杆向上推,上臂不应该面对侧面,但双肘仍然应该与肩同宽。不要锁定肘部。(见图4-17)

图 4-17

(2)颈后弯举。站立,双脚与髋同宽。双手合握一只哑铃。肘部向前,锁紧手腕及肩关节,缓慢而小心地举起哑铃,直至手臂伸直,然后慢慢地回到起始位置。双手交替轮流练习。(见图4-18)

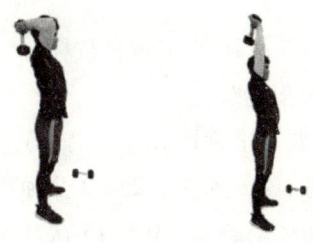

图4-18

7. 发展腹部肌肉力量

(1)屈膝仰卧起坐。平躺在垫子上,双手放在太阳穴位置,弯曲双膝,脚跟用力抵住垫子。脚跟稍微推向臀部。上半身从垫子上弯起来,每次一节脊椎。向前看,不要将下巴压向胸部。放松头部和颈部的肌肉,然后上身慢慢躺下,每次一节脊椎,头和肩不要碰到垫子。保持腹部紧张,重复上述动作。在抬起上半身时呼气,在躺下时吸气。(见图4-19)

图4-19

(2)收腹举腿。仰卧在地板或垫子上,身体伸直处于水平位置上,两臂伸直自然置于身体两侧,然后收腹向上举起双腿至垂直部位,再慢慢而小心地放下到起始位置。

(六)多种形式力量强化训练示例(专项阶段)

1. 腿部肌肉纵向力量训练:2～4组,2～3分钟积极休息(如慢跑)

(1)等长收缩30秒(保持一个位置),下蹲3/5(加哑铃或最大力量的70%～80%)。

(2)离心收缩+静态-动态1次跳跃。

（3）超等长收缩5～8次跳跃。

（4）头顶球爆发力，准确性2～3次。

2. 腿部肌肉横向力量训练：2～4组，2～3分钟积极休息（如2～3名队员一起慢跑）

（1）动态（每条腿练习5～10次，重量较轻）。

（2）动态（8～12次大步跳跃）。

（3）射门（爆发性），要求准确性（左、右脚）。

3. 手臂和肩部肌肉训练：2～4组，2～3分钟积极休息

（1）动态或增强式训练（动态），10～15次动态俯卧撑、5～10次反应性俯卧撑。

（2）动态（5～10次掷球，可以为实心球）。

（3）大力掷界外球，要求准确性（掷球到队友脚下3～6次）。

4. 腿部肌肉侧向力量训练：2～4组，2～3分钟积极休息

（1）动态（每条腿5～10次，重量较轻）。

（2）静态－动态和超等长收缩10～20次侧面跳跃。

（3）长传高空球，要求准确性（30～40米），两只脚传球（左、右脚）。

5. 腿部肌肉脚踝力量训练：2～4组，2～3分钟积极休息

（1）动态（重量40～80公斤，1～3组，等长练习15～20秒）。

（2）动态（双脚跳，脚保持紧张，跳10～20次）。

（3）头顶球（爆发力，要求精确性；踝关节用力，头顶球3～5次）。

二、耐力素质

耐力素质是指机体在一定时间内保持特定强度负荷或动作质量的能力。"一定时间"是指不同专项对运动时间的规定性。耐力是指人体长时间进行肌肉工作的能力，或也被称为对抗疲劳的能力，它是人体各器官系统功能和心理素质的综合表现。保持特定运动强度或动作质量是耐力水平的体现。耐力水平的提高表现为更长时间保持特定强度或动作质量，或者在一定时间内承受更高强度的能力。运动员要在竞赛全过程保持特定的运动强度或动作质量，就必须具备良好的耐力素质。

良好的耐力素质可有效地提高运动员抗疲劳的能力，使大脑皮层兴奋与抑制过程有节奏的交替能力得到提高，植物性神经系统的机能得到发展，机体能量物

质储备提高。这些生理生化的变化，都成为力量、速度、灵敏性等素质发展的必要的物质基础，从而也促进了这些素质的发展。

耐力分为有氧耐力和无氧耐力两大类。有氧耐力是一种长时间且强度较小的活动形式；无氧耐力则是强度大，时间相对较短的活动方式。足球运动是典型的非周期性运动项目，运动形式复杂多样，不断运动，又不断间歇。一方面，90分钟的长时间运动特征决定了对运动员有氧耐力水平的高要求。但另一方面，由于现代足球比赛节奏的加快，要求运动员在快速激烈的对抗中完成大量的高强度冲刺和上百个技术动作，而间歇的时间、次数越来越少，无氧酵解供能的比例逐渐加大，无氧耐力的地位越来越高。足球运动对耐力素质高程度的依赖关系，正是两种耐力素质相互支持，有机融合的结果。

（一）足球运动员耐力素质的特点

从当今国内外足球训练理论和生理学的研究成果看，足球运动员的耐力分类趋向于分作一般耐力（有氧耐力）和专项耐力（无氧耐力）两种。即把比赛中所表现的中小强度奔跑及相应的肌肉活动归为有氧耐力，把大强度连续反复快跑及伴随的肌肉活动列为无氧耐力。

足球比赛中运动员的活动主要有两种不同形式。一种是以最大强度进行，每次持续6～9秒钟的无氧代谢运动（如快速起动、全速跑、冲刺跑等）。最大强度运动靠肌肉内ATP（三磷酸腺苷）、CP（磷酸肌酸）快速分解供能，而肌肉内ATP和CP含量有限，供能时间最多不超过10秒钟。另一种是进行适当强度的延续到整个比赛时间的有氧代谢运动。在负荷强度下降时，氧开始与肌肉中的糖、自由脂肪酸结合，再生成大量的ATP供给肌肉活动需要。因此，足球运动员在进行一定时间的（最）大强度活动后必须换以中小强度活动来交替间歇，以恢复肌肉再次（最）大强度活动的能量供应。所以说足球运动员的专项耐力是建立在冲刺快跑时的高能磷化物（ATP、CP）的无氧分解供能和主要在间歇时大量ATP有氧再合成后进行供能的基础上的。它是一种非周期性不规则的、有氧与无氧混合供能、大小强度和快慢速度交替的速度耐力，其中最突出的是短距离反复冲刺跑的能力。

（二）耐力训练的作用

1. 有氧耐力训练

（1）有利于短时间和长时间运动过程的恢复。

(2) 延缓身心疲劳的产生。

(3) 改善心血管循环，增加肌肉内和周边毛细血管数量。

(4) 有助于促进更深入、更充分的呼吸。

(5) 促进心脏功能更强大、更有力。

(6) 增加糖原储备，促进机体更好地燃烧脂肪。

(7) 消除体内毒素。

(8) 降低受伤风险。

2. 无氧耐力训练

(1) 增加磷酸盐系统的供能能力，从而延缓肌肉乳酸的堆积。

(2) 有助于运动员更长时间的剧烈运动。

(3) 有助于运动员适应和耐受乳酸。

(4) 提高工作效率，尤其在压迫和高强度长距离奔跑时。

（三）影响耐力的因素

1. 最大摄氧量

最大摄氧量作为评估运动员有氧能力和心肺耐力的一个重要指标，其定义为：在持续运动或递增负荷运动时（供能过程以有氧为主），运动员所利用的最大氧气量。最大摄氧量可通过特定的实验室或场地测试来测定，计量单位为 mL/（kg·min）。

在某种程度上，运动员的最大摄氧量类似机器的发动机容量。因此，如果最大摄氧量更大且能更有效地利用氧，那么对于比赛中的表现则更佳。高水平运动员最大摄氧量可达 70 mL/（kg·min），甚至更高，这主要取决于运动专项对于耐力水平的要求。最大摄氧量已成为现代足球的一个参考标准，顶级运动员，甚至青少年运动员（16～17 岁）最大摄氧量的标准值为 58～68 mL/（kg·min）；同时，60～62 mL/（kg·min）的最大摄氧量值被认为是较好的。

2. 快肌纤维和慢肌纤维

慢肌纤维（ST）和快肌纤维（FT）的比例也会影响耐力能力。快肌纤维通过适当的训练，可转换为慢肌纤维；同时，慢肌纤维也可以转换为快肌纤维，但是转化量非常有限。耐力训练，特别是基础性训练（有氧能力）时，快肌纤维处于"休眠状态"，因此，建议在耐力训练课结束后，加入协调性练习、速度练习和其他形式的反应练习。

3. 无氧阈

无氧阈值因人而异。此数值表明在某种运动强度下，运动时血液中的乳酸浓度。当血乳酸浓度未超过 4 mmol/L，供能以有氧为主；超过这一数值（无氧阈值）时，无氧酵解即开始动员。这就是所谓的有氧阈和无氧阈临界区，也称之为"红区"。

4. 其他因素

温度调节（产热）和体液丢失（缺水）不仅对耐力运动表现，甚至对心理运动表现（口渴、脉搏加快、痉挛、触发弱点、逐步富于攻击性等的感觉）产生不利影响。训练时，特别是在非常炎热的气候下运动时，及时补液可降低发生问题的风险。整体健康状态、饮食、年龄和心理因素也会影响耐力能力。

（四）耐力训练的目标

（1）增大最大摄氧量，发展氧储备（有氧代谢能力）。
（2）提高心输出量与最大有氧功率。
（3）提高无氧阈值。
（4）改善心脏和心血管、呼吸系统的整体代谢，提高有氧和无氧供能。
（5）促进恢复。

（五）耐力素质训练的建议

（1）训练应始终如一，但在不同训练方法的运用和训练内容上，应有细节的变化，这样才能对耐力训练和运动员动机产生积极的影响。鉴于每位运动员耐力能力和心率的不同，耐力训练也应因人而异。在实施高耐力能力训练时，尤其对青少年运动员，采用全队运动员遵循同一种节奏是错误的，也是危险的。年轻运动员（12~15岁）应允许他们以自己的节奏进行训练，教练员则仔细地观察运动员的跑动、竭尽全力运动时的身体状况、呼吸和面部表情，同时，还应监测心率。对于已得到进一步发展的高水平运动员而言，可以根据有氧能力水平组成不同小组进行训练。

（2）在发展有氧耐力之前，重要的是通过有氧能力训练（70%~80%最大心率）来发展基础耐力。

（3）建议以85%~90%最大心率进行训练，增加运动员有氧耐力能力并建立"能量发动机制"。

（4）为了提高无氧阈值，运动员应以无氧阈值下限开始并进行递增负荷的训练，以达到80%~85%最大摄氧量的最大有氧耐力。

（六）发展耐力素质的训练方法

1. 有氧耐力训练

（1）中慢速跑：3000米、5000米、10000米等不同距离的定时跑或越野跑。

（2）有球跑动：2～3名或更多运动员之间的传球练习等。

（3）结合跑动的技术和战术训练。

（4）不间断的比赛，如7对7、8对8、9对9……

（5）间歇跑（中短距离）或金字塔型跑（600米－500米－400米－300米－200米－300米－400米……）。

2. 无氧耐力训练

（1）各种形式的跑、冲刺、5×25米折返跑。

（2）1对1、2对2、4对4传抢练习。

（3）100米、200米、400米高强度极限跑。

（七）多种耐力训练示例

1. 有氧耐力训练

（1）混合耐力循环训练（持续训练）。3组，6～8名队员；3块指定的区域（A、B、C）；持续15～30分钟，每5～8分钟交换练习。（见图4－20）

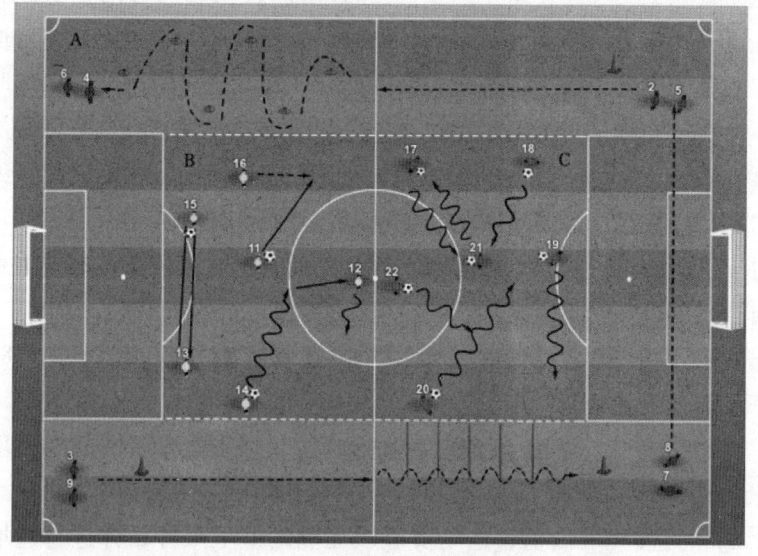

图4－20　混合耐力循环训练

训练方法：场地 A，4 号、6 号 2 名队员变向跑（向前、向后、向侧面），从场地的 4 个角开始练习；场地 B，11～16 号队员配合，利用空间传球跑动（3 或 2 次触球）；场地 C，17～22 号队员运球跑动，不断改变带球方式。

（2）耐力循环训练（运球跑持续训练）。2 组，8 名队员；2～9 号队员运球跑，10～17 队员保持中速跑；持续 10～15 分钟，每 5～6 分钟交换位置；组数 1～2 组。（见图 4-21）

训练方法：2 号队员带球向一个方向跑，然后传球给相反方向跑来的 15 号队员。在跑动时一脚传球（二过一），或用手传球做凌空、头球回传等。

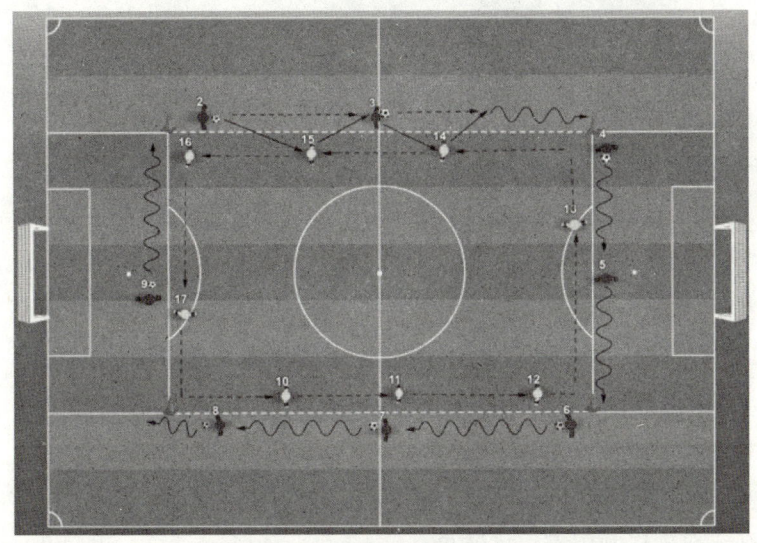

图 4-21　耐力循环训练

（3）间歇训练（跑和跳）。2 组各 8～9 名队员，10～18 号队员每个标志桶后面站 3 名队员，2～9 号色队员 2 人一组来回传球；持续 6～8 分钟，2～3 组，组间间歇式安排技术练习。（见图 4-22）

训练方法：10～18 号队员最大强度 10 秒（50 米）。第一阶段，双脚 6 次快速跳过障碍物；第二阶段，左右滑步接高强度跑；第三阶段，8 个侧面快速跳（左右脚交替），然后快速跑。2～9 号队员技术练习，2 名队员各种传球练习。完成后两组交换。

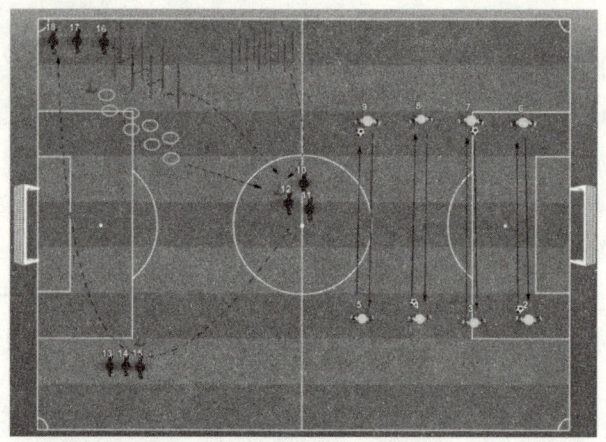

图4-22 间歇耐力训练

2. 无氧耐力训练

(1) 专项间歇训练。在标志的训练场地内将队员分成3组。方块A是进攻队员,方块B是防守队员,方块C是中场队员。重复3~4次,1~2组;积极休息1~1.5分钟。组间间歇8~10分钟。训练强度最大(心率180次或者更高)。(见图4-23)

训练方法:在每个方块内队员进行4对2比赛,每次只能一次触球;听到教练员信号后,6名队员大强度跑。A:10米返回,然后20米返回,30米返回。B:20米返回,然后40米再返回。C:60米返回。(3组都是120米)最后跑的2名队员在4对2比赛中做抢球队员。

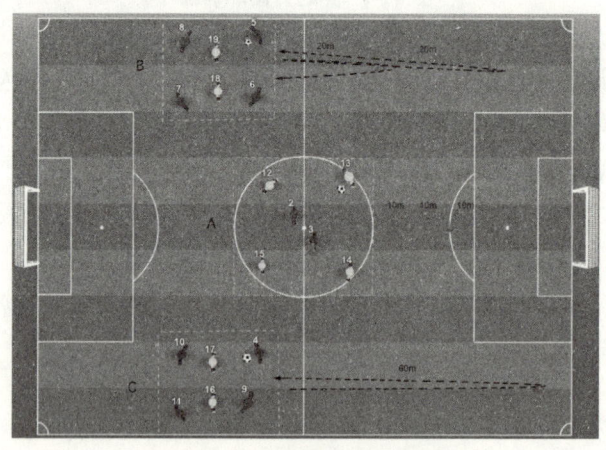

图4-23 无氧专项间歇训练

（2）射门得分练习。6 名队员，其中 2 名队员分别在 16 米线的两侧。离球门 20 米处摆设标志桶做侧滑步。持续 15～30 秒，重复 3～4 次，2～3 组。每次重复中间歇 1～2 分钟。每组练习 8～10 分钟。训练强度最大（心率 180 次或更高）。（见图 4-24）

训练方法：2 组第一名 A 队员从罚球区 16 米线处开始，跑向标志桶做侧滑步，然后接队员 C 的传球之后射门得分。连续做 2～3 次。射门之后，队员 A 到队员 C 的位置，队员 B 开始练习。队员 C 捡球，然后慢跑回练习的起点。变化：队员必须不断改变传球和射门的路线（凌空、半凌空），另一名队员带球跑动。

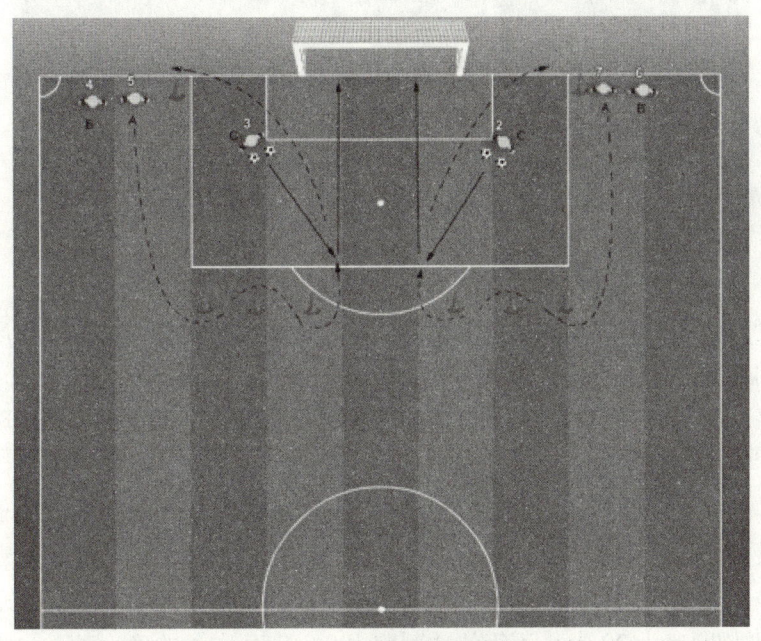

图 4-24 无氧射门得分训练

（3）1 对 1 练习。6 名队员 + 守门员，其中 2～4 号为防守队员，5、10、11 号为进攻队员。持续 40 秒～1 分钟，重复 3～5 次，1～2 组。每次重复间歇 2～2.30 分钟，组间间歇 10 分钟。训练强度最大（心率 180 次或更高）。（见图 4-25）

训练方法：10 号进攻队员，从中场带球，在 4 号队员的防守下尝试射门得分，如果他丢失控球权或者得一分，即回到中场重新拿球；10 号进攻队员同样可以和队友做墙式配合。每一次练习开始时，防守队员要退到 16 米罚球区线上，每组训练结束后，更换 1 名进攻队员和防守队员，进行同样的练习。

图 4-25　无氧 1 对 1 练习

三、速度素质

速度素质是指人体快速运动的能力。快速运动反映着机体运动的加速度和最大速度的能力。

就足球运动而言，速度是良好体能的关键要素之一，速度素质在足球运动员的身体素质中占有特殊重要的地位。当前，随着足球运动的发展，足球比赛越来越激烈，速度越来越快，因此，对运动员的速度素质和快速运动能力要求也越来越高。良好的速度素质，在比赛中体现在整体或个人进攻的威胁性和防守的主动性上，是取得比赛优势和主动权的重要因素。在比赛中，运动员通常要完成 10～40 米（平均距离为 20 米）不等的冲刺跑 100～150 次。的确，对于一些运动员来说，速度是所有足球专项技能中最为关键的要素。运动员往往进行冲刺跑，在高速运动中伴传、伴跑，虽然不是直线运动，但每一次都是全速；在控球或射门时，他们还要不断地变速。这些高速运动动作与力量和协调密切相关。

（一）足球运动的不同速度类型

（1）感知、预判、决策速度。这些认知要素确保运动员在选择下一个动作前，做出反应并采取行动。

（2）反应速度。指人体对各种信号刺激（声、光、触等）快速应答的能力，包括对听觉或视觉的反应能力。运动员在无准备或准备不足的前提下，通过视觉或听觉感受器接受各种刺激，例如各种不同性质的来球、瞬间出现空当，等等。然后根据本队、本人技术和战术的要求，经过瞬间复杂的思考、判断，迅速采取最为合理有效的处理球的动作，这个过程仅仅在瞬间完成。

（3）位移速度。指人体在特定方向上位移的速度。以单位时间内机体移动的距离为评定指标。在比赛中运动员往往根据来球状况和战术需要进行移动。运动员移动方向随机多变，移动距离长短不一，一般5～10米移动占85%～90%。移动形式也无一定规律，有直线、弧线、折线、曲线，同时还交替着快、慢以及走、停、跳跃、后退、侧跨等多种复合形式。

（4）动作速度。是指人体或人体某一部分快速完成动作的能力。运动员在激烈的对抗和跑动中，要随时完成各种有球或无球动作。

（5）起动速度。速度力量，起动跑的第一步。

（6）加速能力。反击或加快比赛节奏的重要能力。

（7）速度耐力。保持最大速度进行较长距离跑动的能力。

（二）影响速度的解剖和生理学因素

（1）肌纤维类型：快肌纤维。

（2）肌肉力量和弹性。

（3）能量储备：高能磷酸盐（0～20秒）、无氧糖酵解（20～50秒）。

（4）神经肌肉进程和协调技巧。

（5）人体测量学因素（形态、体重、体形）。

（6）心理状态、恢复水平以及运动前的热身情况。

（三）速度训练必须遵循的原则

（1）速度训练应安排在一定休息时间后进行或安排在一节课的开始阶段。

（2）速度训练时运动员要有良好的训练动机，训练时保持全神贯注（有助于注意力、意志力处于高水平状态）。

（3）适宜的热身活动（建立在协调性基础上的肌肉刺激和柔韧性）。

（4）始终保证最佳训练强度和训练质量（次最大、最大、超最大速度跑）。

（5）运动时间不应超过7～8秒，青少年运动员应该控制在5～6秒。

（6）关注运动员的恢复期的活动，安排适宜的间歇期活动内容。

（7）训练形式富于变化：跑步练习、竞争性比赛、游戏（通过成对的竞争性活动提高运动员动机，从而完成最大强度的训练）。

(8) 速度训练跑动距离过长不仅会导致疲劳，也会增加肌肉、韧带损伤的概率，同时也会影响动作技术质量。

(9) 速度训练后必须进行放松和牵拉练习。

(10) 训练课的组织和指导水平的高低，是训练课质量的决定性因素。

（四）发展速度素质的训练方法

鉴于足球比赛运动员最大速度跑动距离为 10～40 米，因此主要以无氧非乳酸供能。就运动员准备期而言，进行无氧非乳酸速度、冲刺速度、起动速度、有球跑动、变向速度训练等极其重要（但青少年运动员应进行 10～20 米的短距离速度训练）。通常采用以下训练方法：

(1) 有球或无球的变速或变向跑。

(2) 上坡跑（同时提高爆发力）和下坡跑（同时提高协调性），也可以结合负重。

(3) 结合听觉，特别是视觉信号的起动练习、跑位练习和处在失位状态下的反应速度练习。

(4) 成对或分队的竞争性练习，如追捕、接力跑、障碍跑和速度游戏。

(5) 跑动过程中的跳跃、步法练习。

(6) 使用秒表刺激运动员（竞争性因素），采用测试的方式激励运动员。

（五）速度训练的负荷

(1) 根据每次跑动距离，每组练习次数一般在 4～6 次（最多 8 次），以防乳酸堆积。

(2) 肌肉能量储备决定了练习的组数。对于 30～40 米的跑动距离，最好安排 3～4 组，10～20 米的跑动距离，可安排 5 组。

(3) 每次跑动后安排 20～30 秒间歇，确保无氧非乳酸供能储备恢复到原有水平的一半。虽然间歇时间可达 3 分钟以上，但最好不要超过 3 分钟，因为超过 3 分钟毛细血管开始收缩，从而影响训练效果。

(4) 运动和间歇时间比一般为 1∶10、1∶15 或 1∶20。时间比例根据运动时间、训练的代谢目标、运动员身体状况、运动员年龄而变化。

(5) 运动间歇时应安排积极性恢复，即走动或慢跑。采用何种积极性休息方式，主要取决于跑动距离或运动强度。当乳酸堆积较高时，运动员有必要休息至少 4～5 分钟，根据运动负荷，甚至可以休息 8～10 分钟。

(六) 多种速度训练示例

(1) 协调性循环和跑动练习。所有队员一路纵队排列。10个标志桶摆放如图4-26所示,循环2~3次,然后做牵拉和不同方式的慢跑。组数为2~4组。(见图4-26)

训练方法:队员在各标志桶之间变化跑动方式:动态跑、向前、向后、大步跑、跳跃、横向移动、横向侧滑步、正常跑、轻跳、中等高度跳、最大高度跳。从标志桶8与9间慢跑,9与10间加速跑。在圆圈处同样需要加速并设置节奏和步伐练习。

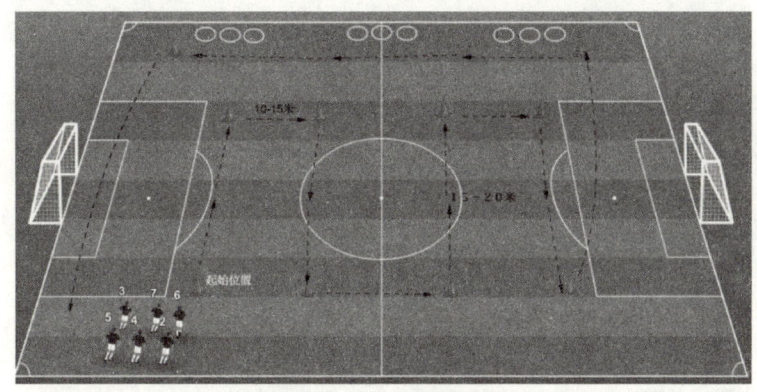

图4-26 无氧速度练习

(2) 速度比赛(追赶游戏)。所有队员分2组,标出比赛场地(30米×30米),6个2米的小球门(标志桶、标志盘和标志杆),每组跑3~6次,心率强度达到165~180次。(见图4-27)

训练方法:第一名4号队员在前面先跑动1~2米,然后通过5个小球门,最后通过对面底线的球门;7号队员在后面试图追上并触碰到他,2~5号队员都完成练习之后,两队互换角色。

(3) 起动速度练习。4组,每2人一组。标出4组不同的路线,标志桶间相距10米。每个练习重复3~4次,间歇2~3分钟,速度强度80%~100%。(见图4-28)

训练方法:1组,各种跳跃10米,然后剩下3个10米逐渐加速冲刺跑(70%~90%);2组,交叉跑10米,然后每10米或20米斜向冲刺跑(80%~90%);3组,多种爆发力练习(侧身、从一个固定位置开始等),向前冲刺10~

图4-27 速度比赛

20米,然后改变方向跑(80%~90%);4组,100%强度的各种爆发力和冲刺跑练习(20、30和40米),保持速度。

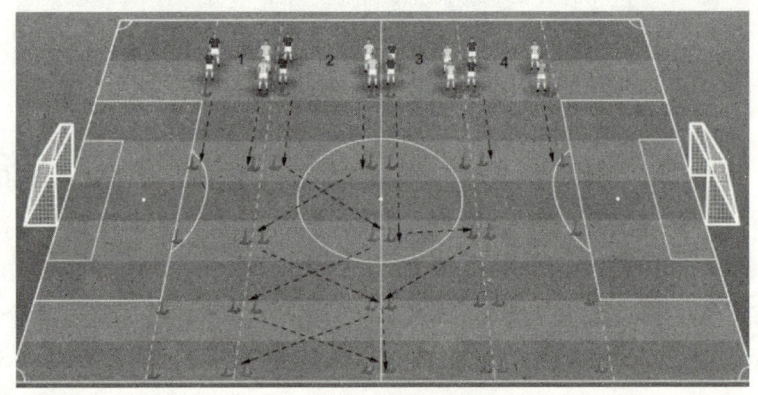

图4-28 起动速度练习

(4)有球速度练习。每次练习8~12名队员,跑动距离30~40米,重复3~5次,组数为2~3组,70~80秒休息时间,组间间歇5~6分钟。(见图4-29)

训练方法:A跑到相距5米的标志桶之间的位置,然后全力冲刺跑20米,B将球传给A,A回传给B。A然后再跑30米并控制住C传给他的球,最后全速带球跑向正在等待的队友 F，再到队尾。当 B 传完球后，慢慢（无球）到练习的出发点；当 C 传完球后慢慢跑到 B 的位置；当 A 接到 C 的传球后，D 开始启动并且传球给 E。

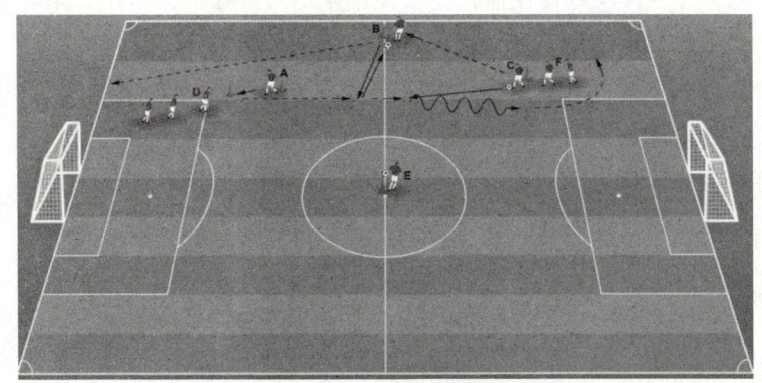

图 4-29 有球速度训练

四、协调性素质

协调性指的是人体中央神经系统与骨骼肌肉系统在一个有目的的运动过程中所起的共同作用。协调性有时也称之为"灵敏性""灵巧性"或心理活动技能。它可以使运动员控制和调整自己的动作，掌握技战术技巧，以及运动动作更迅速。所以，协调性是所有技术动作的基础。

（一）协调性的组成要素

（1）方位感。就时空而言，所具有的正确选位能力；基于对特定环境的察觉而所具有的改变和再调整位置的能力。

（2）反应能力。基于对比赛情况或信号而做出极为迅速反应的能力；不仅能正确地完成动作，而且能快速地完成动作。

（3）辨别能力。感知信息并以不同方式处理信息的能力，在团队运动中完成个人技术的能力，选择正确传球方式的能力。

（4）平衡能力。运动中或完成技术动作的过程中，保持身体平衡的能力；身体对抗和假动作后，恢复身体平衡的能力；完成技术动作时所具有的快速步法能力。

(5) 节奏感。有节奏地完成运动动作的能力，快慢结合的能力。

(二) 协调性训练的目的

在运动中尽可能少地使用肌肉，肢体产生尽可能小的紧张度，来达到最优的运动效果，而放在足球运动里来说，就是在千变万化的比赛情况中，让一个人能合理地、良好地掌握自己的身体和足球。此外，协调性训练还能使球员更快速地学会新的、与足球相关的运动技术。

球员自身协调能力的改善，也会让教练得到进一步优化球员技术能力的机会，尤其是球员的技术创造性和技术丰富性会得到促进与提高。

协调性的增强主要有以下两方面的好处：增强一般领域的协调性，即灵活性；增强特殊领域的协调性，即精熟度。灵活性是指具有普遍适用性的肢体协调性动作，例如运动员的跑、跳、鱼跃、摔倒。精熟度是指只与某一体育专项相关的肢体协调性动作，例如有球时的带球、做假动作、控球动作。

(三) 运动员协调性不足所表现出的特征

(1) 观察力弱，比如对场上情况的观察。

(2) 精确性差，比如传球和射门的精确性。

(3) 空间位置感缺失，比如防守时对对方球员位置的盯防。

(4) 不能很好地适应同伴或者物体，比如支援队友或者跑动摆脱对手，预估球的运行轨迹。

(5) 笨拙的、不连贯的、不合拍的移动，比如带球跑动或者无球跑时。

(6) 在移动的过程中附带不必要的动作，比如跑动时双臂做"划桨"状。

(7) 抓物体时动作僵硬，比如门将在扑球时。

(8) 跳跃下落过程中肢体僵硬（膝盖不能灵活地弯曲），比如在头球之后。

(9) 在支撑面积较小时出现站不稳的现象，比如单脚站立时。

(四) 协调性训练在日常训练过程中需遵循的原则

(1) 只能在不感到疲惫时训练，比如在热身之后。

(2) 每人必须在参加训练时全力以赴。

(3) 每个训练项目的最大负荷时间最多不要超过20～30秒。

(4) 每个练习的重复次数取决于练习的效果，只要练会了就可以把练习内容稍加变动。

(5) 训练难度要先易后难，逐渐增加难度，要逐渐增加时间限制和对抗强度。

(6) 变化不同的运动方式。

(7) 要精确、快速、有节奏地进行训练。

(8) 训练环节之间要设计得彼此相关。

(9) 协调性技术练习总是与灵活性练习分不开，协调性练习会让球员拥有很好的关节灵活性和灵活的肌肉力量。

(10) 尽可能地将训练项目细分，以制造更多的单项成就感。

(五) 多种协调性训练示例

(1) 综合协调性训练。每个训练场3~6名队员。线路用棍、桶、圈标识出来。训练持续时间为5~6分钟，组数为1~2组。（见图4-30）

训练方法：每名队员以不同的节奏完成线路。1组，各种跳跃（向前、向后、向两侧）；2组，跳跃（交替左右脚），在跳跃中改变起跳的高度；3组，队员控制一球，然后在标志桶中间左右变向带球（改变接触面，左右脚的脚内侧和外脚背、脚底）；4组，运球慢跑回第一个标志桶，最后慢跑回起始点1。

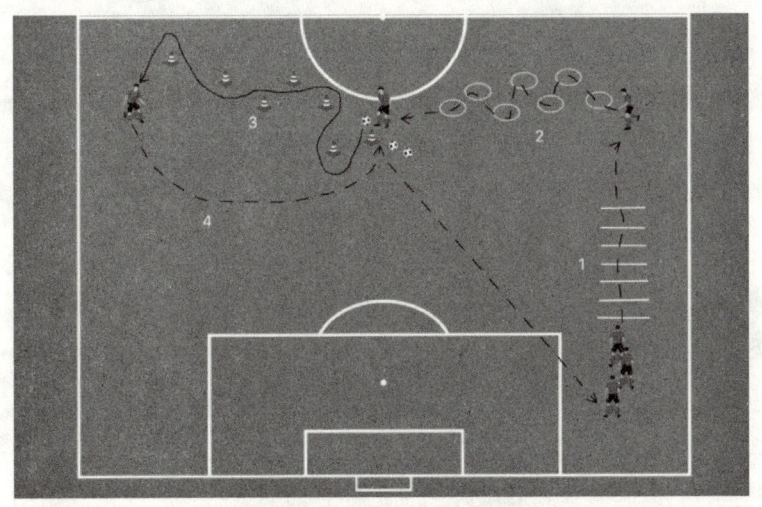

图4-30 综合协调性训练

(2) 控球练习（力量、节奏）。每个训练场3~6名队员，用标志桶或标识物标识出路线，标志桶之间的距离要有变化。训练持续时间为3~4分钟，组数

为 1～2 组。(见图 4-31)

训练方法：每名队员带球变向绕过标志桶，每次练习都改变触球脚的部位；经过标志桶之后，将球以适当的力量传给自己的队友。如右脚脚内侧 3 次触球，右脚外脚背 3 次触球（然后两次、一次）。左脚同样如此进行。右脚脚内侧、左脚脚内侧 3 次、2 次，再到 1 次触球。并且训练的速度要不断提高。

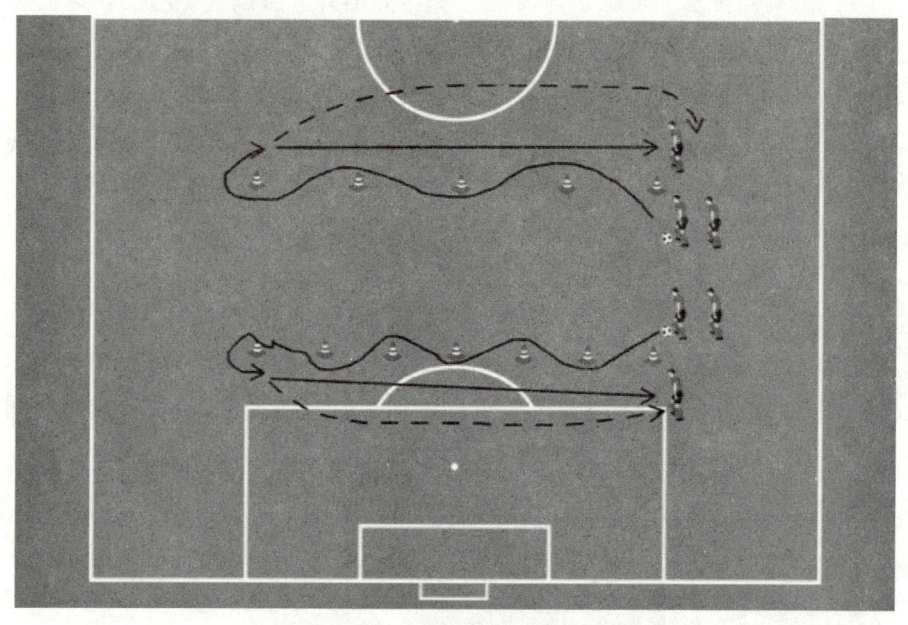

图 4-31　控球练习

（3）协调练习（速度和时机）。每个训练场 3～6 名队员，用标志桶或标识物标识出路线。1 个球门分成 3 个区域。训练持续时间 3～4 分钟，组数为 1～2 组，路线的距离和传中的距离应不断变化。（见图 4-32）

训练方法：A 组第一名队员带球快速向前运球，然后传中给他的队友 B 组第一名队员；接着两人同时启动，跳过障碍物后，接球完成射门，要求射门的准确性（教练员在队员射门前指定射向球门的 A 或 B 或 C 区域）。中间的第一名队员与 B 组第一名队员同时开始启动并且绕过标志桶，然后试图阻止 B 组第一名队员射门得分。

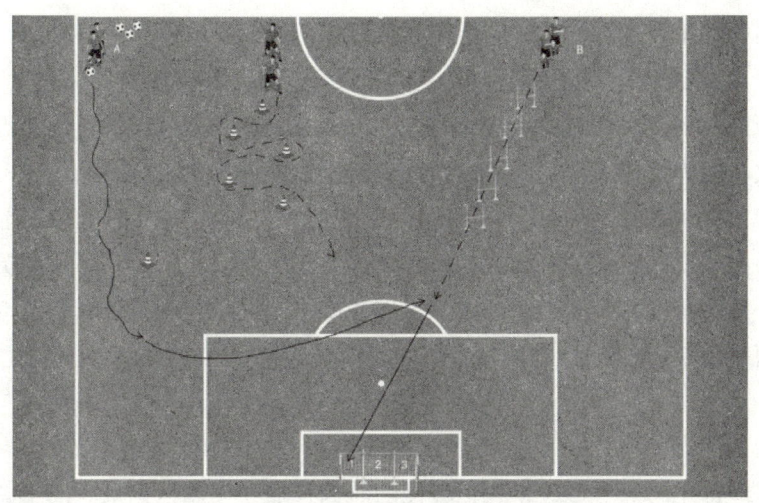

图4-32 协调性练习（速度和时机）

五、柔韧性素质

柔韧性是指人体关节活动幅度以及关节韧带、肌腱、肌肉、皮肤和其他组织的弹性和伸展能力，即关节和关节系统的活动范围。

（一）足球运动员柔韧性素质的特点

在激烈的足球比赛中，由于运动员的身体和球常处于不规则活动状况，运动员经常要做一些幅度大、速度快、用力突然的动作，如抬脚到一定高度接空中球、倒地铲球、运球过人时的假动作晃动、凌空倒钩射门等，这就对运动员的柔韧性素质提出了较高的要求。

足球运动员的柔韧性素质，突出表现在足球运动员掌握和提高技术动作（尤其是高难度技术动作）、避免运动创伤和发展其他身体素质都有重要作用。特别是关节灵活性和伸展能力直接影响了柔韧性素质的好坏。

（二）柔韧性训练的形式和方法

（1）主动或被动的静力性伸展法。这是一种行之有效且比较流行的伸展方法，它是缓慢地将肌肉、肌腱、韧带拉伸到有一定酸、胀和痛的感觉位置，并维持此姿势一段时间。一般认为停留10～30秒应该是理想时间，每种练习应连续重复4～6次为最好。这种方法可以比较好地控制使用力量，比较安全，尤其适合于活动少和未经训练的人，它由于拉伸缓慢可避免拉伤。

（2）主动或被动的动力性伸展法。这种方法是指有节奏的、速度较快的、幅度逐渐加大的多次重复一个动作的拉伸方法。主动的弹性伸展是靠自己的力量拉伸，被动的弹性伸展是靠同伴的帮助或负重借助外力的拉伸。利用主动或被动的动力性伸展法进行练习时，所用的力量应与被拉伸的关节的可伸展能力相适应，如果大于肌肉组织的可伸展能力，肌肉或韧带就会拉伤。在运用该方法时用力不宜过猛，幅度一定要由小到大，先做几次小幅度的预备拉伸，再逐渐加大幅度，从而避免拉伤。

（三）静力性牵拉的方法

这是最常用的热身形式，包括缓慢的肌肉伸展，逐渐达到最大动作幅度并保持一定时间。如果牵拉造成肌肉缩短，这不利于关节活动，尤其容易导致关节软骨负荷过重，还常常诱发肌腱炎。收缩和挛缩的肌肉所存在的风险在于不易拉伸，甚至在被拉伸时可能造成撕裂。

采取科学的、正确的牵拉方法，通过高质量的牵拉，会使肌肉重新恢复稳定性和柔韧性。

静力牵拉的时间：一般在热身期间，每次训练课后的放松整理阶段，大强度训练后（速度、力量训练后），提高柔韧性（灵活性）。

持续的时间：热身期间进行5～10秒的简单牵拉，恢复阶段进行15～30秒的完全性牵拉。

重复次数：1～3次，根据牵拉时间和不同肌肉群。

坚持的原则：不必做猛烈性动作；牵拉时必须始终保持正确的呼吸，如均匀地、平缓地呼吸；完全集中注意力；有肌肉疼痛的运动员不宜进行牵拉；在完成爆发性动作前不宜进行牵拉，这样做可能降低运动表现水平。

（四）多种静力性牵拉训练示例

（1）内收肌牵拉示例（图4-33）。

图4-33

(2) 腘绳肌牵拉示例（图 4-34）。

图 4-34

(3) 腿部牵拉（图 4-35）。

图 4-35

(4) 腿部肌肉（小腿）牵拉（图 4-36）。

图 4-36

第五章　足球运动的保健知识

第一节　运动性疲劳及疲劳的消除

运动性疲劳是指运动引起的肌肉最大收缩或者最大输出功率暂时性下降的生理现象。

在1982年的第5届国际运动生物化学会议上，运动性疲劳被定义为："机体的生理过程不能持续其机能在一特定水平或不能维持预定的运动强度。"力竭是疲劳的一种特殊形式，是在疲劳时继续运动，直到肌肉或器官不能维持运动。这一疲劳定义的特点是，把疲劳时体内组织、器官的机能和运动能力结合起来评定疲劳的发生和疲劳程度，有助于选择客观指标评定疲劳。例如，在某一特定水平工作时，单一或同时使用心率、血乳酸、最大摄氧量和输出功率来评定疲劳。

总之，运动中出现疲劳不是一个部位的问题，也不是某一环节的问题，而是整个代谢过程出现了紊乱。对于运动性疲劳的正确认识，有利于我们解决运动员疲劳状态。如果运动后能采取一些措施，就能及时消除疲劳，使体力很快恢复，消耗的能量和物质得到及时的补充甚至达到超量恢复，就有助于训练水平的不断提高。

一、运动性疲劳产生的机制和原因

（一）运动性疲劳产生的机制

肌肉运动能力下降是运动性疲劳的基本标志和本质特征。自20世纪以来，不同领域的研究人员从不同的角度对疲劳产生的机制进行了大量的研究和探索，提出了能量衰竭学说、堵塞学说、内环境稳定状态失调学说、保护性抑制学说、肌肉疲劳的突变学说、自由基学说、中枢神经递质学说等多种学说，试图解释疲劳产生的机制，以达到延缓疲劳发生、加速疲劳消除的目的。大部分学说认为，运动应激性代谢加强的负效应可能是运动性疲劳发生的根本原因，比如代谢基质的耗竭、代谢产物的堆积、代谢环境的酸化等，它们通过多种渠道可能引起肌纤维结构完整性、能量供应、神经体液调节等的改变，导致运动肌肉收缩和舒张功能障碍。所以，运动能力下降即疲劳发生是其必然结果。

（二）运动性疲劳产生的原因

运动性疲劳产生的原因是多方面的，主要有以下三方面原因。

1. 体育锻炼、运动训练方面的原因

运动时间长、运动量安排不合理，运动强度提高过快，总之是运动负荷安排不当或其他锻炼方法不当；训练内容安排单一；运动后没有及时采取有效的恢复措施，或者没有消除疲劳而继续增加运动负荷；体育锻炼或训练的目标过高，难以完成而导致心理压力较大；受伤或疾病中参加锻炼或训练、竞赛等。

2. 日常生活方面的原因

生活作息无规律、睡眠不足、吸烟、酗酒等；学习、工作压力较大；营养状况不良，各种营养物质摄取不足或营养不均衡等。

3. 健康方面的原因

患感冒、发烧等疾病仍然进行运动；肠胃不适，消化不良；患有各种传染性疾病等。

二、运动性疲劳的分类

运动性疲劳在人体上可以分为心理性疲劳和躯干性疲劳，这两种不同性质的疲劳具有不同的表现形式。躯干性疲劳主要表现为运动能力下降。心理性疲劳是由心理活动造成的一种疲劳状态，主要表现在行为的改变，其主观症状有注意力不集中，记忆力障碍，理解、推理困难，脑力活动迟钝、不准确；行为改变表现为动作迟缓、不灵敏，动作的协调能力下降，失眠、烦躁与不安等。

三、运动性疲劳的症状

在学校体育教学和运动训练中，根据锻炼者的主观感觉和状态来判断疲劳程

度。(见表 5-1)

表 5-1　运动性疲劳程度分级

内容	轻度疲劳	中度疲劳	重度疲劳
自我感觉	无任何不适	疲乏、腿痛、心悸	除疲乏、腿痛、心悸外,还有头痛、胸痛、恶心甚至呕吐等征象。有些征象出现时间较长
面色	稍红	比较红	非常红或苍白,有时呈紫色
排汗量	微微渗汗	稍多	非常多,尤其是整个躯干部分
呼吸	略微加快	明显加快	显著加快,呼吸急促,节奏紊乱,表浅不一
动作	步伐轻快	步伐摇摆不稳	动作缓慢、不协调,不稳定现象明显
注意力	比较集中,能正确执行指示	执行口令不准确,改变方向时有时发生错误	执行口令迟缓,有时只有听到大声口令时才能接受

四、运动性疲劳的处理

运动性疲劳是一种生理现象,对人体来说又是一种保护性机制。但是,如果经常处于疲劳状态,前一次运动产生的疲劳还没来得及消除,而新的疲劳又产生了,疲劳就会积累,久之就会产生过度疲劳,影响运动者的身体健康和运动能力。对此,可采用以下一些对策:

(一) 充足的睡眠

充足的睡眠是消除疲劳的基本方法之一,是必不可少的恢复手段。睡眠时间一般每天在 8 小时以上,大运动量训练时还要适当延长。睡眠的关键是质量。

(二) 温水浴和局部热敷

进行温水浴可促进全身血液循环和新陈代谢,加速代谢产物的排出,有利于营养物质的运输,温水浴的水温一般应为 40℃ (±2℃) 左右,每次 10～15 分钟，最多不要超过 30 分钟。局部热敷对组织器官有扩张血管、加速血液流动的作用。热敷的温度一般在 47～50℃，持续 20 分钟。

（三）按摩

按摩可以改善局部或全身血液循环状况，促进代谢产物的消除，减轻肌肉的酸痛和僵硬，提高肌肉的收缩能力，改善关节的灵活性。按摩可用手动、水动或电动器械进行。

（四）活动性休息

活动性休息就是采用训练以外的其他肌肉活动方式来消除疲劳，达到休息的目的。如进行下肢训练时可以适当活动一下上肢，或者做一些短暂的放松运动。

（五）心理恢复手段

心理恢复手段是用听音乐、疗养、观看文艺演出、旅游等方法来缓解比赛时精神的过度紧张。具体的方法要根据运动员的爱好和外界条件进行安排。

（六）合理的营养

运动时消耗了大量的能量和营养物质，所以，在膳食中要增加含糖、蛋白质、维生素和无机盐的食物，如乳类、蛋类、肉类、动物内脏、蔬菜类等，还可适量服用一些如维生素 B_1、维生素 C、维生素 E、ATP 等营养补充剂调节中枢神经、扩张冠状动脉、改善心脏血液循环等。

（七）传统中医学方法

中药是我国独有的医学宝藏，应用中药消除运动性疲劳、促进体力恢复的研究已有 20 余年的历史。而且从现代医学角度看，许多有恢复运动性疲劳作用的中药没有被国际奥委会列入违禁药品名录。比如常用"黄芪""刺五加""丹参""参三七"等中药来进行补益和调节；"四君子汤"可以增加骨骼肌糖原含量；"复方生脉饮"有助于提高血红蛋白；"补脾活血复方"可促进自由基的清除，改善微循环，有利于机体新陈代谢，从而达到消除运动性疲劳的作用。但是，中药的抗运动性疲劳的作用机理还不清楚，尚未进行深入研究，因此，长期服用或出现其他病症要遵照医嘱。

(八) 吸氧和吸负离子

训练后体内产生"氧债",肌肉和血液中堆积了酸性代谢产物,吸氧有利于偿还"氧债",增大血液中氧的饱和度,进一步满足组织的需要。吸氧对消除无氧训练后的疲劳特别有效。吸负离子可以改善心肺功能,提高心脏的泵血能力和血红蛋白的含量,进一步提高体能和运动能力。

五、运动性疲劳的预防

(1) 坚持经常性的锻炼与训练,以提高运动素质和能力。

(2) 科学合理地安排锻炼内容,发展和锻炼与运动项目相适应的能力,身体各部位锻炼负荷合理交替,避免出现躯干局部过劳而导致整个机体的工作能力下降。

(3) 合理安排饮食,均衡营养,增加体内能源的储备。如果在锻炼前5分钟饮用150~200毫升果糖溶液,可使机体增加耐力。

(4) 提高心理素质,有助于预防运动性疲劳。良好的心理素质、顽强的意志品质能够积极地克服锻炼中出现的困难,提高运动能力,从而减缓运动性疲劳的出现。

第二节　足球运动中的常见损伤与防治

足球运动是一项团体运动,其频繁的跑动、激烈的身体对抗、高负荷的运动量决定了足球运动员从事该项目的风险性,可以说每名球员或足球业余爱好者在其训练及比赛中都会发生不同程度的损伤。

一、损伤的种类

(一) 瘀伤

瘀伤是很常见的损伤,也称挫伤,是直接的外力作用引起的。瘀伤可以由摔落撞击引起,也可以由对手踢中引起。瘀伤可以发生在皮肤、肌肉、关节、骨头、神经和内脏器官上,具体取决于受到冲击的部位。受伤的组织会肿胀形成血肿或者渗血。在严重情况下,非弹性肌肉部位可能会发生危险的压力增高,这种现象被称为"筋膜室综合征",会导致肌肉、神经和血管的自主挤压,如果未采取必要的手术来减轻压力,则可能会导致永久性的伤害和组织坏死。足球运动员的小腿尤其容易受到瘀伤的影响。

在足球运动中最有名的肌肉挫伤便是"大腿挫伤"。这是防守球员在防守时膝盖碰撞对手的大腿引起的。肿胀的程度反映出软组织挫伤的严重性。

(二)扭伤

扭伤是直接由外力导致关节稳定结构(比如关节囊或韧带)负载过重引起的。扭伤有不同的严重程度,从轻微的拉伤到韧带和肌肉纤维的部分撕裂,再到这两者的全部撕裂。

(三)脱臼

在直接或间接的外力下造成关节扭曲或者过度挤压(肩膀),从而导致固定的组织结构(韧带或关节囊)撕裂或者过度拉伸。在该过程中,关节可能会脱离正常的位置,关节表面可能会裂开。出现关节脱臼时,即使外力消失后,异常的关节位置仍然会保持不变。守门员的手指尤其容易受到关节脱臼的影响。

(四)韧带撕裂

韧带撕裂的力学原理和脱臼一样,但过程不一样。如果关节所承受的负载远远超过其承受能力,则负责保持关节稳定性和活动性的韧带就会撕裂。例如,如果支撑运动员重心的那条腿的下部被其他运动员脚底的防滑钉踢到,那么固定膝关节就不能退让缓冲,强大的撞击力扭曲胫骨,膝关节十字韧带的撕裂将不可避免。根据韧带撕裂的严重程度,所出现的症状包括瘀伤、肿胀,以及因为疼痛引起活动受限。

(五)骨折

在直接或间接的外力作用下,比如对手进行踢剪式倒勾球或者重重摔倒,就可能导致骨头撕裂或骨折。骨折会导致骨头完全撕裂成至少两个部分。可以通过观察骨头异位来确定错位性骨折。非错位性的轻微骨裂通常会导致持续疼痛,而且只能通过 X 光片才能看见。

（六）肌腱撕裂

肌腱会将肌肉所承受的力量转移到骨骼上。它们通常不像伤害报告所反映的那么脆弱。绝大多数人一生中肌腱从未受伤。

然而，经常性高负荷或者违反生理学的负载会导致肌腱提前磨损和撕裂，因为肌肉组织的血液循环不良可能会导致恢复非常困难。这些不合理的负载日积月累，让曾经非常健壮的肌腱变得极易受到损伤，甚至哪怕是轻微的损伤也足以部分或全部撕裂肌腱。

在发生肌腱撕裂后，受伤者必须至少休息 4 个月。为了最大限度地降低反复撕裂的风险，返回参加训练时动作必须非常轻柔，尤其是动作要慢。如果大肌腱发生撕裂，那么接下来的至少 6 个月之内不能进行训练。

（七）守门员的拇指侧肌腱撕裂

守门员的拇指和滑雪者的拇指情况相似，摔倒在滑雪道上的滑雪者，其拇指仍然套在滑雪棍的圆环上时，突然扭转拇指的关节将导致侧肌腱撕裂。如果飞过来的球的所有重量都向后推守门员的拇指，那么横向分布在手指上的侧肌腱就可能会撕裂。事故发生后，拇指可能会肿胀，而且向外悬垂。

（八）守门员的指伸肌肌腱撕裂

导致这一状况的原因通常和守门员的拇指受伤一样，不过这一次是指伸肌肌腱撕裂。优秀的射球手能够踢出速度超过 110 千米/小时的球，了解这一事实后，就能明白肌腱和韧带直接接触这种强有力的球将超越其承受范围。

二、损伤发生的部位

在足球运动损伤中，有 60%～90% 发生于下肢。在儿童、14 岁以下的青少年及 50 岁以上的成年人中，手臂及肩膀损伤（约 43%）、头部损伤（20%）也较为常见。在年纪较小的足球运动员中，铲球和落地过程中产生的冲撞是发生损伤的最常见原因。在年纪较大的足球运动员中，落地同样是发生损伤的主要原因之一，因为年纪较大的运动员灵活性下降，同时他们对落地时发生的冲撞的承受能力也会下降。

膝关节、踝关节及大腿肌肉是运动中最易发生损伤的部位,占全部损伤的16%～33%。在一些研究报告中,踝关节损伤所占的比例高达67%。足球运动员的三大损伤分别是膝关节韧带损伤、踝关节韧带损伤及大腿肌肉损伤。这三种损伤不仅发生率高,而且因这三种损伤导致的停止比赛和训练的时间最长。其他损伤如瘀伤、水泡、擦伤等,发生的概率可能更高,但这些损伤很少会使运动员伤停很长时间。

腘绳肌是最容易发生损伤的部位。在欧洲的职业足球运动员中,每个赛季每支球队都会平均发生5起腘绳肌损伤的案例,导致运动员平均伤停90天。(见表5-2)

表5-2 足球运动员的三大损伤

部位	损伤	所占比例
大腿	大腿肌肉损伤	24%～26%
	腘绳肌损伤	12%
踝关节	踝关节韧带损伤	9%～12%
膝关节	膝关节韧带损伤	11%
	前交叉韧带损伤	5%

三、损伤发生的原因

运动员身上若存在某些危险因素,可导致其发生运动损伤的风险增加。此前发生的相似部位的既往损伤就是本次损伤发生的一个独立危险因素。对于足球运动员的三大损伤来说,尤为如此。同时,在比赛中受伤的概率要高于在训练中受伤的概率。

我们可以粗略地将危险因素分为两类:外部因素和内部因素。外部因素主要指外部作用于运动员的各种因素,其中周围环境因素十分关键。而内部因素则主要指运动员的自身因素。换个角度看,两者又构成了保护性因素和危险性因素。在运动损伤的预防训练中,保护性因素尤为重要。一般情况下,一种危险因素的存在不会导致损伤的发生,导致损伤发生的往往是一系列危险因素的结合与相互作用。

下表为运动损伤常见的危险因素。其中,有一个危险因素十分重要,那就是

此前发生的相似部位损伤。(见表 5-3)

表 5-3 损伤发生的外部及内部危险因素

外部危险因素	内部危险因素
—	此前相似部位损伤
训练方式错误	畸形（如 X 形腿或 O 形腿）
足球场地 （沙砾、人造草皮或天然草皮）	两腿长度不同
训练装备（鞋）	肌力失衡、肌肉无力
环境	灵活性差
气候	性别、年龄
营养	心理因素
—	身体组成部分（肌肉组织、脂肪组织）
—	其他：内分泌、基因（遗传）、代谢
—	

四、损伤的急救护理

（急性）损伤的急救护理原则应遵循"PRICE 模式"。

"P"代表保护。受伤运动员可以通过使用拐杖、绷带或胶带等方法实现保护作用。

"R"代表休息，即受伤的运动员应避免一切可能使伤情恶化的活动。

"I"代表冰敷，即运动员受伤时立即对受伤部位进行冰敷。在实际应用过程中，理想状况下可用冰水（冰块与冷水的混合物，温度在 4～8℃）代替真正的冰块进行冰敷。冰敷不可直接与皮肤接触，以免运动员冻伤，同时，不应连续冰敷 15 分钟以上。在急性损伤的案例中，冰敷可以抑制痛觉神经冲动的传导，从而减轻疼痛感。同时，冰敷可以使血管收缩，从而减轻肿胀。

"C"代表压迫。压迫受伤部位也可以机械性地减少肿胀的发生。因此，在所有可能发生肿胀的急性损伤中，均建议对受伤运动员的伤处进行压迫处理。在运动员受伤的第一分钟内，尽快对伤处进行压迫非常重要。为尽量减少肿胀的发生，应尽可能地对伤处进行压迫。但在压迫时应注意确保身体末端的手部和足部仍有充足的血液供应。

"E"代表抬高患肢，是指将运动员的伤处抬高至其心脏以上高度，以减轻肿胀，同时加速代谢产物的排出。肿胀时渗出的液体遵从万有引力定律，因此，脚踝受伤后如不采取相应的治疗策略，瘀伤和青肿可能遍及脚部。在此类受伤中，运动员受伤时一般是躺在地上的，受伤的脚踝可以放在长椅、箱子或类似的物品上休息。只要肿胀存在，特别是手臂和脚踝，就建议伤者采取抬高的处理措施，一般而言可持续几个星期。

五、常见损伤的急救与治疗

（一）皮肤损伤

作为人类身体的外部保护覆盖层，皮肤在运动伤害中变得尤其脆弱。擦伤、皮肤分离或撕裂在足球运动中并不罕见。这些皮肤伤害可能会非常疼痛，但是通常无大碍，而且不需要额外干预就能快速愈合。

1. 擦伤

急救：为了降低感染风险，应该使用林格溶液或生理盐水清洁伤口的表面，然后使用温和的皮肤消毒剂对伤口急性消毒，完成后使用无菌的、非黏性伤口敷料覆盖伤口。

治疗：在后续的愈合过程中必须避免感染，如有必要，应该每天更换绷带并使用杀菌剂对伤口进行急性消毒。

2. 皮肤分离

皮肤分离涉及皮肤从下层组织撕裂。在这种伤害中，比赛场地的表面影响很大。尽管球员可以在草地上毫无问题地滑行几米远，例如在阻截铲球后。但是在煤渣场地、混凝土场地、室内人造草或地板上进行该动作时，则得到截然不同的结果。在这些表面上快速滑行可能瞬间就会导致几平方厘米大的皮肤擦伤。

急救：由于皮肤的血液循环非常充足，整块皮肤分离通常会导致大量出血，急救处理应该包括降低感染的风险和伤口的疼痛感。首先，应该使用杀菌喷雾液清洁伤口；其次，在受伤的部位滴几滴局部麻醉剂；最后，应该使用无菌敷料覆盖伤口。

治疗：根据伤口的渗液量调整敷料的大小。对于相对干燥的伤口，使用创可贴和亲水绷带。如果有大量的渗液，则使用带有无菌纱布和绒头压布的药膏绷带。

3. 皮肤撕裂

皮肤的柔软部位在受到钝力或强力挤压时，由于皮肤不能承受如此大的压力，导致皮肤裂开。这种伤口的边缘通常不平整。

急救：首先使用林格溶液或生理盐水清洁受伤部位，然后对伤口进行消毒，并使用无菌纱布盖住。如果出现较大或者比较深的伤口，那么应该检查运动员是否出现休克症状。然后需要尽快进行外科手术。

治疗：与所有皮肤伤害一样，遇到皮肤撕裂的情况时，应该检查患者的破伤风疫苗是否过期。

（二）肌肉损伤

人体的肌肉种类非常多，甚至能够与其可能遭受的损伤种类相提并论。在运动中，肌肉损伤是最常见的运动损伤之一。

1. 肌肉挫伤

在球场上，通常是肌肉与对手的膝盖或肘部碰撞导致挫伤。在实际情况中，挫伤引起的出血是少量肌肉纤维撕裂所导致的。

急救：在大腿受到剧烈的撞击后，队医必须马上评估球员的总体健康状况。通常情况下，简单地冰敷受伤的部位并使用按压绷带后，就可以继续比赛了。如果情况严重，球员将不能继续参加比赛。

治疗：比较严重的伤情，需使用超声波进行直接诊断。对于比较轻的受伤，应该使用绷带缠绕肌肉48小时，并进行冰敷和抬高受伤部位。

2. 肌肉纤维撕裂

在强大的外力作用下或者快速大力地拉伸都会导致肌肉纤维撕裂。对于轻微的肌肉纤维撕裂，不会影响肌肉的强度或者伸张能力。不过，肌肉纤维撕裂通常会伴随剧烈的疼痛和不同程度的瘀伤。肌肉纤维撕裂愈合后通常会留下伤痕。

急救：受伤的肌肉必须马上休息，而且要抬高并长时间进行冰敷或使用按压绷带。

治疗：在常规流程中，采用促进愈合的治疗方法可以在3天后开始，其中包括热治疗、超声波治疗、激光治疗、轻微拉伸、摩擦按摩，以及使用药膏。肿胀逐渐消散后，可以通过专业地使用胶带缠绕来加快返回训练的时间。

3. 肌肉撕裂

当肌肉所承受的力量超出肌肉的弹性极限时就会发生肌肉撕裂。

急救：与肌肉纤维撕裂一样，处理步骤为休息、抬高患处以及大量冰敷。

治疗：肌肉撕裂的治疗方法和肌肉纤维撕裂的治疗一样。任何继续治疗取决于以下几个因素：受伤程度、受影响的肌肉系统、运动员的年龄及其表现水平。

4. 肌肉痉挛

严格而言，肌肉痉挛不属于肌肉损伤，而是属于肌肉功能失灵。肌肉痉挛通常为急性发作，而且痛感较为强烈。肌肉痉挛发生时，肌肉会突然僵硬，僵硬时形成的硬块可以触及。肌肉痉挛可能发生在猛烈的截球过程中，更重要的原因是因为脱水所致。

急救：立即停止一切活动。受影响的肌肉被被动拉伸，因此主动收缩拮抗肌尤其重要。

治疗：电解质平衡对于肌肉系统的收缩功能非常重要。如果运动员非常容易发生肌肉痉挛，那么，应该测量电解质的状态，有必要的话补充电解质。

5. 肌肉疼痛

在进行不熟悉的动作或过于集中地用力时就会发生肌肉疼痛，过度扭转肌肉通常也会导致肌肉疼痛。

急救：在肌肉疼痛的自然痊愈过程中，最好使用温热或者促进血液循环的治疗辅助恢复。最有效的办法是热水泡澡、桑拿浴、缓慢有控制的放松运动以及轻柔的伸展练习和游泳。

治疗：没必要治疗肌肉疼痛，但是应该检查训练方式，并且由专家纠正不足之处。

（三）头部损伤

1. 流鼻血

除了高血压和血液凝固有问题，导致流鼻血的原因通常是直接撞击鼻子。在足球运动中，与对手相碰撞或者鼻子被球撞击都可能导致流鼻血。

急救：使用止血塞塞住鼻孔，给受损的血管施加压力从而止住流血。如果没有止血塞，可以用拇指和食指将鼻孔捏紧在一起一分钟。这样做的时候，头要向下倾斜。此外，也可以对鼻子或后颈冰敷或冷敷。

治疗：在一般情况下，流鼻血不需要治疗。流血通常很快就会停止。

2. 脑震荡

脑震荡是一种由于运动员的头部遭受外力打击而产生的短暂的脑功能障碍。短暂的脑功能障碍主要包括身体症状、精神（认知）功能受损及情感障碍等，受伤的运动员有时也可能出现意识丧失。事故发生前、发生期间或发生后，受伤的运动员可能出现混浊感、定向力障碍、健忘等症状。特别需要注意的是，头部损伤后，运动员在跌倒过程中有无受到其他损伤，应关注受伤运动员是否存在颈椎损伤的可能。

急救：首先，必须检查瞳孔的反应，失去意识后瞳孔的不同大小，能够反映出头颅或大脑的损伤严重程度，损伤过重甚至可能出现脑出血。其次，受伤的运动员应该在安静、黑暗的房间躺下，因为此时的眼睛对光线非常敏感，然后将其送往医院。

治疗：受伤的运动员应该住院观察治疗，因为脑震荡可能伴随脑出血。如果是轻微的脑震荡，在非常安静的地方卧床休息几天就足够了。

（四）膝关节损伤

膝盖在足球运动中是受伤最频繁的部位，这是由膝关节的生理结构特征决定的。膝关节是将大腿和小腿骨头连接起来的、侧向灵活性极其受限的枢纽关节。因为股骨的关节表面是圆的，因此不能很好地适应胫骨的扁平关节。内侧半月板和外侧半月板起到缓冲和稳定作用。侧向稳定性由中间副韧带和内侧副韧带提供，它们防止膝盖在伸直的时候过度伸展以及扭伤小腿。在关节内部，前十字韧带和后十字韧带连接在胫骨上，而且在扭转时确保稳定性。膝盖骨、四头肌腱和膝盖骨韧带共同防止膝盖过度伸展。

膝关节在完全伸展的状态下非常稳定，此时韧带和肌肉处于收缩状态。不过，当膝盖弯曲时韧带会放松，而且膝关节变得脆弱。摔落、被对手踢中或者单脚固定时进行扭转动作是导致膝盖损伤的最常见原因。

1. 挫伤和扭伤

膝盖的挫伤和扭伤非常常见，不过幸运的是，它们是无害的小损伤。挫伤由被对手直接踢中或者摔倒所导致，而扭伤是过度扭转膝盖导致的。

挫伤和扭伤都会非常疼痛，而且通常伴随着肿胀、渗血以及活动受限，而这也是更加严重的骨头或韧带损伤的症状。

急救：立即冰敷膝盖，然后涂抹运动治疗药膏并使用敷布按压。

治疗：轻微损伤，休息以待观察后进行进一步治疗。如严重需进行医学诊断级物理治疗。

2. 外侧韧带损伤

向前伸并同时扭动小腿会给内侧副韧带带来巨大的压力，而向内扭转小腿通常会导致外侧副韧带损伤，而且附着点尤其疼痛。如果外部力量过大，还可能导致韧带断裂。

急救：常规的治疗方法是冰敷和使用按压绷带。通常通过测试侧向稳定性来区分是不是扭伤。测试可以当场进行。如果发生韧带断裂，膝关节既不能向外弯曲（内侧副韧带断裂），也不能向内弯曲（外侧副韧带断裂）。韧带断裂的其他症状包括肿胀和疼痛。

治疗：关节内部韧带断裂带来的疼痛可能长达6个星期。在一些情况下，应该考虑使用活动夹板来固定患处，仅当外侧韧带完全从骨头上撕裂下来，才需要进行手术。

3. 十字韧带断裂

前十字韧带断裂是耳熟能详的严重受伤，同时意味着许多优秀的足球运动员提前退役。相反，后十字韧带是人体中最为坚韧的韧带之一，因此，很少会受到受伤的影响。

对手截球导致十字韧带断裂的概率很小。最常见的原因是脚部固定的时候扭转膝盖，例如，对手绊住了运动员的脚，而惯性导致该运动员的身体朝相反的方向运动。如果前十字韧带断裂，而且膝盖弯曲的时候，胫骨可能会从股骨向前脱出，受伤的运动员能够明显感觉到站不稳。

十字韧带断裂通常伴随着关节内部出血，出血通常会在事故发生数小时后，所以，通常需要在第二天才能发现。根据经验，根据关节内部出血可以判定为十字韧带断裂，除非关节镜检查或者磁共振成像另有确诊。

急救：如果发生外侧韧带断裂，需冰敷膝盖并使用按压绷带减轻膝盖的负担。由于这种受伤比较严重，使受伤的运动员无法继续进行比赛，受伤的运动员必须马上送往医院急诊部门，而且要在第二天检查关节内部是否出血。

治疗：关节镜检查（微创手术）能够清楚地看到受伤的严重程度。与磁共振成像和CT图像不一样，它不仅能够提供静态图像，还能够进行力学稳定性检查，因此能够诊断出是纵向撕裂还是部分撕裂。与完全撕裂不一样，其中十字韧带通常在股骨的上部附着处断裂，部分撕裂不会导致关节不稳定。对于复杂的损伤，内侧半月板和内侧副韧带也会受到损害。

与经典的十字韧带缝合手术一样，即将断裂的韧带缝回原处，现代的人造塑料技术也越来越受欢迎。在该过程中,使用一根膝韧带或者半腱肌腱(大腿中很少用到的筋腱)完全代替撕裂的十字韧带。在关节镜检查期间,将所更换的筋腱固定在骨头上。由于人造塑料就长期而言效果不错,因此运动员通常会选择这种手术方式。

接受常规的理疗训练恢复肌肉强度、协调能力和灵活性尤其重要。在大约6周后,不需要拐杖应该也能够正常负重。对于低级别的运动员而言,至少要在3个月后才能恢复训练。

4. 半月板

只要是膝盖受伤,内侧半月板几乎是免不了受到影响的,因为它和内侧副韧带牢固相连而不能产生旋转运动,除非之前因为磨损或撕裂导致组织受损,否则不会发生半月板断裂。半月板由类似于软骨的、血液供应很少的组织构成。由于营养供应不足,因此哪怕是20岁的运动员,半月板磨损和撕裂也是很常见的。

急救:冰敷受伤部位。半月板受伤的症状包括膝盖内部出现块状物体和咯咯响声。在旋转小腿的时候按压关节之间的部位有痛感表明内侧半月板撕裂。应该将受伤的运动员转移至医院进行治疗。

治疗:为了排除骨头受伤,必须给膝盖拍X光片。如果怀疑发生半月板撕裂,则需要使用关节镜进行确诊。

如果断裂的半月板碎片靠近供血充足的关节囊,那么可以在进行关节镜检查的时候缝合。不过,这是非常罕见的情况。半月板断裂通常是磨损引起的,而且通常影响到半月板供血不足的部位。对于这种情况,在进行关节镜检查的时候只能将半月板碎片取出。如果没有严重的二次损伤,很快就可以恢复训练。

(五)脚踝和足部损伤

踝关节将胫骨和腓骨连接到踝骨上。这是一个铰链关节,让脚尖能够抬高(伸张)和放低(弯曲)。结实的韧带和关节囊组织能够让关节保持稳定,防止脚倾斜。踝关节让步伐变得流畅。

1. 挫伤和扭伤

踝关节通常会受到直接或间接外部力量导致的挫伤和扭伤的影响。但是不会影响到韧带或骨头,其症状包括肿胀和渗血。

急救:首先应该让腿部得到休息,并使用弹性支撑绷带固定关节,然后进行冰敷。通常在几分钟后,症状就得到明显的改善。如果疼痛可以忍受,则可以继续进行比赛和训练。

治疗：抬高足部并冰敷受伤部位，让肿胀消退。专用的运动药膏能够促进痊愈。如果这些措施不能够立即缓解疼痛，建议拍 X 光片，以排除骨头尤其是韧带损伤。

2. 韧带撕裂

这种损伤是扭转脚踝导致的，而且通常会影响到所有 3 根侧韧带，而这些韧带从外侧踝延伸到脚踝和跟骨。根据受伤的严重程度，可能会发生 1 根、2 根或 3 根韧带撕裂。

急救：休息并抬高受伤的脚，如果可能的话，使用夹板固定。冰敷关节缓解疼痛以及减轻肿胀。

治疗：拍 X 光片，查明踝关节仅仅是扭伤还是韧带发生断裂。这能够显示出多少根韧带受到影响。拍 X 光片应该尽快进行，确保及时提供正确的治疗方法，从而避免发生并发症（例如，过早出现关节病或者慢性关节不稳定）。如果出现大面积肿胀和剧痛，建议打石膏进行固定。此外，使用腋下拐杖确保重量未落在关节上。大约 14 天后，当肿胀已经完全消退，则需要使用矫正器材固定大约 4 个星期。如果疼痛完全消失，脚就可以完全负载；但是如果疼痛没有完全消失，则需要使用矫正器材固定大约 6 个星期。

六、预防运动损伤的原则

（一）加强运动员思想教育，树立良好体育风尚

加强日常安全教育，树立良好体育思想，在教学和比赛中要有大将风度。克服麻痹思想，认真贯彻以预防为主的方针。尊重裁判和对方队员，发扬良好的体育道德风貌。

（二）认真做好训练、比赛前的准备活动

参加训练和比赛前都要认真做好准备活动。准备活动的内容要根据教学训练和比赛的内容、任务、目标而定；既有一般性的准备活动，又有专项准备活动，准备活动一定要充分。对运动中负担较大和容易受伤的部位，要特别注意做好准备活动，适当做一些力量性和伸展性的练习。准备活动练习内容也要循序渐进，以身体感到发热、微微出汗为宜。

（三）科学、合理安排教学训练和比赛

训练中要根据运动员身体发育不同阶段的特点、性别、身体素质状况、运动能力、运动技术水平等，有针对性地、科学地、合理地安排教学训练内容和方法。要采取个别对待教学原则，合理安排运动负荷。运动量的强度、密度要逐渐增加，要注重运动员的身体素质全面发展，避免训练内容、方法、手段单一，防止局部训练负荷过大而引起不必要的损伤。

（四）加强容易受伤部位的重点练习

加强容易受伤部位或相对较弱部位的力量、柔韧性、灵活性练习，提高它们的功能，是预防运动损伤的一种积极有效的手段，例如：为防止髌骨劳损，可采用力量训练来增强股四头肌和髌骨的功能；为了防治腰肌劳损，除加强背肌的训练以外，还应加强腰、腹、背肌的力量、柔韧性练习才更有利于防止脊柱过伸而造成腰部损伤；等等。总之，良好的力量素质和柔韧性素质是防止运动损伤的基础，应循序渐进不间断地加强训练。

（五）加强保护与自我保护的意识培养

运动员的保护和自我保护意识是防止运动损伤的重要措施之一。教练员在平时训练中要加强这方面的教育、培养和练习，使队员在思想上重视保护意识的自我培养，并主动注意加强练习，掌握自我保护的方法。例如：训练比赛中身体重心失去平衡时，身体应立即向前或向后跨出一大步，以维持身体平衡；训练比赛中冲撞摔倒时，应立即低头、屈肘、团身、含胸，以肩背部顺势着地做滚翻动作，而不可以直臂撑地；争顶高空球或踢高空球落地时要先用前脚掌落地并同时屈膝，以增强缓冲作用等。保护意识是在日常训练中逐渐建立的，因此，教练员要注意加强对运动员的保护与自我保护的意识培养。

第三节　足球运动员的营养

在某些运动领域，运动员的膳食遵循传统膳食结构，足球运动便是如此。在要求不是很高时，比赛日可以吃牛排，同时避免饮酒（尽管这种方法有些过时

了）。大体上来说，足球运动员的膳食结构与其他领域的运动员并无不同，运动营养书籍介绍的营养知识也适用于足球运动。从这种角度出发，并不存在专门的足球运动营养，我们在此讨论的是适合真实训练情景及比赛条件的最佳膳食结构。此外，使用替代的营养补充剂（复方药方）并不少见，但是显而易见，这种方法并没有意义。从根本上来说，足球运动并无特殊之处，因为与其他（耐力）运动相比，足球运动能量代谢适中，虽然营养需求结构较为复杂，但是不会因个体状况不同而对其营养摄入有极端要求。因此，不需要为了满足运动员的能量需求而进行营养素补充，即使赛季中比赛频繁时也不需要这样做。

但是，足球运动员的能量需求确实是日益增加的。每日训练一次时，日均能量消耗在1000千卡以上，如果每日训练两次，能量消耗也会加倍。这意味着，一名年轻的、体重75公斤的男性运动员，每日需要消耗3500～4500千卡的热量。足球运动是否会提高运动员的基础代谢率，目前还不清楚，如果运动员的基础代谢率提高，则其能量需求也会提高。从其他运动的迹象来看，这种现象是不可能的。在训练及比赛期间，主要由碳水化合物燃烧供能，脂肪燃烧供能要少得多。为了维持肌肉结构（不仅包括肌纤维、酶组分）的稳定性，必须保证蛋白质（或蛋白质的组成部分——氨基酸）的充足摄入。低钠血症（血液中钠浓度低）较为危险，可由比赛期间饮水过多导致，但在耐力性比赛中相对罕见。低钠血症在足球运动领域很少构成威胁，因为运动员摄入过量水的可能性很小。

如果力量训练会增加肌肉，那么应该适当增加蛋白质的摄入。应该指出的是，一般欧洲中部和西方的饮食都可以满足这一要求，只要摄入量与热量需求一致即可。对于营养素摄入组合而言，普通人群的"健康营养"建议也适用于运动员。

在此，我们给出一条关于水分摄入的实用建议：摄入的水分越多越好。肾功能正常的运动员在日常生活中很难摄入过多的水分，而且在实际生活中，人们的水分摄入通常是不足的。足球运动员在正常的训练日，每日可以安全饮用至少3升的水。

一、赛前营养

鉴于足球运动的动态性，在比赛或训练前3～3.5小时进餐最为合理。只要膳食中不含有过多的脂肪，在这段时间内运动员的胃部就可以完全排空。运动时，完全排空的胃活动性降低，所需供血少，与活动肌肉的竞争下降，此时出现胃痛的可能性也较小。目前,在决定训练或比赛前多长时间进食时,越来越多地以运动员的消化能力为准则。赛前进食的主要目的,一是储存能量物质(如糖原),二是为了在训练或比赛中不会降低运动员的表现水平。

此阶段的饮食最好含有单糖和多糖的组合物,以便维持运动员的血糖水平,又不至于产生强烈的血糖波动(血糖浓度突然增高时,可能引发体内的反馈调节机制)。高脂饮食是不合适的,因为脂肪会在胃里停留很长时间;同样地,柑橘类的水果也不适于在此段时间食用,因为其中的果酸可能会阻碍消化过程。熟香蕉、干点心(奶油蛋糕、马德拉蛋糕)、面包以及市场售卖的能量棒和能量胶耐受性较好,通常比较适合。

比赛期间,运动员主要通过出汗进行温度调节,因此注意体内的水分平衡也是十分重要的。赛前几小时应补充充足的水分,只有在最后的 1~1.5 小时,应注意水分摄入最好不超过每小时 1 品脱(约 0.57 升),以免在比赛过程中产生尿意。当然,具体的时间还应该根据运动员自身的特征确定。在比赛前最后一个小时内,适合的饮品为轻碳酸饮品、果汁汽水(至少按 1∶2 比例稀释的果汁)及运动饮品(不一定是等渗的)等。含有咖啡因的饮品可能具有一定的刺激作用,如果运动员长期在赛前饮用浓缩咖啡或现磨咖啡等,很可能带来一些负面影响(如头痛等)。大体上来说,咖啡因是一种利尿剂,最好的情况下对体内水平衡不起作用,大部分情况下不利于维持水平衡状态。

二、赛中营养

在比赛期间,不管是在间歇时、运动时还是中场休息时,食物的摄取和消化都更为重要。比起固态食物,饮品更适合此阶段,因为饮品在胃里停留的时间短,还可以补充运动时出汗及粗重呼吸(呼出的气体中水蒸气的含量高于吸入体内的含量)造成的水分流失。一般来说,食用少量的固体食物,运动员还是可以耐受的,如市场售卖的能量棒、能量胶、干点心及水果干等。在此阶段,个人经验要比营养科学理论重要得多。

运动过程中必然会有水分流失,从本质上来讲,赛中营养的主要目的就是尽可能补充运动中流失的水分,同时为运动员补充一定量的碳水化合物。期望通过赛中营养补全运动中消耗的营养素是不太现实的,但是通过食物补充一定量的碳水化合物,可以减少肝脏和肌肉的糖原分解。实践得出的经验性规则为饮品的含糖量不宜超过 8%(即 1 升的液体中,碳水化合物含量应少于 80 克)。果汁的含糖量为 10%～12%，因此应根据含糖量适当稀释后再饮用。为了确保液体留在体内，每升饮品中应加入 1～3 克的钠以保证其渗透压。

三、赛后营养

比赛结束后，应注意补充水分、糖类，使机体重新合成糖原，最好在比赛后的最初 2～3 小时内进行补充。应该注意的是酒精可以减慢补充过程（酒精加速液体排出，同时降低肌肉组织吸收碳水化合物的速率）。除此之外，咖啡因也不利于补充水分。因为比赛结束后通常要间隔一段时间才会继续下一次训练或比赛，所以运动员的消化率和胃的充盈状态不再重要。因此，在此阶段，运动员可以充分饮水，也可以吃富含碳水化合物的食物，但仍不应该吃脂肪含量高的食物。出于实际应用角度（在体育馆内准备食物通常比较困难），可以用浓缩食物代替，但是常规食物也是符合要求的。在一场激烈的比赛中，运动员的能量消耗通常也不会高于 1500 千卡，因此符合要求的代替食物还是不难找到的。

第六章 足球运动员的心理训练

第一节 心理训练概述

现代竞技体育竞争日趋激烈,优异运动成绩的创造对运动员的要求越来越高。真正优秀的运动员不仅应当具备出色的身体能力和技战术水平,而且还必须具有良好的心理能力。足球是一项对抗性十分激烈的集体性运动项目,比赛场上运动员不仅要有高超的球技、过硬的身体素质,而且还要有良好的心理状态。在当今世界足坛技战术发展日臻完善的时代,运动员的心理素质已成为世界足坛尤其是中国足球圈内人士普遍关注的焦点。心理素质水平的高低,关键时刻的心理承受能力如何,是检验一个球队是否成熟的重要标志,也是决定胜负的重要砝码。因此,教练员在重视运动员技术训练、身体素质训练的同时,还要重视运动员良好心理素质的培养。

国外心理学家认为,现阶段一些高级足球运动员生理能力的挖掘已接近极限,而最大的潜力就是加强心理素质的训练和培养。因此,要想在训练中提高效率,在比赛中取得优异成绩,必须具备良好的心理状态。良好的心理状态是成功的心理训练的表现。

足球比赛场地大、竞争激烈、对抗性强,在这种条件下,必然给运动员带来各方面的心理品质的考验和影响。在比赛中,先进球一方队员的心理品质和落后一方队员的心理品质是不同的。如果有了良好的心理品质,从而去面对各自的状况,那么会使各队都有一种良好的心理品质按照教练的战术打法始终贯彻下去,使比赛始终在一种完美有节奏的情况下进行。许多世界强队队员的心理品质是很稳定的,都能承受对方所带来的压力,使自己排除杂念,一心一意投入比赛,这样才能使运动员在比赛中良好地运用技术,发挥整体性,从而使队伍的成绩稳定和提高。

第六章 足球运动员的心理训练

一、心理训练的意义和作用

心理训练和身体、技战术及智力训练等构成了现代足球运动训练的基本内容。现代科学研究已证明,运动员在训练和比赛中不仅要承受较大的生理负荷而消耗身体能量,而且也消耗心理能量。如果没有良好的心理训练水平,即使身体、技战术训练水平再好,也难以在比赛中取得优异成绩。因此,如何提高运动员的心理素质,改善其心理机能,是运动训练中必须重视和解决的重要内容之一。

在足球训练和比赛中,运动员面对瞬息万变的形势,不仅要有良好的球感以提高控球能力,而且还要有丰富的战术想象力和高度的注意力。能够审时度势,冷静思考,及时快速地做出判断和采取果断的行动,才能很好地完成训练和比赛任务。而所有这一切能力都需要经过长期的、有计划的心理训练才能获得。通过长期的心理训练,能使运动员学会控制和调节比赛所需要的心理状态,同时还能培养必不可少的果断行为和顽强的意志,使运动员在训练和比赛的极端困难条件下,具有稳定、积极、适宜的心理状态,从而保证训练成果在比赛中表现出来,为创造优异成绩打下良好的基础。

二、心理训练的分类

心理训练分为一般心理训练和准备比赛的心理训练。

(一) 一般心理训练

一般心理训练是指平时经常进行的心理训练,目的在于提高足球参与者完成专项运动所需的心理因素。某些人身体条件较好,但虽经过长时间训练却成绩不佳,这主要是缺乏专项运动所需要的个性心理。所以,一般训练中应注意培养足球运动参与者对专项运动的兴趣,培养其向性格外向、灵活机敏和富于攻击性的方向发展。同时,加强心理训练过程,促进足球运动所需要的心理品质不断完善,包括改善知觉过程,发展注意力,发展记忆、想象、形象思想和发展情绪、意志品质。培养运动员良好心理素质的一般心理训练的内容有如下几个方面:

(1) 提高和完善运动员的运动心理能力。主要有肌肉运动感觉的绝对感受性和差别感受性,包括视野、时空知觉、动作反应速度、动作准确性、注意特征

(注意的稳定性、范围、分配、转移)、运动记忆、运动表象和运动能力、运动思维、感觉的自我监控能力等。

(2)提高运动员的一般智力水平。这是因为现代心理学强调特殊能力(如提高水平的运动竞技能力)是在一般能力基础上发展起来的,即在智力基础上发展起来的。

(3)改善运动员的个性心理特征。主要指运动员的性格、气质、兴趣、动机等方面。心理学家对优秀运动员的个性特征的研究表明,他们的个性特点是:情感高度稳定;性格坚强自信;善于自我监督和自我控制;在训练和比赛的复杂形势下,意志坚强、作风顽强、勇敢而有主动精神。

(4)发展和提高足球专项运动所需要的心理素质。如专门化的知觉(球感、时间感、空间感、节奏感),观察能力(对场上事态、对手意图、战术发展的准确观察和正确预见等),技术和战术的记忆、分析、判断的能力,感觉运动思维的敏捷和灵活性,顽强的意志力和情绪的稳定性。

(二)准备比赛的心理训练

比赛期的心理训练是针对规定的比赛任务进行的,是以完成比赛为目的,激发运动员参加比赛的动机,提高运动员合理和灵活地运用自己的身体能力和技战术意识,并运用心理自我控制调节的技术和手段,形成良好的心理状态和竞技状态,以争取优异的成绩。其目的在于使足球运动参与者学会能在较短时间内进行自我调节心理状态的方法,以便形成最佳的竞技状态。也称为短期的心理训练。

第二节 足球运动员的心理特征及训练方法

一、足球运动员的心理品质的内涵、特点

(一)感知觉

虽然心理学中的感觉和知觉的含义有所不同,但其基本概念都是客观事物在人的头脑中的反映。在足球比赛中,队员的感知觉有哪些呢?主要有球员对球的感知觉,如球的大小、轻重、形状、弹性、软硬、颜色、光滑程度、旋转程度和

身体各部位控制球的运动能力,以及对球在空间运行的速度、高低、方向等变化感知。对球有敏锐感知觉的运动员对上述球感能达到精细分化的程度,在比赛中就能及时、准确、合理巧妙地进行接球、运球过人、传球、射门、头顶球和各种抢截球技术等。球员对同伴和对手在场上的动向,所处的场区、位置,以及本人的距离、角度、方向等有了深刻、准确的感知,就能主动掌握不同场区技战术应用的一般规律。还有就是球员对天气的感知觉,天气主要分为正常天气、大风天、雷电天气、雨天以及高原和寒暑气候等。

(二) 思维

心理学告诉我们,思维是人脑对客观事物的本质特性和事物之间规律性的反映。它是通过分析、比较、综合、抽象、概括等过程来实现。在足球比赛中,队员的思维活动有以下几个特点:

(1) 思维过程的敏捷性。足球比赛是在不间断的运动中进行的,运动员要在一刹那间快速完成技术动作和战术配合。因此,运动员的思维过程也必须在快速、果断中进行。所以,对足球运动员思维的敏捷性要求是非常高的,这一点是现代足球运动员成功的重要心理品质。

(2) 思维过程的准确性。足球比赛双方队员和他们所支配的球,均在不停顿运动和变化中。运动员在正确的观察、判断、做出反应的基础上,进行准确而积极的思维活动。在行动上准确和及时,在技战术运用上准确而合理,为全队取胜奠定基础。

(3) 思维过程的灵活性。足球比赛攻守转换速度快。运动员必须根据情况变化,在不违背和不破坏全队总体作战方案的前提下,独立思考、灵活机动,采取不同方法处理不同情况,不能照搬一成不变的公式解决问题,必须灵活地加以运用。

(4) 思维过程的深刻性。这主要是指运动员在思维过程中能正确预见比赛的进程,善于抓住事物的本质,不被现象甚至假象所迷惑。如果运动员进行深刻的思维、抓住问题的实质,则会处于主动地位。

(5) 思维过程的广阔性。足球比赛场地大,人员多,对抗激烈,战术难度大、变化多。因此,运动员必须全面地观察思考场上双方的攻守情况及两者之间的联系,从而做出正确判断,采取相应措施去战胜对手。

(三) 情绪

心理学中常用"情感"二字，而日常生活中常用"情绪"二字。情感反映的是人对客观事物与人的需要之间的关系。而情绪是人内在感知的外部表现，它是人的心理活动的一种表现。运动员在比赛中的心理状态，常常是情绪变化。如比分暂时领先时的兴奋、比分落后时的急躁、裁判判罚"不公"时的怨恨、对手动作粗野时的愤怒、观众起哄时的激怒、同伴关键时刻失误时的埋怨、场地气候变化时的不安，以及教练员紧张情绪对自己的影响，等等。上述情绪的变化，常常对比赛的胜负起着决定的作用。足球运动员在比赛中的情绪特点，有以下三点：

（1）鲜明而强烈。足球比赛的对抗性、竞争性和积极性是造成运动员情绪鲜明和强烈的直接原因。这就是我们常说的运动员情绪特点与足球运动本身的特点密切联系。如一次命中的射门，运动员的情绪可以达到狂热的程度，又是奔跑，又是相互拥抱等。比赛中一些强烈的刺激物，如同伴、对手的言行，比分的变化，关键时刻裁判员的判决，观众的呼喊声等，会对运动员的情绪产生直接影响。

（2）情绪的易变性。同一种客观需要不仅可以引起不同人的不同情绪，甚至可以使同一个人产生情绪变化。足球比赛情况千变万化，由于各种原因，运动员不该失误的动作失误了，如该射入球门的球而射不中，此时，观众喝倒彩，同伴责备、埋怨，会使积极的情绪变为消极的情绪。又如，在比赛的关键时刻，裁判员出现了错判，运动员可能因愤怒的情绪而不服从裁判的判决。但理智感告诫运动员要服从裁判的判决，这由消极情绪变为积极情绪。可见，情绪是可以改变的，也是可以控制的。

（3）情绪的多样性。当本队实力强，比赛有取胜的可能时，运动员常常出现轻松愉快的情绪。当实力相差悬殊，毫无取胜希望时，运动员常常会出现泄气、毫无紧张的情绪。当实力相当，比赛呈拉锯战时，胜负难以断言，既有胜利的希望又有失败的可能时，运动员常常表现出强烈的兴奋，并伴有异常紧张的情绪。同样，当运动员成功地完成一系列意想不到的高难度动作时，会有满意而愉快的情绪。反之，运动员遇到挫折与失败时，会有焦急、烦躁、痛苦的情绪等。可见，运动员的情绪表现是多种多样的，只有稳定的情绪，才能使技战术水平正常发挥。

（四）意志

它是人自觉地确定目的，根据目的而支配、调节自己的行动，克服各种困难，从而达到实现目的的心理过程。意志品质在哲学中称为主观能动性。意志与一个人的认识和情绪是密不可分的，它们是相互影响、相互促进的。意志因素主要包括自觉性、果断性、勇敢性、自制性、顽强性和自信心。

（1）自觉性。它是指运动员有目的地、有意识地自觉行动的一种意识。目的分为当前的、近期的和长远的。对一切足球比赛要达到的目的，教练员必须明确指出，而且要符合队员特点，符合双方的实际情况，符合长远的整体目的。动机是激励人们去行动，以达到一定目的的内在原因。当动机的社会价值越大，目的则越明确，队员在比赛中越能自觉地行动，经过努力克服一切困难去实现自己的目的。

（2）果断性。它是指一个运动员能适时地采取决定，并执行此决定。果断性对足球运动员尤为重要，在比赛中运动员对变化莫测的情况，完全靠自己独立处理、解决。如射门良机出现时，我们常看到有些队员脚下却长时间带球，而错失良机。我们要求运动员在临阵中运用技战术时，要当机立断，果断行动。

（3）勇敢性。为了达到一定的目的，运动员遇到危险时，毫不恐惧而坚决行动称为勇敢。有人根据足球运动的特点，把它称为"一项勇敢者的运动"。可见，勇敢这一心理品质在足球比赛中是十分重要的。如跃起争顶空中球、倒地铲球、倒挂金钩与对手贴身争夺、冲撞等，均能表现出一个运动员的勇敢品质。

（4）自制性。它是指运动员善于控制自己的情绪、约束自己的言行，又称为自控能力。一个自制性很强的运动员不仅能全力以赴克服各种困难去完成既定的战术方案，而且能以积极的情绪对待各种不利的外界因素的干扰与场上场下的一切情况。相反，有些运动员却做不到这一点，结果不仅个人技能施展不出来，还会使全队受影响，甚至导致较坏的政治影响。所以，运动员尤其不能忽略自制性这一心理品质。

（5）顽强性。它是指运动员为达到既定的目的而坚持不懈地克服困难去行动的一种精神。在足球比赛中，时时刻刻都能表现出这一心理品质。如在伤病情况下的坚持上阵，在身体疲劳和体力下降时的咬牙坚持，在比分落后时的顽强拼搏。如在1999年欧冠决赛中，在90分钟内拜仁慕尼黑以1比0领先曼联队，在短短的伤停补时阶段，曼联队以顽强的斗志把比分扳平并反超，最终以2比1奠定胜局，从而完成"三冠王"的伟业。曼联队就是靠着这一心理品质使自己走向辉煌的。

（6）自信心。它是指一个人确信自己能完成预定的动作，并能达到预定的目的。在足球比赛中，信心是取胜的重要因素之一。实践经验告诉我们，运动员一个技术动作的成功，一个战术配合的成功，一场比赛中的取胜，大都与运动员充满了自信心有关。自信心在足球比赛中表现为：在自己动作失误，和同伴的配合一时不得手，全队暂时处于被动、比分落后的情况下，对自己、同伴仍充满信心，坚信大家能取得最终的胜利。

二、足球运动员心理素质的表现

（一）集中力、注意力、准确性

运动员必须知道如何在恰当的时间处理正确的信息，要有能力使自己精神集中并保持注意力。运动员还需要长时间保持注意力集中，避免出现华而不实的技术失误。

（二）抵抗压力

运动员必须具备适应一切周围环境的能力，要在激烈的比赛中依然保持最佳状态，而且要学会如何排除恐惧和控制自己的情绪。

（三）心理耐受力

运动员应能够不断努力，并能竭尽全力，要果断、顽强和坚韧。面对失败也要坚定不移，克服疲劳，必须超越自我。

（四）动机的提升，个人成就

运动员需要具备成功的决心和牺牲精神，一定要对比赛充满激情。运动员的竞技表现一定要充分体现他的竞技潜力。

（五）自我控制

运动员必须以正确的方式处理对方球员的挑衅，在比赛困境中要自我克制。运动员需具备根据比赛中比分变化而随机应变的能力，而且必须能够自我解脱。

（六）攻击性

运动员在对抗中应表现出技能和力量，必须具有坚强的意志品质，通过比赛中的跑动或其他行为表现出来，而且要富有拼搏精神，勇猛顽强。

（七）竞争欲

运动员需要具有超越自我的能力，即战斗欲。要具备强烈的求胜欲，在比赛中应有占据上风的强烈欲望，更应该表现出求战欲。

（八）自信心

运动员要具备战胜一切的信心，时刻保持头脑的清醒，清楚自己的价值，必须要有强烈的自尊心。

（九）冒险精神

运动员要发挥想象力、创造力和自动自发能力，具备摆脱困境的能力并敢于尝试。

（十）集体精神

运动员要排除任何利己的态度，要有奉献精神，始终坚持团队利益第一。运动员要表现出合作精神和集体精神，并懂得与队友交流沟通。

（十一）力求上进

运动员要具备求知欲，永远不要满足于现状，要勇于挑战自我极限，要致力于弥补自己的缺点，懂得自我提问，自我发现问题。

三、心理品质的训练和培养

（一）意志品质的训练

（1）意志品质的训练。主要是发展自我控制的能力，增强比赛时的抗干扰能力，培养勇敢、顽强、坚毅的品质。意志品质包括自觉性、果断性、勇敢性、自制性等品质。提高这些品质具体的训练方法有：克服困难的训练，采用说服的方法，用榜样和言辞影响，自我命令的方法。有意识地逐步增加困难程度，要求运动员克服。如采用"三打二""四打五"等人数不等的比赛，在不利的气候条件下坚持进行训练、比赛，以磨炼运动员的意志。在意志品质的训练中应有一个循序渐进的过程，通过逐步改变负荷，改变练习的难易程度、要求的高低来进行。特别是训练应保持一定的运动负荷，同时，应注意正确的引导和说服教育。

（2）果断性的训练。主要采用在训练中有意识地设置一些复杂的条件，要求运动员迅速果断做出选择，培养当机立断的品质。训练主要是结合技战术训练和比赛来进行。

（3）自制性的训练。自制能力是足球运动员的重要品质之一。在遇到挫折、困难的情况下，能克服外界干扰，保持稳定的情绪，才能充分发挥水平。在训练中主要采用自我鼓励、自我命令、自我说服等方法，使运动员养成自我控制的习惯。

（二）认知心理品质的训练

（1）专项感知觉的训练。足球的专项感知觉，包括对人、球、场地等情况的空间知觉、时间知觉、运动知觉以及视觉、球感等感知觉。以上感知觉是技术动作形成和发展的重要因素。在训练中应由易到难，要求运动员在准确完成技术动作的同时体会正确动作。如用不同大小和不同重量的篮球或排球进行颠球或传接球的练习，提高对球的感觉，使"球感"能达到精细分化的程度。专项的感知觉的训练方法很多，在技战术训练中都可以进行，但关键是明确训练的要求、任务。

（2）注意品质的训练。注意品质包括注意的广度、注意的集中、注意的分配及稳定。不同的注意品质应有针对性地加以训练，如注意的广度的训练可以采用集中圈内运球，同时喊出教练员手示意的数，要求队员运球时随时躲避其他队员且必须同时观察教练员的位置和手势。

（3）思维判断的训练。对队员的思维的训练主要在战术训练中通过练习—提问—讲解—练习—讨论分析的过程来提高队员的战术思维的敏捷性。再有通过观摩高水平比赛、录像，通过对各种典型战例等的讨论分析来提高队员的思维能力。

（三）心理调节能力的训练

心理调节能力的训练主要通过向队员传授一些方法、手段，培养队员的自我

心理调节能力,使队员在一些不利的条件下,养成自我调节心理状况的习惯,为以最佳的心理状态参赛做好准备。一般的训练方法有:

(1) 呼吸调整法。即将吸气时肌肉的紧张和呼气时肌肉的放松结合起来,通过这种紧张、放松交替的呼吸来调整心理状态,消除紧张情绪。

(2) 自我暗示。通过自我说服、自我命令,对自己的心理施加影响。自我暗示也可以通过自我调整,或者是自己不去想对手的实力以及可能出现的结果,而专心于自己的技术动作等方法来调整紧张情绪。还可以用一些"我会在比赛中发挥得正常""我必须沉着、镇静"等语言来默念进行自我暗示。

(3) 放松的调节。可以让队员放松地躺在地上,心里想象双手开始发热,热量依次沿手臂、上肢、胸、腰、下肢、脚传递,感觉全身肌肉下沉并配合有节奏的深呼吸来放松自我,克服紧张情绪。

第三节　足球比赛的心理状态

当参加比赛的时候,对于运动员来讲,调节自我的心理状态对自身在比赛中的竞技能力的发挥及对比赛的胜负有着直接的关系。

一、比赛前的心理状态

在比赛开始前,运动员在技战术和体能上一般不会有太大的变化,参与比赛的动机和态度多表现为多种多样或大起大落。所以,要了解运动员赛前的心理状态,及时做好赛前的心理准备。

一般在赛前,运动员的心理状态大致有四类:赛前过度兴奋状态、赛前淡漠状态、赛前盲目自信状态、战斗准备状态。

(一) 赛前过度兴奋状态

这种状态的表现大多为过早兴奋或过度兴奋。有的人是离比赛还有好几天就进入了竞赛状态,而这样过早的兴奋,必然过多地消耗心理能量,到了真正比赛反而筋疲力尽了。还有的参赛者是临赛前情绪过度兴奋,坐立不安,心率和呼吸加快,注意力不集中,听不进教练员的指导,记忆力减退,等等。运动员在过度兴奋的状态下去比赛，往往会造成动作失常。这些现象往往在临赛前出现，到比赛结束时就自动消失。

（二）赛前淡漠状态

这种状态表现为情绪低落、四肢无力、反应迟钝、动作怠慢、意志消沉、缺乏信心，以致不想参加比赛等。在这种状态下参加比赛，运动成绩必然下降。

（三）赛前盲目自信状态

这种状态表现为外表看起来很兴奋，有时好像也很沉着，但内心比较空虚，对比赛的困难和复杂性估计不足，过高地估计自己的力量。参赛者大都表现为浮躁，不愿冷静地思考问题，总相信能轻易取胜或侥幸成功，对面临的困难抱着消极或轻视的态度，不动员自己的全部力量去克服。这样的参赛者在比赛中一旦遇到挫折，情绪就会一落千丈，束手无策，场上出现急躁情绪，以致形成恶性循环，最后造成比赛的连锁性失败。这种赛前盲目自信状态一般出现在一些连续取胜之后思想麻痹，过高地估计自己，赛前心理准备不足的人身上。

（四）战斗准备状态

这种状态也称为"最佳竞技状态"，是最适宜于比赛的情绪状态。能形成这种状态的运动员一般都有正确的比赛动机和良好的比赛态度，对比赛任务有清楚的理解。最佳竞技状态的表现有如下一些特点：

（1）比赛前和比赛中都始终感到全身轻松，肌肉协调、不发紧、不颤抖，感觉有力。心情愉快，既兴奋又镇静，无论在任何复杂的情况下都能沉着冷静分析形势，处理问题或遇到困难挫折不急躁、不恼火。在比赛的关键时刻，能保持头脑清醒去夺取最后的胜利，在风云变幻的比赛场上，心理上能做到乱中求静，行为上能做到动中求稳。总是以积极的内心想象占据自己的头脑，相信自己的能力一定能发挥出来。

（2）最佳竞技状态的形成是长期训练的结果。它是以坚强的意志，坚定的信心，对比赛的高度责任感及良好的心理素质为基础的。只有通过系统的心理训练和充分做好赛前心理准备，及时地克服各种心理障碍，全面提高运动员的心理能力，才能更好地达到赛前最佳竞技状态。

二、赛前心理状态的调整

影响赛前心理状态的因素是多样的，而且赛前心理状态也是运动变化着的，呈现不同的水平。因此，赛前心理状态的调整也必须全面考虑，抓住重点，综合调适。

(1) 要让运动员学习和知道赛前心理状态有哪些可能性，进入比赛期间可能会出现何种心理变化，这样才能做到"有的放矢"。

(2) 引导和帮助运动员从以下几个方面做好准备工作：

1) 明确比赛任务，激发良好的比赛动机。只有具有正确而强烈的比赛动机，渴望参加比赛，参赛者才能自觉地、积极地动员机体最大的潜力投入比赛。

2) 增强取胜的信心。教练员应帮助运动员充分认识自己的优势和平时训练的基础，通过激励、动员、进行过去成功体验的意象演习或用激励性的语言进行暗示等，形成最佳的情绪状态。适宜的情绪能更好地发挥大脑皮层神经系统的调节支配机能，以保证比赛的顺利进行。

3) 提高战斗意志，增强竞争心和进取心。赛前要使运动员逐渐处于一种跃跃欲试，敢与对手比高低的竞争状态，形成高昂的士气和不怕任何困难的战斗意志。

4) 建立赛前程序，并使之习惯化。教会运动员掌握一些简易的自我调节心理状态的方法。在比赛中一旦出现意外情况或受到干扰，就可动用这些方法来缓解紧张情绪，稳定心理状态。

因此，我们必须加强身体的训练，尤其要发展好大脑这个物质基础，保证运动系统灵活而有韧性，使机能系统运转自如。在此基础上加上娴熟的技艺，才能在多变的赛场风云中保证动作自如、行为有序、有条不紊。

三、赛中的心理调节

(一) 情绪控制是比赛中心理控制的核心

由于运动员在比赛的过程中情绪的体验最为深刻，其变化也最激烈，来自内部和外部环境的各种刺激都会使运动员增强信心，而过高的成绩期望、观众的注视、裁判员的误判等，也会造成运动员消极的情绪体验。因此，要形成运动员的最佳情绪状态,重视培养运动员的抗干扰能力和自我控制能力,以保证有稳定的情绪参加比赛。

(二) 影响运动员比赛情绪的因素分析及对策

运动员情绪与运动员的生理、生化机制有密切关系,为三种因素所制约,即环境影响(刺激因素)、生理状态(生理因素)、认知过程(认知因素)。其中,认知因素起关键作用。

(1) 刺激因素的影响及其控制。刺激因素主要是通过人的感官从外部获得的各种信息。如比赛环境、观众、对手表现等,往往直接影响运动员情绪。为克服刺激因素的不良影响,最根本的措施是提高运动员的抗干扰能力,适当采取信息回避和信息转移等措施,以减少不利因素的干扰。

(2) 生理因素的影响及其控制。生理因素主要是指有机体内部生理过程的活动状态,植物性神经系统的机能水平,内环境的平稳状态及骨骼肌的紧张度等。对此主要应采取心理调节及心理治疗中的自我训练法、精神放松法、催眠等方法来阻止生理因素对情绪的干扰和影响。

(3) 认知因素的影响及其控制。认知因素是来自大脑中枢的各种信息,包括对过去经验的回忆,如过去失败的阴影的重现,以及对未来结果的想象预测都对情绪有深刻影响。因此,要防止认知因素的不良影响,必须建立正确的思维定势和程序,采取积极的自我暗示,进行自我鼓励、自我安慰是达到自我控制情绪的有效途径。

四、比赛后的心理调整

(一) 赛后心理调整的必要性

由于运动员把所有的体力和技能投入比赛,全力以赴夺取比赛胜利。而比赛的成功与否必然伴随着运动员积极和消极的情感体验。比赛中精神越集中,心理的作用就越大;而比赛结束后,心理也不容易立即恢复到平静状态。从运动心理调整的观点出发,认知分析和关心运动员的心理状态,采取心理调节措施以克服比赛中的心理紧张状态,使运动员迅速恢复到平时安定的心理稳定状态,以保证运动员的心理健康。

（二）赛后心理状态分析

一般来说，无论比赛是胜利或失败，其情绪体验都有积极和消极两个方面。

（1）比赛成功者的心理状态。比赛成功者的积极情绪体验为，对胜利充满自信心，对所获得的成绩产生一种满足感，并期望继续参加比赛，不断夺取更好的成绩。比赛成功者的消极情绪体验为，骄傲自满，对自己估计过高，看不到自己的缺点和不足，对今后的训练和比赛漠不关心，不愿付出更大的努力。

（2）比赛失败者的心理状态。比赛失败者的积极情绪体验为，发现了自己的缺点，并决心设法克服它，渴望更快地提高技术水平，进行更加科学的训练，争取下次比赛的胜利，挽回比赛失利的影响。比赛失败者的消极情绪体验为，情绪消沉，怨天尤人，丧失信心，把失败归咎于客观原因，委屈失望，对周围队友及该项运动不感兴趣，甚至想停止训练和比赛。

（三）赛后心理状态的调整

（1）新的自我表象的形成。运动员比赛后心理调整的主要课题是形成新的自我表象。表现为胜不骄、败不馁，要看到自己既有长处又有不足。要不脱离现实地去追求自己的理想，正视自己的现实。

（2）比赛后适当安排积极性休息，采取转移注意力、自我暗示、放松训练等措施来调节精神状态。主要可利用运动员的业余爱好，丰富其业余生活来转移精神紧张，以此达到积极拓展的目的。

第四节　足球心理训练的具体方法

一、放松训练

理想的放松训练可以降低中枢神经系统的兴奋性，帮助运动员解除紧张情绪，避免过多的能量消耗，还可以消除赛后焦虑，改进睡眠，促进机体恢复。放松训练的方法有：

（1）呼吸放松法。通过呼吸调节达到身心的放松。

（2）肌肉放松法。可以从上肢开始逐渐过渡到头部、颈部、肩部、腹部、背部、髋部、大腿与小腿。

(3) 想象放松法。通过听轻松的音乐，想象一个安静祥和的意境，降低大脑的兴奋性，使心率趋于平缓，使紧张、焦虑、疲劳等感觉消失而自感轻松、宁静并且富有生气。

二、自我暗示法

自我暗示法就是以自己的语调思想对自己的心理施加影响，以便调整自己的心理状态，使其达到适宜的程度。从控制论上说，就是通过暗示，排除各种不良因素的干扰，有效地控制自己的情绪，从而保证正常的比赛训练。

三、念动训练法

念动训练也称动作表象训练，是运动员有意识、有次序地在脑中重复再现原已成形的运动动作表象。当运动员有意识地重复演练动作表象训练时，由于过去训练过程产生的动作与意识的联系逐步定型，当意识进行表象训练时，相应的运动器官会产生肌肉电位活动，这种训练有助于强化动作的定型，有利于运动记忆。在赛前进行技术或战术配合的表象体验能够有效地起到对运动器官进行动员的作用，使运动员较好地完成技术动作和战术行动。

四、集中注意力训练

集中注意力是坚持全神贯注于一个确定目标，不为其他念头或干扰所分散的一种能力。这种能力一般包含四个方面：意愿的强度、意愿的延长、注意力集中的强度和注意力集中的延长。注意力集中的强度依赖于精神机能。因此，集中注意力的训练是一个综合的努力过程。一般从以下几个方面来加以训练：对所从事的活动要有强烈的兴趣；在日常生活中养成办事有头有尾、不见异思迁的习惯；练习视觉守点、听觉守音的能力；在比赛中进入忘我状态，将注意力集中于如何敏捷地做动作；消除担心害怕心理，避免情绪波动。

五、模拟训练（脱敏训练）

这是将训练安排在与比赛条件相似的环境下进行的一种训练方法。能使运动员逐步适应比赛的特殊环境，有利于提高临场的表演效能及比赛水平。模拟时要在生理、心理、环境等各方面尽量做到与实战相似。有两种模拟方法：一种是实战实景模拟；另一种是通过语言、图片、录像、电影等进行模拟。经过模拟训练后，有利于技战术从训练场转移到比赛场。

六、生理反馈训练

这是一种可以通过灵敏的电子仪器的声光显示来识别自身生理功能信息变化的方向，进而把这种生理变化和自己的感知觉联系起来，逐步学会在某种程度上调节自己的生理功能并向有利方向变化的训练方法。用这种方法可使运动员学会调节肌电变化方向，使肌肉放松到理想状态，也可调节心率、血压，改善情绪状态。

第七章 足球竞赛规则及足球欣赏

第一节 足球竞赛规则与裁判法

一、11人制足球竞赛规则及裁判法

(一) 比赛场地

1. 场地表面

(1) 比赛场地必须为全天然草皮。若竞赛规程允许,可使用全人造草皮。此外,如果竞赛规程允许,可使用人造和天然结合材料制成的整体草皮(混合系统)。

(2) 人造草皮场地的表面必须为绿色。

(3) 除国际足球理事会特许外,在国际足联所属的国家协会代表队之间、国际俱乐部之间比赛中使用的人造草皮场地,必须达到《国际足联足球场地质量项目》或《国际比赛标准》的要求。

2. 场地标识(见图7-1)

(1) 比赛场地形状必须为长方形,而且由不具危险性的连续标线标示。不具危险性的人造草皮材料可作为天然草皮场地的标记使用。这些标线作为边界线是其所标示区域的一部分。

(2) 只有在比赛场地规则中提及的标线可以标画在比赛场地内。

(3) 两条较长的边界线为边线,两条较短的边界线为球门线。

(4) 比赛场地由一条连接两侧边线中点的中线划分为两个半场。

(5) 中线的中心位置为中点。以中点为圆心画一个半径为9.15米的圆圈。

(6) 可在比赛场地外,距角球弧9.15米处,分别做垂直于球门线和边线的

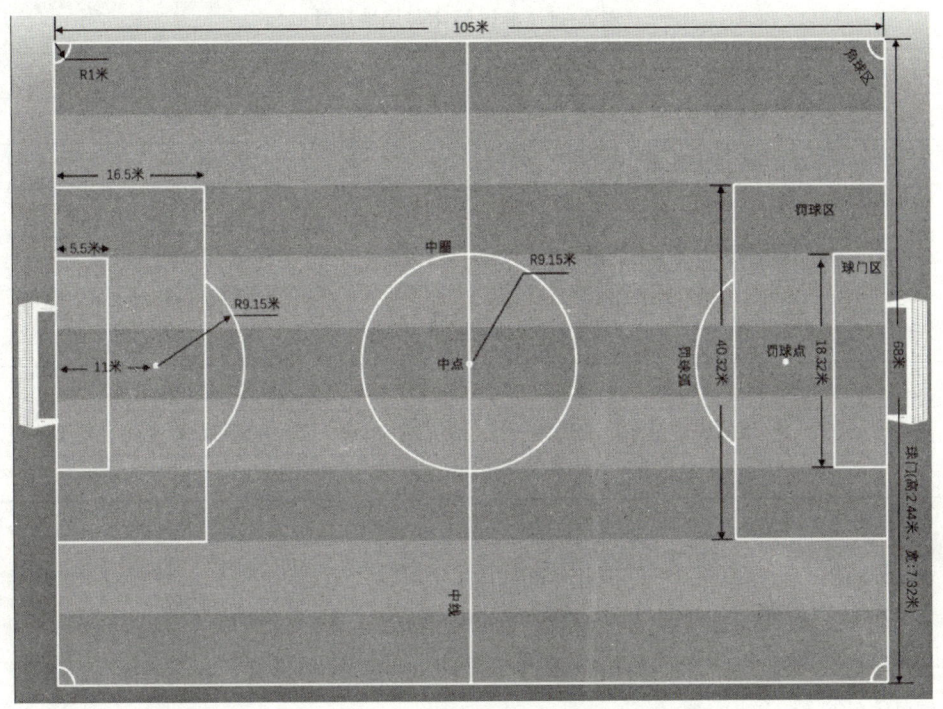

图7-1　11人制足球场尺寸

标记。

(7) 所有标线宽度必须一致，且不得超过12厘米。球门线、球门柱和横梁的宽度必须一致。

(8) 允许其他标线出现在人造草皮的场地上，但其颜色必须有别于足球比赛场地使用的标线，且区分明显。

(9) 在比赛场地内制造未经许可标记的队员，必须以非体育行为予以警告。如果裁判员在比赛进行中发现此类情况，则在随后比赛停止时警告相关队员。

3. 非国际比赛场地尺寸

边线必须长于球门线。竞赛方可以在以下尺寸范围内规定球门线和边线的长度。(见表7-1)

表7-1 非国际比赛场地尺寸

长度（边线）	宽度（边线）
最短 90 米	最短 45 米
最长 120 米	最长 90 米

4. 国际比赛场地尺寸（见表 7-2）

表7-2 国际比赛场地尺寸

长度（边线）	宽度（边线）
最短 100 米	最短 64 米
最长 110 米	最长 75 米

5. 球门区

从距两根球门柱内侧 5.5 米处，画两条垂直于球门线的标线。这两条标线向比赛场地内延伸 5.5 米，与一条平行于球门线的标线相连接。由这些标线和球门线刚成的区域是球门区。

6. 罚球区

（1）从距两根球门柱内侧 16.5 米处，画两条垂直于球门线的标线。这两条标线向比赛场地内延伸 16.5 米，与一条平行于球门线的标线相连接。由这些标线和球门线同成的区域是罚球区。

（2）在每个罚球区内，距两根球门柱之间的中点 11 米处，设置一个罚球点。

（3）在每个罚球区外，以罚球点为圆心，画一段半径为 9.15 米的圆弧。

7. 角球区

在比赛场地内，以各角旗杆为圆心，画一半径为 1 米的四分之一圆，这部分区域为角球区。

8. 旗杆

必须在比赛场地各角竖立高度不低于 1.5 米的平顶旗杆。可在中线两端、边线外不少于 1 米处竖立旗杆。

9. 技术区域

技术区域是指设在场地内，与比赛相关，供球队官员和替补队员使用的有座席的区域，描述如下：

(1) 技术区域仅可从座席区域两侧向外扩展 1 米，向前扩展到距边线至少 1 米。

(2) 应用标线标示出该区域。

(3) 允许占用技术区域的人员数量由竞赛规程决定。

(4) 占用技术区域的人员遵守以下规则。

1) 需依据竞赛规程，在比赛开始前审核确认。

2) 举止必须得当。

3) 必须留在限定区域内。除特殊情况外，如理疗师/医生经裁判员许可后进入比赛场地内查看受伤队员伤情。

(5) 同一时刻仅允许 1 人在技术区域内进行战术指导。

10. 球门

(1) 必须在两条球门线的中央，各放置一个球门。

(2) 球门由两根距角旗杆等距离的直立球门柱和一根连接球门柱顶部的水平横梁组成。球门柱和横梁必须由经批准的材料制成。其形状必须为正方形、矩形、圆形或椭圆形，且不具危险性。

(3) 两根球门柱内侧之间的距离为 7.32 米，从横梁下沿至地面的距离为 2.44 米。

(4) 球门柱与球门线的位置关系必须符合图 7-1 所示。

(5) 球门柱和横梁颜色必须为白色，且宽度和厚度必须一致，不得超过 12 厘米。

(6) 如果横梁移位或折损，则停止比赛直至横梁修复或归位。如果无法修复，则必须中止比赛。不得用绳、任何弹性或危险性材料代替横梁使用。比赛以坠球方式恢复。

(7) 球门网可系在球门和球门后的地面上，并且必须适当撑开，不得影响守门员的活动。

(8) 球门（包括可移动式球门）必须牢固地固定在地面上。

11. 球门线技术（GLT）

(1) 球门线技术系统可以用于帮助裁判员判定进球与否。

(2) 若比赛中使用球门线技术，则允许对球门框架进行改造，但需遵循《国际足联球门线技术质量项目》和《足球竞赛规则》的具体要求。如果使用球门线技术，必须在竞赛规程中注明。

(3) 球门线技术原则。

1）球门线技术仅用于在球门线上判定进球与否。

2）有关进球与否的提示信号，必须在 1 秒钟内由球门线技术系统即时自动确认，该信息仅可传送给比赛官员（通过裁判员手表的震动和可视信号）。

（4）球门线技术规定及要求。

如果在比赛中使用球门线技术，竞赛组织方必须确保该系统符合如下任一标准：国际足联专业品质、国际足联品质、国际比赛标准。

（5）独立测试机构必须按照测试手册的要求，检测不同技术提供方系统的准确性和功能性。如果该技术未能达到测试手册要求的功能，则裁判员不得使用该球门线技术系统，且必须向相关机构报告。

（6）使用球门线技术时，裁判员必须在赛前按照《国际足联质量项目——球门线技术测试手册》的要求，对该技术的功能进行测试。

12. 商业广告

（1）从球队进入比赛场地起至上半场结束离开，下半场重新进入比赛场地至比赛结束，任何形式的商业广告，无论是实体的还是虚拟的，都不允许出现在比赛场地内、球门网围合区域内的地面上，以及技术区域，或在场地边界线外 1 米以内的地面上。同样，广告也不得出现在球门、球门网、旗杆或旗杆的旗帜上，也不可将外部设备（如照相机、麦克风等）附着在这些场地器材上。

（2）此外，直立的广告必须：

1）距离比赛场地边线至少 1 米。

2）距离球门线的距离至少等同于球门网的纵深。

3）距球门网至少 1 米。

13. 标志和图案

在比赛进行期间，国际足联、洲际足球联合会、国家足球协会、竞赛方、俱乐部，以及其他机构的代表性标志或图案的复制品，无论是实体还是虚拟形式，都禁止出现在比赛场地内、球门网及其围合区域、球门和旗杆上，但可出现在旗杆的旗帜上。

（二）球

1. 质量与测量

（1）所有比赛用球必须：

1）是球形。

2）由合适的材料制成。

第七章 足球竞赛规则及足球欣赏

3）周长为68厘米至70厘米。

4）重量在比赛开始时为410克至450克。

5）气压处于0.6～1.1个海平面（标准）大气压力（600～1100克/平方厘米、8.5～15.6磅/平方英寸）。

（2）由国际足联、洲际足球联合会主办的正式赛事中，使用的所有比赛用球必须印有如下标志之一：国际足联专业品质、国际足联品质、国际比赛标准。

（3）此前印有"国际足联批准""国际足联监制"或"国际比赛用球标准"标志的球，仍可用于上述赛事直至2017年7月31日。

（4）印有这些标志即表明该球已通过官方测试，符合与标志相对应的具体技术规定。这些标志是本章对比赛用球最低要求的补充，其使用也必须得到国际足球理事会批准。相关的检测机构也要得到国际足联的认证。

（5）在使用球门线技术（GLT）时，含有集成技术的比赛用球必须印有上述三种标志之一。

（6）国家足球协会的赛事可以要求使用印有这些标志之一的比赛用球。

（7）在由国际足联、洲际足球联合会或国家足球协会主办的正式比赛中，除赛事标志和图案、赛事组织方和授权制造商商标外，任何形式的商业广告均不允许出现在比赛用球上。竞赛规程可限定这些标识的大小和数量。

2. 坏球的更换

（1）如果比赛用球出现破损：

1）停止比赛。

2）用更换的比赛用球在原球出现破损处以坠球恢复比赛。

（2）如果比赛用球在开球、球门球、角球、任意球、罚球点球或掷界外球时出现破损，则以重新执行的方式恢复比赛。

（3）如果比赛用球在罚球点球或点球决胜期间，在被踢出并向前移动后，触及队员、横梁或球门柱之前出现破损，则重罚该球点球。

（4）在比赛中未经裁判员许可，不得更换比赛用球。

3. 其他比赛用球

符合比赛规定的其他比赛用球可放置在比赛场地周围，在裁判员管理下使用。

(三)队员

1. 场上队员人数

(1)一场比赛由两队参加,每队最多可有11名上场队员,其中1名必须为守门员。如果任何一队场上队员人数少于7人,则比赛不得开始或继续。

(2)如果某队因1名或多名场上队员故意离开比赛场地,而造成队员人数少于7人,则裁判员不必停止比赛,可继续比赛,但随后比赛停止时,如果某队场上队员人数仍不足7人,则比赛不得恢复。

(3)如果竞赛规程规定,在比赛开始前必须提交所有上场队员和替补队员名单,而一队以不足11名上场队员的情况开始比赛,则只有在提交名单内的上场队员和替补队员可在到达赛场后参加比赛。

2. 替换人数

(1)正式赛事。

1)国际足联、各洲际足球联合会或各国足球协会可决定在其正式赛事中可使用的替补队员人数,但最多不能超过5次替换。涉及顶级联赛球队一队及国家队A队的男、女子赛事最多可进行3次替换。

2)竞赛规程必须明确可提名的替补队员人数,从3名到最多不超过12名。

(2)其他比赛。

1)在国际足联A级比赛中,每队最多可使用6名替补队员。

2)其他所有比赛,遵从如下规定即可增加替换人数:

a. 双方球队就替换人数上限达成一致。

b. 比赛开始前告知裁判员。

(3)如果赛前未告知裁判员、双方球队未达成一致,则每队最多可使用6名替补队员。

(4)返场替换(已替换下场的队员重新上场比赛):返场替换仅允许在青少年、年长人士、残障人士,以及草根足球比赛中使用,前提是得到国家足球协会、洲际足球联合会或国际足联许可。

3. 替换程序

(1)替补队员名单必须在赛前向裁判员提交。任何未在此阶段提交名单内的替补队员不得参加该场比赛。

(2)替补队员替换场上队员时,必须遵从如下规定:

1)替换前必须通知裁判员。

2）被替换的队员经裁判员许可离开比赛场地，除非他已在比赛场地外。

3）被替换的队员不必经中线离开比赛场地。除非允许返场替换，否则他不得再次参加该场比赛。

4）如果被替换的队员拒绝离开比赛场地，则比赛继续。

（3）替补队员遵从如下规定方可进入比赛场地：

1）在比赛停止时。

2）从中线处。

3）被替换的队员已离开比赛场地。

4）在得到裁判员信号后。

（4）当替补队员进入比赛场地，替换程序即视为完成。从此时起，被替换的队员成为已替换下场的队员，替补队员成为场上队员并可执行任一恢复比赛的程序。

（5）所有已替换下场的队员和替补队员，无论其是否上场参赛，裁判员均可对其行使职权。

4. 更换守门员

任何场上队员都可与守门员互换位置：

（1）互换位置前告知裁判员。

（2）在比赛停止时互换位置。

5. 违规与处罚

（1）如果一名被提名的替补队员在未告知裁判员的情况下，取代被提名的上场队员开始比赛：

1）裁判员允许该名替补队员继续比赛。

2）不必对该名替补队员执行纪律处罚。

3）原先被提名的上场队员视为被提名的替补队员。

4）替换人数不做削减。

5）裁判员向相关机构报告此事件。

（2）如果在中场休息或加时赛开始前要进行队员替换，替换程序必须在比赛恢复前完成。如未告知裁判员，则提名的替补队员可以继续参加比赛，不执行纪律处罚，此事件应报告给相关机构。

（3）如果一名场上队员未经裁判员允许与守门员互换位置，裁判员：

1）允许比赛继续。

2）在随后比赛停止时警告这两名队员。如果在中场休息（包括加时赛的中场休息）或比赛结束后、加时赛和/或点球决胜开始前互换位置，则无需警告。

3）对于其他任何违反本章条文的情况：

a. 警告相关队员。

b. 在比赛停止时球所在地点，以间接任意球恢复比赛。

6. 场上队员和替补队员被罚令出场

（1）上场队员被罚令出场：

1）在球队名单提交前被罚令出场，不得以任何身份列入球队名单内。

2）在提交球队名单后，比赛开始前被罚令出场，可由被提名的替补队员取代，替补队员名单不得增补，球队的替换人数不做削减。

3）在比赛开始后被罚令出场，不得被替换。

（2）被提名的替补队员在比赛开始前或比赛开始后被罚令出场，替补队员名单均不得增补。

7. 比赛场地内多出的人员

（1）列入球队名单的教练员和其他官员（上场队员和替补队员除外）视为球队官员。除球队名单内的上场队员、替补队员以及球队官员外，其他任何人员视为场外因素。

（2）如果球队官员、替补队员、已替换下场或被罚令出场的队员，以及场外因素进入比赛场地内，裁判员必须：

1）当存在干扰比赛的情况才可停止比赛。

2）在比赛停止时，责令无关人员离开比赛场地。

3）采取相应的纪律措施。

（3）如果比赛停止是由如下干扰造成：

1）球队官员、替补队员、已替换下场或被罚令出场的队员，则以直接任意球或球点球恢复比赛。

2）场外因素，则以坠球恢复比赛。

（4）如果球将要进门时，干扰因素没有阻止防守队员处理球，随后球进门，则进球有效（即便干扰因素与球发生接触），除非球进入对方球门。

8. 比赛场地外的队员

（1）一名场上队员需经裁判员许可方可返场，但未经许可即进入比赛场地内，裁判员必须：

1）停止比赛（如果该队员未干扰比赛或比赛官员，或者出现可掌握有利的情况时，不必立即停止比赛）。

2）以未经允许进入比赛场地为由警告该名队员。

3）如果裁判员停止比赛，比赛必须恢复。

4）在该队员干扰比赛的地点以直接任意球恢复。

5）如果该队员没有干扰比赛，则在比赛停止时球所在的地点以间接任意球恢复。

（2）场上队员在正常比赛移动中越过边界线，不应视为违反规则。

9. 比赛场地内多出人员时出现进球

（1）如果裁判员在进球后，比赛恢复前意识到进球时比赛场地内有多出的人员：

1）如果多出的人员是如下人员，裁判员必须判定进球无效：

a. 进球队一方的场上队员、替补队员、已替换下场或被罚令出场的队员及球队官员，在多出人员所处的位置以直接任意球恢复比赛。

b. 干扰了比赛的场外因素，除非进球符合本章"比赛场地内多出的人员"的说明，以球门球、角球或坠球恢复比赛。

2）如果多出的人员是如下人员，裁判员必须判定进球有效：

a. 被进球队一方的场上队员、替补队员、已替换下场或被罚令出场的队员及球队官员。

b. 没有干扰比赛的场外因素。

（2）无论何种情况，裁判员必须责令多出的人员离开比赛场地。

（3）如果裁判员在出现进球，而且已经恢复比赛后意识到发生进球时比赛场地内有多出的人员，则不得取消进球。如果多出的人员仍在比赛场地内，裁判员必须：

1）停止比赛。

2）责令多出的人员离开比赛场地。

3）以坠球或相应的任意球方式恢复比赛。

（4）裁判员必须向相关机构报告此事件。

10. 球队队长

球队队长并不享有特殊身份或权力，但他对球队的行为需承担一定责任。

（四）队员装备

1. 安全性

（1）队员不得使用或佩戴具有危险性的装备或任何物件。

（2）禁止佩戴任何类型的珠宝首饰（项链、指环、手镯、耳坠、皮质带、橡胶带等），如有佩戴必须移除。不允许用胶带覆盖珠宝首饰。

（3）上场队员必须在比赛开始前、替补队员则在进入比赛场地前接受检查。如果场上队员穿戴或使用了未授权/具有危险性的装备或珠宝首饰，裁判员必须令其：

1）移除相关物件。

2）如果队员暂时无法或不愿将物件摘除，则需在随后比赛停止时，离开比赛场地摘除。

（4）拒绝摘除或再次穿戴相关物件的队员，必须对其予以警告。

2. 必要装备

（1）场上队员的必要装备包括如下单独分开的物件：

1）有袖上衣。

2）短裤。

3）护袜——胶带或任何附着、外套的材料，其颜色必须与所附着或包裹部分的护袜颜色一致。

4）护腿板——护腿板必须由能提供一定保护的合适材料制成，由护袜完全包裹。

5）鞋子。

（2）守门员可穿着长裤。

（3）意外脱落鞋子或护腿板的场上队员，必须在随后比赛停止前尽快整理好装备，如果该名队员在整理好装备前触球且/或射门得分，则进球有效。

3. 着装颜色

（1）队员的着装颜色必须有别于对方球队和比赛官员。

（2）双方守门员着装颜色必须有别于其他场上队员和比赛官员。

（3）如果双方守门员的上衣颜色相同且无法更换，裁判员允许比赛进行。

（4）上衣内衣颜色必须与衣袖主色一致，内衬裤/紧身裤颜色必须与短裤主色或短裤底部颜色一致（同队场上队员必须颜色统一）。

4. 其他装备

可允许佩戴不具危险性的保护器具，如软性、轻质材料制成的头罩、面具、护膝和护臂，类似的还包括守门员球帽和运动眼镜等。

（1）头巾。

如需佩戴头巾（守门员球帽除外），其必须：

1）为黑色或与上衣主色一致（同队场上队员必须颜色统一）。

2）设计合乎球员装备专业形象。

3）不得与上衣相连。

4）不会对佩戴者个人和其他队员构成危险（如在颈部有可开合的装置）。

5）不能有任何部分凸出头巾表面（突出表面的部件）。

(2) 电子通信设备。

不允许队员（包括替补队员/已替换下场队员和已罚令出场队员）穿戴或使用任何形式的电子或通信设备（表现跟踪电子系统除外）。不允许球队官员使用除直接关乎队员生命或安全外的其他任何电子通信设备。

(3) 表现跟踪电子系统（EPTS）。

在由国际足联、洲际足球联合会或国家足球协会主办的正式比赛中，作为表现跟踪电子系统一部分的可穿戴技术，该技术涉及的球员设备必须印有如下标志：

该标志表明相关设备已通过官方测试，达到由国际足联开发并经国际足球理事会批准制定的国际比赛标准中的最低安全标准。相关检测机构也要得到国际足联批准。此项目过渡期至 2018 年 5 月 31 日。

使用表现跟踪电子系统时（遵从国家足球协会/赛事组织方规定）：

1）相关系统必须不具备危险性。

2）在比赛中，不允许在技术区域内接收或使用该装置/系统传送的信息和数据。

5. 标语、言论、图像及广告

队员装备不得带有任何政治性、宗教性、个人化的标语、言论或图像。队员不得展示内衣、裤上带有任何政治性、宗教性、个人化的标语、言论或图像，以及生产商标志以外的广告。任何违反规定的队员和/或球队将由赛事组织方、国家足球协会或国际足联处理。

6. 违规与处罚

(1) 无需为任何违反本章条文的行为停止比赛，违规的场上队员：

1）由裁判员引导离开比赛场地调整装备。

2）除非已经调整好装备，否则需在比赛停止时离开比赛场地。

(2) 离开比赛场地调整或更换装备的队员必须：

1）由一名比赛官员在其被许可重新进入比赛场地前检查好装备。

2）只可在裁判员许可后重新进入比赛场地（可在比赛进行中）。

(3) 未经裁判员允许进入比赛场地的队员必须予以警告，如果因警告而停止比赛，则在比赛停止时球所在地点以间接任意球恢复比赛。

（五）裁判员

1. 裁判员的权力

每场比赛由一名裁判员掌控，他有全部权力去执行与比赛相关的竞赛规则。

2. 裁判员的决定

（1）裁判员依据《足球竞赛规则》和"足球比赛精神"，尽自身最大能力，在规则框架内酌情考量，做出自己认为最合适的决定。

（2）裁判员根据与比赛相关的事实所做出的决定，包括进球与否以及比赛的结果，都是最终的决定。必须无条件地尊重裁判员及其他所有比赛官员的决定。

（3）如果裁判员本人，或经其他比赛官员建议后意识到自己决定错误，而比赛已经恢复，或裁判员已经示意上下半场结束（包括加时赛）并离开比赛场地，或已经中止了比赛，则不可更改判罚决定。

（4）如果裁判员无法继续执法，比赛可在其他比赛官员的监管下继续进行，直到随后比赛停止。

3. 权力和职责

（1）裁判员。

1）执行《足球竞赛规则》。

2）与其他比赛官员协作管理比赛。

3）记录比赛时间、比赛成绩，并向相关机构提交比赛报告，报告内容包括赛前、赛中、赛后发生的纪律处罚信息及任何其他事件。

4）监管和/或示意比赛恢复。

（2）有利。

当犯规或违规情况发生时，未犯规或未违规的一队能从有利原则中获益，则允许比赛继续。如果预期的有利没有在那一时刻或随后几秒内出现，则判罚最初的犯规或违规。

（3）纪律处罚。

1）当多种犯规同时发生时，从纪律处罚、比赛恢复方式、身体接触程度和战术影响等方面考量，判罚相对严重的犯规。

2）对应被警告和罚令出场的队员执行纪律处罚。

3）从进入比赛场地开始赛前检查直至比赛结束（包括点球决胜）离开比赛

场地，裁判员均有权执行纪律处罚。如果在开赛进入场地前，一名上场队员犯有可被罚令出场的犯规，裁判员有权阻止其参加该场比赛，并将任何其他不正当行为上报。

4）从开赛前进入比赛场地直至比赛结束，包括中场休息、加时赛和点球决胜期间，裁判员都有权出示红黄牌，以及在竞赛规程允许下，将队员暂时罚离。

5）向对自己行为不负责任的球队官员采取处罚措施，可将其驱逐出比赛场地及其周边区域。球队医护人员犯有可驱逐出场的违规行为时，如该队无其他医护人员可用，则该医护人员可以留下，并在队员需要治疗时执行工作。

6）对于自己未看到的情况，根据其他比赛官员的建议做出判罚决定。

（4）受伤。

1）如果队员仅是轻微受伤，则允许比赛继续直至比赛停止。

2）如果队员严重受伤，则停止比赛，确保受伤队员离开比赛场地。受伤队员不可在比赛场地内接受治疗，在比赛恢复后才可重新进入比赛场地；如果比赛在进行中，受伤队员必须从边线处入场；比赛停止时，受伤队员则可从任一边界线入场。当发生如下情况时，不必遵循离场治疗的规定：

a. 守门员受伤时。

b. 守门员与其他队员发生碰撞，需要引起关注时。

c. 同队队员发生碰撞，需要引起关注时。

d. 出现严重受伤时。

e. 场上队员因遭受对方队员身体接触，而且可被警告或罚令出场的犯规（如鲁莽或严重犯规性质的抢截）而受伤，其伤情能够在短时间完成评估/得到治疗时。

3）确保任何流血的队员离开比赛场地。必须在其流血已被止住、装备没有血迹的情况下，经裁判员示意后，才可重新进入比赛场地。

4）如果裁判员已经指示医生和/或担架手进入比赛场地，受伤队员必须在担架上或自行离开比赛场地。未遵从该条文的受伤队员必须以非体育行为予以警告。

5）如果裁判员已经决定要对需要离场接受治疗的受伤队员予以警告或罚令出场，必须在其离场前出示红黄牌。

6）如果不是因为类似原因而暂停比赛，或队员受伤并不是因违反竞赛规则造成的，则以坠球恢复比赛。

（5）场外干扰。

1）裁判员可就任何违反规则的情况或场外干扰等原因暂停、中断或中止比赛，如：

a. 比赛场地照明灯光不足。

b. 观众掷入的物品击中比赛官员、参赛队员或球队官员，裁判员就事件的严重程度决定继续、暂停、中断或中止比赛。

c. 观众鸣哨干扰比赛，裁判员停止比赛，随后以坠球恢复比赛。

d. 比赛进行中，多余的球、其他物品或动物出现在场内，裁判员必须：

①只有当其干扰了比赛，裁判员才停止比赛（随后以坠球恢复比赛），除非球将要进门，干扰因素没有阻止防守队员处理球，且随后球进门，则视为进球有效（即便干扰因素与球发生接触），除非球进入另一方球门。

②如果其未干扰比赛，则裁判员允许比赛继续，并尽早将其移出比赛场地。

2）未经授权的人员不得进入比赛场地。

4. 裁判员的装备

（1）必要装备：

1）一个或多个口哨。

2）一块或多块手表。

3）红黄牌。

4）记录簿（或其他可记录比赛情况的用具）。

（2）其他装备。

1）可允许裁判员使用：

a. 与其他比赛官员进行交流的设备——振动/蜂鸣信号旗、耳麦等。

b. 表现跟踪电子系统或其他体质监测设备。

2）禁止裁判员和其他比赛官员佩戴珠宝首饰或任何其他电子设备。

5. 裁判员的示意信号

（1）参见裁判员示意信号图例。（见图7-2、图7-3）

（2）除现行的"双手"示意有利信号外，"单手"示意有利信号现在也允许，因为裁判员展开双臂跑动并不轻松。

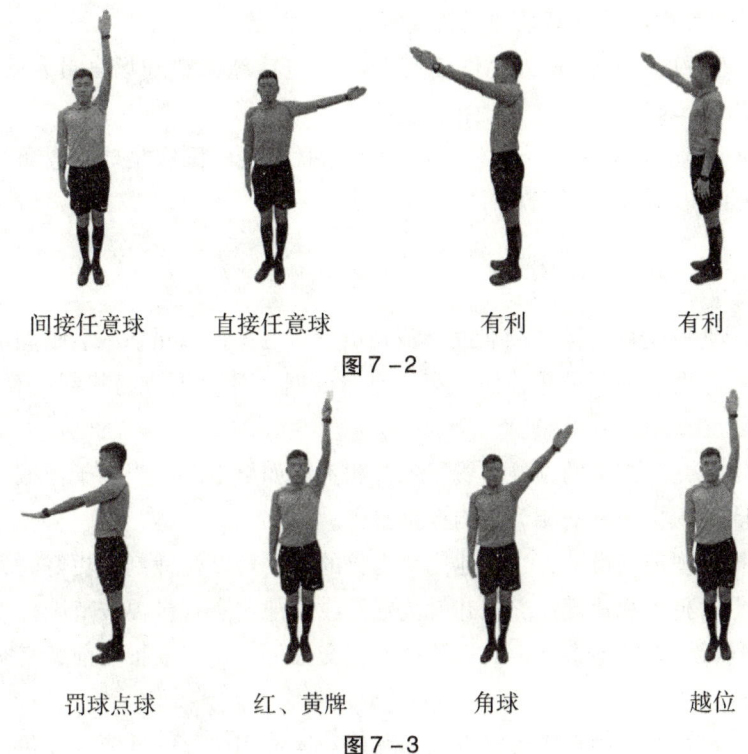

| 间接任意球 | 直接任意球 | 有利 | 有利 |

图 7-2

| 罚球点球 | 红、黄牌 | 角球 | 越位 |

图 7-3

6. 比赛官员的责任

（1）裁判员或其他比赛官员不对如下情况承担责任：

1）参赛队员、官员或观众出现任何形式的受伤。

2）任何形式的财产损失。

3）由于或可能由于根据竞赛规则，或按照正常程序要求做出的维持、继续和管理比赛的决定，对任何个人、俱乐部、公司、协会或其他机构所造成的任何损失。

（2）比赛官员需要做的决定包括：

1）就比赛场地及其周边环境或天气状况决定是否进行比赛。

2）因无论何种原因决定中止比赛。

3）比赛场地器材和比赛用球是否适合在比赛中使用。

4）根据观众的影响或观众区域的任何问题，决定是否停止比赛。

5）是否停止比赛将受伤队员移至场外治疗。

6）要求受伤队员移至场外治疗。

7）是否允许队员穿着某种服装或佩戴某种设备。

8）在有权时，决定是否允许任何人员（包括球队或球场官员、安保人员、摄像师或者其他媒体代表）出现在比赛场地附近区域。

9）根据竞赛规则或国际足联、洲际足球联合会、国家足球协会条款，或比赛所涉及的竞赛规程履行职责时所做出的决定。

（六）其他比赛官员

可选派其他比赛官员（两名助理裁判员、一名第四官员、两名附加助理裁判员，以及候补助理裁判员）执法比赛。他们根据竞赛规则协助裁判员管理比赛，但最终决定必须由裁判员做出。

比赛官员在裁判员的领导下履行各自职责。如果出现不当的干涉或行为，裁判员可解除其职权，并向相关机构提交报告。

除候补助理裁判员外，当其他比赛官员的观察角度比裁判员更好时，需提示裁判员发生的犯规和违规情况，并就裁判员或其他比赛官员视线范围外发生的任何严重不当行为或其他事件，向有关机构提交报告。在完成报告前，必须与裁判员和其他比赛官员商议。

其他比赛官员协助裁判员检查比赛场地、比赛用球及队员装备（包括再次检查相关问题是否已被解决），以及记录比赛时间、进球、不正当行为等。

竞赛规程必须明确由谁替换不能开始或继续执法的比赛官员，以及任何相应产生的更替。尤其要明确，当裁判员不能继续执法时，是由第四官员、第一助理裁判员，还是第一附加助理裁判员替换。

1. 助理裁判员

（1）当出现如下情况时，给予示意：

1）球的整体离开比赛场地，应由哪一队踢角球、球门球或掷界外球。

2）处于越位位置的队员可被判罚越位。

3）申请队员替换。

4）在罚球点球时，守门员是否在球被踢出前离开球门线，以及球是否越过球门线。如果比赛选派附加助理裁判员，则助理裁判员的选位应在与罚球点齐平的位置上。

（2）助理裁判员的协助也包括监管队员替换程序。

（3）助理裁判员可进入比赛场地管理 9.15 米的距离。

2. 第四官员

第四官员的协助包括：

1）监管队员替换程序。

2）检查场上队员/替补队员的装备。

3）在裁判员示意/同意后让场上队员重新进入比赛场地。

4）监管用于更换使用的比赛用球。

5）在各半场（包括加时赛）结束时，展示裁判员将要补足的最短补时时间。

6）将技术区域人员的不当行为告知裁判员。

3. 附加助理裁判员

附加助理裁判员需示意：

1）当球的整体越过球门线，包括进球得分时。

2）哪一队踢角球或球门球。

3）在罚球点球时，守门员是否在球被踢出前离开球门线，以及球是否越过球门线。

4. 候补助理裁判员

候补助理裁判员的唯一任务是替换不能继续执法的助理裁判员或第四官员。

5. 助理裁判员的信号（见图7-4、图7-5、图7-6）

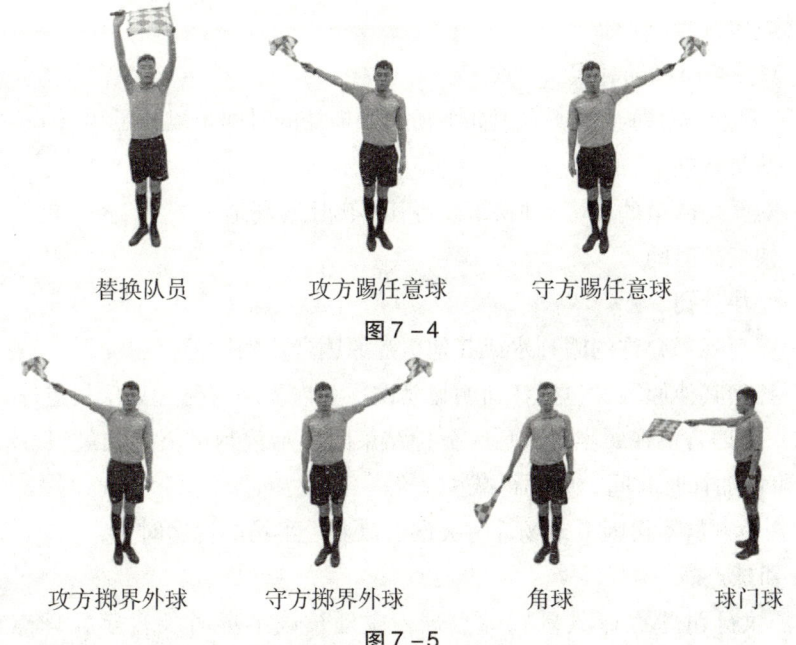

替换队员　　　　　攻方踢任意球　　　　守方踢任意球

图7-4

攻方掷界外球　　守方掷界外球　　　角球　　　　球门球

图7-5

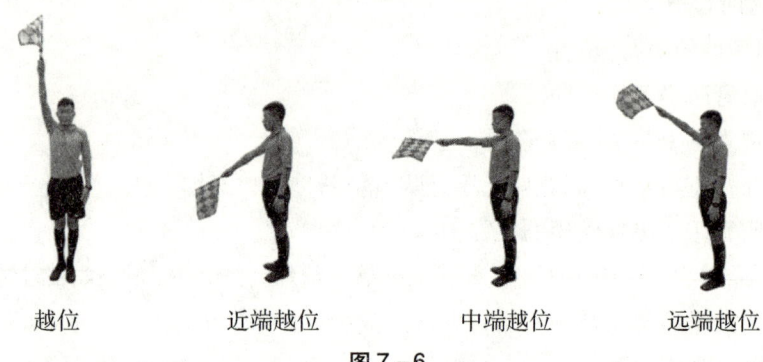

越位　　　近端越位　　　中端越位　　　远端越位

图 7-6

（七）比赛时间

1. 比赛阶段

一场比赛分为两个 45 分钟相同时长的半场。依照竞赛规程，在比赛开始前经裁判员和双方球队同意后，方可缩短各半场比赛时长。

2. 中场休息

队员享有中场休息的权利，休息时间不得超过 15 分钟。加时赛中场阶段可短暂补水。竞赛规程必须明确中场休息的时长，在经裁判员许可的情况下方可调整中场休息时长。

3. 对损耗时间的补足

（1）裁判员对每半场所有因如下情况而损耗的时间予以补足：

1）队员替换。

2）对受伤队员的伤情评估和/或将其移出比赛场地。

3）浪费的时间。

4）纪律处罚。

5）竞赛规程允许的因补水或其他医疗原因造成的暂停。

6）任何其他原因，包括任何明显延误比赛恢复的情况（如庆祝进球）。

（2）第四官员在每半场最后一分钟结束时展示裁判员决定的最短补时时间。裁判员可增加补时时间，但不得减少。

（3）裁判员不得因上半场计时失误而改变下半场的比赛时长。

4. 罚球点球

如需执行罚球点球或重罚球点球，应延长该半场时长直至罚球点球程序完成。

5. 中止的比赛

除非竞赛规程规定或主办方另有决议，否则中止的比赛需进行重赛。

（八）比赛开始与恢复

一场比赛各半场、加时赛各半场、进球后均以开球恢复比赛。罚任意球（直接或间接任意球）、罚球点球、掷界外球、罚球门球和罚角球是其他恢复比赛的方式［详见11人制足球竞赛规则及裁判法（十三）至（十七）］。当裁判员暂停比赛，而规则未明确以上述任何一种方式恢复比赛时，以坠球恢复比赛。

比赛停止时发生的违规违例行为，不会改变随后恢复比赛的方式。

1. 开球

（1）程序。

1）掷硬币猜中的一队决定上半场进攻方向。

2）另一队开球。

3）掷硬币猜中的一队在下半场开球开始比赛。

4）下半场，双方球队交换半场和进攻方向。

5）当一队进球后，由另一队开球。

（2）所有的开球。

1）除开球队员外，所有场上队员必须处在本方半场内。

2）开球队的对方队员必须距球至少9.15米直至比赛开始。

3）球必须放定在中点上。

4）裁判员给出信号。

5）当球被踢且明显移动时，比赛即为开始。

6）开球可直接射入对方球门得分；如果直接射入了本方球门，则判给对方角球。

（3）违规与处罚。

1）如果开球队员在其他场上队员触及球前再次触球，则判罚间接任意球，如果故意用手触球，则判罚直接任意球。

2）对于其他任何违反开球程序的情况，应重新开球。

2. 坠球

（1）程序。

1）裁判员在比赛停止时球所在地点执行坠球，除非比赛停止时球在球门区内，在此情况下，应在与球门线平行的球门区线上、在比赛停止时距球最近的地点执行坠球。

2）当球触及地面，比赛即为恢复。

3）所有场上队员均可参与坠球（包括守门员）。裁判员不得决定由谁参与坠球或坠球的结果。

（2）违规与处罚。

出现如下情况时，需重新坠球。

1）球在触及地面前被队员触及。

2）球在触及地面后，未经队员触及而离开比赛场地。

3）如果坠球后，球未经至少两名场上队员触及而进入球门。

4）球进入对方球门，则以球门球恢复比赛。

5）球进入本方球门，则以角球恢复比赛。

（九）比赛进行与停止

1. 比赛停止

当出现如下情况时，比赛即为停止。

（1）球的整体从地面或空中越过球门线或边线。

（2）裁判员停止了比赛。

2. 比赛进行

所有其他时间，均为比赛进行中，包括球从比赛官员、球门柱、横梁或角旗杆弹回，而且仍在比赛场地内。

（十）确定比赛结果

1. 进球得分

（1）当球的整体从球门柱之间及横梁下方越过球门线，而且进球队未犯规或违规时，即为进球得分。

（2）如果裁判员在球的整体还未越过球门线时示意进球，则以坠球恢复比赛。

2. 获胜队

（1）进球数较多的队伍为获胜队。如果双方球队没有进球或进球数相等，则该场比赛为平局。

（2）当竞赛规程规定一场比赛出现平局，或主客场进球数相同时必须有一方取胜，仅允许采取如下方式决定获胜队。

1）客场进球规则。

2）加时赛。加时赛上下半场时长相等且均不超过 15 分钟。

3）点球决胜。

（3）可将上述各方式组合使用。

3. 点球决胜

在比赛结束后执行点球决胜程序，除非有其他规定，否则按竞赛规则相关内容执行。

（1）程序。

1）点球决胜开始前。

a. 裁判员通过掷硬币决定点球决胜使用的球门，除非有其他考虑（如场地条件、安全性等）。只有因为安全原因，或在球门、场地草皮无法正常使用的情况下，才可更换点球决胜使用的球门。

b. 裁判员再次掷硬币，猜中的一队决定先踢或后踢。

c. 除替补队员替换无法继续比赛的守门员的情况外，只有在比赛结束时在比赛场地内，或暂时离场（受伤、调整装备等）的场上队员有资格参加点球决胜。

d. 各队负责安排有资格的场上队员踢球点球的顺序，罚球队员顺序不必告知裁判员。

e. 如果在比赛结束时、点球决胜开始前或进行中，一队场上队员人数多于另一队，则必须削减队员人数以与对方保持一致，且必须告知裁判员被削减的队员姓名及号码。被削减的队员不得参加点球决胜（除下述情况外）。

f. 在点球决胜开始前或进行中，如果一队守门员无法继续比赛，则守门员可由为保持人数一致而被削减的场上队员替换，或如果该队替换名额还未用完时，由一名提名的替补队员替换。被替换的守门员不得再次参加点球决胜或踢球点球。

2）点球决胜进行中。

a. 只有符合资格的场上队员和比赛官员可以留在比赛场地内。

b. 除踢球点球的队员和两名守门员外，所有符合资格的场上队员必须留在中圈内。

c. 踢球队员一方的守门员必须留在比赛场地内、在罚球区外球门线与罚球区线交汇的位置。

d. 符合资格的场上队员可与守门员互换位置。

e. 当球停止移动、离开比赛场地，或因发生任何违规的情况而裁判员停止比赛时，视为罚球完成。主罚队员不得再次触球/补射。

f. 裁判员记录点球决胜情况。

g. 因守门员违规而造成重罚球点球时，必须警告守门员。

h. 裁判员示意执行罚球点球后，主罚队员违规，则警告主罚队员，此球记为罚失。

i. 守门员与主罚队员同时违规。

①如果此球罚失或被扑出，警告双方队员，并重罚。

②如果此球罚进，进球无效，警告主罚队员，并记为罚失。

3）双方球队各踢 5 轮点球，并遵循如下规定。

a. 双方球队轮流踢球。

b. 在双方球队各踢完 5 次点球前，如果一队进球数已经超过另一队罚满 5 次可能的进球数，则不再继续执行点球决胜程序。

c. 在双方球队踢完 5 轮点球后，如果进球数相同，则继续踢球，直到出现踢完相同次数时，一队比另一队多进一球的情况为止。

d. 每次踢球由不同的场上队员执行，直至双方符合资格的队员均踢过一次后，同一名队员才可踢第二次。

e. 在全部队员踢完之后接下来的踢球中都应遵从上述条款，但球队可以更换踢球队员顺序。

f. 不得因一名场上队员离场而拖延点球决胜。如果队员未及时返场踢球点球，则视为丧失本次踢球资格（射失）。

4）点球决胜阶段的队员替换与罚令出场。

a. 场上队员、替补队员或已替换下场的队员均可被警告或罚令出场。

b. 被罚令出场的守门员必须由一名符合资格的场上队员替换。

c. 除守门员外的其他无法继续参加点球决胜的场上队员不可被替换。

d. 如果一队场上队员人数少于 7 人，裁判员不得中止比赛。

（十一）越位

1. 越位位置

（1）处于越位位置并不意味着构成越位犯规。

（2）队员处于越位位置，如果其：

1）头、躯干或脚的任何部分处在对方半场（不包含中线）。

2）头、躯干或脚的任何部分较球和对方倒数第二名队员更接近于对方球门线。

（3）所有队员包括守门员的手和臂部不在越位位置判定范围内。

（4）队员不处于越位位置，如果其：

1）与对方倒数第二名队员齐平。

2）与对方最后两名队员齐平。

2. 越位犯规

（1）一名队员在同队队员传球或触球的一瞬间处于越位位置，该队员随后以如下方式参与了实际比赛，才被判罚越位犯规：

1）在同队队员传球或触球后得球或触及球，从而干扰了比赛。

2）干扰对方队员，包括：

a. 通过明显阻碍对方队员视线，以妨碍对方队员处理球，或影响其处理球的能力。

b. 与对方队员争抢球。

c. 有明显的试图触及离自己位置较近的来球的举动，且该举动影响了对方队员。

d. 做出影响对方队员处理球能力的明显举动。

3）在如下情况发生后触球，从而获得利益或干扰对方队员：

a. 球从球门柱、横梁、比赛官员或对方队员处反弹或折射过来。

b. 球从任一对方队员有意救球后而来。

（2）处于越位位置的队员在对方队员有意触球（任一对方队员救球除外）后得球，不被视为获得利益。

（3）"救球"是指队员用除手/臂以外（守门员在本方罚球区内除外）的身体任何部位，阻止或试图阻止将要进入球门或极为接近球门的球。

（4）在如下情况中：

1）队员站在越位位置，或自越位位置移动到对方队员的行进路线中，干扰了对方队员向球的方向移动，影响了对方队员处理球或争抢球的能力时，应被判罚越位犯规。如果该队员向对方队员的行进路线中移动，阻碍了对方队员移动时（如阻挡对方队员），应按照11人制足球竞赛规则及裁判法（十二）中的条款判罚犯规。

2）处于越位位置的队员以控球为目的朝球的方向移动，在其触球或试图触球前，或与对方队员争抢球前被犯规，则应判罚犯规在先，该犯规发生在越位犯规之前。

3）处于越位位置的队员在已经触球或试图触球后，或已与对方队员争抢球后被犯规，则应判罚越位犯规在先，越位犯规发生在另一犯规之前。

3. 不存在越位犯规

如果队员直接从下列情况得球，不存在越位犯规：

（1）球门球。

（2）掷界外球。

（3）角球。

4. 违规与处罚

（1）如果出现越位犯规，裁判员在越位发生的地点判罚间接任意球，这包括发生在越位队员的本方半场。

（2）就越位而言，未经裁判员许可离开比赛场地的防守队员，应视为处于球门线或边线上，直到比赛停止，或防守方已将球向中线方向处理且球已在防守方罚球区外。如果一名队员故意离开比赛场地，在比赛停止时，裁判员必须警告该名队员。

（3）攻方队员为了不卷入实际比赛，可以移步至比赛场地外或留在比赛场地外。就越位而言，如果该攻方队员在随后比赛停止，或防守方已将球向中线方向处理且球已在防守方罚球区外之前，从球门线重新进入比赛场地内，并卷入实际比赛，应视其处于球门线上。未经裁判员许可故意离开比赛场地又重新回场的攻方队员，虽不被判罚越位，但从其位置获得了利益，裁判员必须警告该名队员。

（4）如果球进门时，一名攻方队员在球门柱之间的球门内保持不动，进球必须视为有效，除非该名队员越位或违反11人制足球竞赛规则及裁判法（十二）中条款，这种情况下，裁判员以间接或直接任意球恢复比赛。

（十二）犯规与不正当行为

只有在比赛进行中犯规或违规，才可判罚直接或间接任意球，以及点球。

1. 直接任意球

（1）如果裁判员认为，一名场上队员草率地、鲁莽地或使用过分力量对对方队员实施如下犯规，则判罚直接任意球。

1）冲撞。

2）跳向。

3）踢或企图踢。

4）推搡。

5）打或企图打（包括用头顶撞）。

6）用脚或其他部位抢截。

7）绊或企图绊。

（2）如果是有身体接触的犯规，则判罚直接任意球或点球。

1）草率是指队员在争抢时没有预防措施，缺乏注意力或考虑。这种情况不必给予纪律处罚。

2）鲁莽是指队员的行为没有顾及可能对对方造成的危险或后果。这种情况下必须对队员予以警告。

3）使用过分力量是指队员使用了超出自身所需要的力量，危及了对方的安全。这种情况必须将队员罚令出场。

（3）如果场上队员实施如下犯规时，判罚直接任意球。

1）故意手球（守门员在本方罚球区内除外）。

2）使用手臂等部位拉扯、阻止对方队员行动。

3）在身体接触的情况下阻碍对方队员移动。

4）向对方队员吐口水。

5）以及11人制足球竞赛规则及裁判法（三）涉及的其他犯规行为。

（4）手球。

1）手球是指队员用手或臂部故意触球的行为。

2）在判断是否故意手球时应考虑：

a. 手向球的移动（不是球向手）。

b. 对方队员和球之间的距离（意外来球）。

c. 手的位置并不意味着犯规。

d. 用手中的物品（衣物、护腿板等）触球视为犯规。

e. 用掷出的物品（鞋、护腿板等）击球视为犯规。

3）在本方罚球区外，守门员和所有其他场上队员在手球上具有同等限制。不得因守门员在本方罚球区内的手球而判罚直接任意球，或者执行任何相关的纪律处罚，但可能因手球犯规判罚间接任意球。

2. 间接任意球

（1）如果一名场上队员犯有如下行为时，则判罚间接任意球：

1）以危险方式进行比赛。

2）在没有身体接触的情况下阻碍对方行进。

3）以语言表示不满，使用攻击性、侮辱性或辱骂性的语言和/或动作，或其他口头的违规行为。

4）在守门员发球过程中，阻止守门员从手中发球、踢或准备踢球。

5）犯有规则中没有提及的，又需裁判员停止比赛予以警告或罚令出场的任何其他犯规。

（2）如果守门员在本方罚球区内犯有如下行为时，则判罚间接任意球：

1）在发出球前，用手控制球超过6秒。

2）在下列情况下用手触球：

a. 发出球后，任一场上队员触球前。

b. 同队队员故意将球踢给守门员。

c. 接同队队员直接掷来的界外球。

3）当出现下列情况时，视为守门员控制球：

a. 球在双手之间，或手与任何表面（如地面、自己的身体）之间，以及用手或臂部的任何部分触球，除非球从守门员身上意外反弹，或守门员做出扑救的情况。

b. 用伸展开的手持球。

c. 向地面拍球或向空中抛球。

4）守门员在用手控制球的情况下，对方不得与其争抢球。

（3）以危险方式进行比赛。

1）以危险方式进行比赛是指在尝试争球的过程中做出的任何动作，存在对对方（包括自己）造成伤害的危险，包括使附近的对方队员因为害怕受伤而不敢争抢球。

2）剪刀脚和倒勾动作如果不会对对方造成危险，则允许使用。

（4）在没有身体接触的情况下阻碍对方行进。

1）阻碍对方行进是指当球不在双方的合理争抢范围时，移动至对方的行进路线上以阻碍、阻挡、减缓或迫使对方改变行进方向。

2）所有队员有权在比赛场地内选择自己的位置。已处在对方行进路线上和移动至对方行进路线上是不同的概念。

3）如果球在一名队员的合理争抢范围内，且其没有用臂部或身体阻拦对方队员争球，则该名队员可以在对方队员和球之间选好位置护球。如果球在双方的合理争抢范围内，队员可用合理冲撞的方式与对方争抢球。

3. 纪律措施

（1）裁判员从进入比赛场地进行赛前检查开始，至比赛结束（包括点球决胜）离开比赛场地，均有权执行纪律措施。

（2）如果上场队员在开赛进入比赛场地前，犯有可被罚令出场的犯规，裁判员有权阻止该名队员参加比赛［参见11人制足球竞赛规则及裁判法（三）第6条］，裁判员将就任何其他不正当行为提交报告。

（3）一名队员无论是在场内还是场外，对对方队员、同队队员、比赛官员或其他任何人，以及竞赛规则规定的犯有可被警告或罚令出场的犯规，均应对其做出符合其犯规行为的处罚。

（4）黄牌代表警告，红牌代表罚令出场。

（5）只可对场上队员、替补队员、已替换下场的队员出示红黄牌。

（6）因拖延比赛恢复而出示红黄牌。

一旦裁判员决定对队员予以警告或罚令出场，在处罚程序执行完成前，不得恢复比赛。

（7）有利。

1）如果裁判员在出现可警告或罚令出场的犯规时，没有停止比赛而掌握有利，则必须在随后比赛停止时出示红黄牌。除非是破坏明显进球得分机会后形成进球，这种情况下，以非体育行为警告相关队员。

2）在出现严重犯规、暴力行为或可被第二次警告的犯规时不应掌握有利，除非有明显的进球机会。裁判员必须在随后比赛停止时将相关队员罚令出场，但如果该队员触球或与对方队员争抢或干扰对方队员，裁判员则停止比赛，将该队员罚令出场，并以间接任意球恢复比赛，除非该队员出现了更严重的违规。

3）如果防守队员在罚球区外就开始使用手、臂等部位拉扯、阻止对方队员行动，并持续至罚球区内，裁判员必须判罚球点球。

（8）可警告的犯规。

1）场上队员犯有如下行为时，应被警告：

a. 延误比赛恢复。

b. 以语言或行动表示不满。

c. 未经裁判员许可进入、重新进入或故意离开比赛场地。

d. 当比赛以角球、任意球或掷界外球恢复时，未退出规定距离。

e. 持续违反规则（对"持续"的定义并没有明确的次数和犯规类型）。

f. 非体育行为。

2）替补队员或已替换下场的队员犯有如下行为时，应被警告：

a. 延误比赛恢复。

b. 以语言或行动表示不满。

c. 未经裁判员许可进入、重新进入比赛场地。

d. 非体育行为。

（9）对非体育行为的警告。

在一些情况下必须以非体育行为警告相关队员，例如：

1）试图用假装受伤或假装被犯规（佯装）欺骗裁判员。

2）在比赛进行中，未经裁判员许可与守门员互换位置。

3）以鲁莽的方式犯有可判直接任意球的犯规。

4）通过犯规或手球的方式干扰或阻止有希望的进攻。

5）通过犯规的方式干扰或阻止有希望的进攻，除非裁判员判罚了点球而且犯规的意图是争抢球或触球。

6）在意图争抢球或触球时出现犯规，破坏对方明显进球得分机会，并被判罚球点球。

7）用手球的方式试图得分（无论进球与否）或阻止进球未果。

8）在比赛场地上制造未经许可的标记。

9）在经许可离场的过程中触球。

10）表现出对比赛缺乏尊重。

11）故意施诡计用头、胸、膝盖等部位将球传给守门员（包括任意球情况）以逃避规则相关处罚条款，无论守门员是否用手触球。

12）在比赛进行中或比赛恢复时，用语言干扰对方队员。

（10）庆祝进球。

1）队员可以在进球得分后进行庆祝，但庆祝活动不得过度。不鼓励在庆祝进球时表演自编舞蹈，这种庆祝不得过度浪费时间。

2）离开场地庆祝进球无需予以警告，但场上队员应尽快返场。

3）队员必须被警告的行为：

a. 攀爬上周边的围栏，并/或以可能引发安全和/或安保问题的方式接近观众。

b. 做出挑衅、嘲讽或煽动性质的动作或表现。

c. 用面具或类似器物遮住头部或面部。

第七章 足球竞赛规则及足球欣赏

d. 脱去上衣或用上衣遮住头部。

（11）延误比赛恢复。

裁判员必须警告以下列方式延误比赛恢复的队员：

1）看似要掷界外球，但突然将球交给同队队员掷球。

2）在被替换下场时延误离场时间。

3）过度地拖延比赛恢复。

4）在裁判员停止比赛后，故意将球踢走或拿走，引发冲突。

5）在错误的地点踢任意球以造成重踢。

（12）罚令出场的犯规。

1）场上队员、替补队员或已替换下场的队员犯有如下行为时，应被罚令出场：

a. 通过故意手球破坏对方球队进球或明显的进球得分机会（守门员在本方罚球区内除外）。

b. 通过可判罚任意球的犯规，破坏对方的进球或总体上朝犯规方球门方向移动的明显的进球得分机会（本章下述"破坏进球或明显进球得分机会"中说明的相关情况除外）。

c. 严重犯规。

d. 向对方队员或其他任何人吐口水。

e. 暴力行为。

f. 使用攻击性、侮辱性或辱骂性的语言和/或动作。

g. 在同一场比赛中得到第二次警告。

2）被罚令出场的场上队员、替补队员或已替换下场的队员，必须离开比赛场地周边区域及技术区域。

（13）破坏进球或明显进球得分机会。

1）无论发生在何处，当队员用故意手球的犯规破坏对方进球或明显进球得分机会时应被罚令出场。

2）当队员在本方罚球区内对对方犯规，破坏了对方明显的进球得分机会，裁判员判罚球点球。如果是在意图争抢球时造成犯规，则警告犯规队员。除此以外的所有犯规（如拉拽、推搡、没有触球的可能性等情况），必须将犯规队员罚令出场。

3）场上队员、已被罚令出场的队员、替补队员或已替换下场的队员，未经裁判员许可进入比赛场地内，干扰了比赛或对方队员，并破坏对方球队进球或明显进球得分机会的行为，应视为可被罚令出场的犯规。但必须考虑如下情况：

　　a. 犯规发生地点与球门间的距离。
　　b. 比赛发展的大致方向。
　　c. 控制球或得到控球权的可能性。
　　d. 防守队员的位置和人数。

（14）严重犯规。

1）危及对方队员安全或使用过分力量、野蛮方式的抢截，必须视为严重犯规加以处罚。

2）任何队员用单腿或双腿从对方身前、侧向或后方，使用过分力量或危及对方安全的蹬踹动作，应视为严重犯规。

（15）暴力行为。

1）暴力行为是指队员的目的不是争抢球，而是对对方队员或同队队员、球队官员、比赛官员、观众或任何其他人，使用或企图使用过分力量或野蛮动作，无论是否与他人发生身体接触。

2）除此之外，队员的目的不是争抢球，而是故意用手或臂部击打对方队员，以及任何其他人的头或面部时，应视为暴力行为，除非他使用的力量非常轻微，足以忽略。

（16）投掷物品（或比赛用球）的犯规。

裁判员根据事件情况做出恰当的纪律处罚：

　　a. 鲁莽的——以非体育行为警告犯规队员。
　　b. 使用过分力量的——以暴力行为将犯规队员罚令出场。

4. 犯规与不正当行为出现后的比赛恢复方式

（1）如果比赛此前已经停止，则以之前的决定恢复比赛。

（2）如果比赛进行中，场上队员在比赛场地内对如下人员犯规：

1）对对方场上队员——以间接或直接任意球、点球恢复比赛。

2）对同队队员、替补队员、已替换下场或已罚令出场的队员、球队官员或比赛官员——以直接任意球或点球恢复比赛。

3）对任何其他人——以坠球恢复比赛。

（3）如果比赛进行中：

1）场上队员在比赛场地外对比赛官员或对方场上队员、替补队员、已替换下场或已罚令出场的队员、球队官员实施犯规。

2）替补队员、已替换下场或已罚令出场的队员、球队官员在比赛场地外对对方场上队员或比赛官员实施犯规或造成了干扰,则在距犯规/干扰地点最近的边界线上以任意球恢复比赛。如果该地点位于犯规方罚球区内且该犯规可被判直接任意球,则判罚点球。

3)如果站在比赛场地内或比赛场地外的场上队员,向对方场上队员、替补队员、已替换下场或已罚令出场的队员、球队官员、比赛官员、比赛用球扔掷物品(或比赛用球),则在相关人员或比赛用球被物品击中或可能被击中的地点以直接任意球恢复比赛。如果该地点在比赛场地外,则在距该地点最近的边界线上以直接任意球恢复比赛;如果发生在犯规方罚球区内,则判罚点球。

4)如果替补队员、已替换下场或已罚令出场的队员,以及暂时离场的场上队员或球队官员向比赛场地内扔掷或踢出物品,干扰了比赛、对方队员或比赛官员,则在该物品干扰比赛的地点,或对方队员、比赛官员、比赛用球被击中或可能被击中的地点,以直接任意球(或点球)恢复比赛。

(十三)任意球

1. 任意球的种类
场上队员犯规或违规时,判由对方球队罚直接或间接任意球。

(1)间接任意球示意信号。

1)裁判员单臂上举过头,示意间接任意球,并保持这种姿势直到球踢出后被其他队员触及或比赛停止时为止。

2)如果裁判员未正确示意间接任意球,而球被直接射入球门,则必须重罚间接任意球。

(2)球进门。

1)如果直接任意球直接踢入对方球门,则判为进球得分。

2)如果间接任意球直接踢入对方球门,则判为球门球。

3)如果直接或间接任意球直接踢入本方球门,则判为角球。

2. 程序

(1)所有任意球均应在犯规或违规的地点罚球,但下列情况除外:

1)攻方球队在对方球门区内获得的间接任意球,应在与球门线平行的、离犯规地点最近的球门区线上执行罚间接任意球。

2)守方球队在本方球门区内获得的任意球可在球门区内的任意地点罚球。

3)场上队员未经裁判员允许进入、重新进入或离开比赛场地而被判罚的任意球,应在比赛停止时球所在地点罚球。然而,如果一名场上队员在正常比赛的移动中离开比赛场地,随后他对对方队员犯规,则应在距犯规发生地点最近的边界线上以任意球恢复比赛。如果该地点位于犯规方罚球区内,且该犯规可被判罚直接任意球,则判罚球点球。

4)规则规定的其他地点[详见11人制足球竞赛规则及裁判法(三)、(十一)、(十二)中的内容]。

(2)球。

1)必须放定,且罚球队员不得在其他队员触及球前再次触球。

2)当球被踢且明显移动,则为比赛恢复。除非守方队员在本方罚球区内获得任意球,此时当球被直接踢出罚球区后,比赛才视为恢复。

3)在比赛恢复前,所有对方队员必须:

a. 距球至少9.15米,除非他们已经处在本方球门柱之间的球门线上。

b. 守方队员在本方罚球区内罚任意球时,处在罚球区外。

4)任意球可以用单脚或双脚同时挑起的方式罚出。

5)作为比赛的一部分,允许用假动作罚任意球迷惑对方。

6)如果一名队员在以正确方式罚任意球的过程中,故意将球踢向对方以再次获得球权,但并未使用草率的、鲁莽的方式或过分的力量,裁判员允许比赛继续。

3. 违规与处罚

(1)罚任意球时,如果对方队员距离球不足规定的距离,除非可掌握有利,否则应重罚任意球。如果队员快速罚出任意球,随后距球不足9.15米的对方队员将球截获,裁判员允许比赛继续。然而,故意阻止对方快速发球的队员必须以延误比赛恢复为由予以警告。

(2)守方队员在本方罚球区内快速罚出任意球时,如果对方队员未来得及离开罚球区,裁判员允许比赛继续。在踢任意球时,处在罚球区内的对方队员,或在比赛恢复前进入罚球区的对方队员,在其他队员触球前触及球或争抢球,应重踢任意球。

(3)守方队员在本方罚球区内罚任意球时,如果没有将球直接踢出罚球区,则应重罚。

(4)如果比赛已经恢复,罚球队员在其他队员触及球前再次触球,则判罚间接任意球。如果罚球队员故意用手触球:

1)判罚直接任意球。

2)如果违规情况发生在罚球队员本方罚球区内,则判罚球点球。除非罚球队员为守门员，这种情况下判罚间接任意球。

（十四）罚球点球

队员在本方罚球区内，或如11人制足球竞赛规则及裁判法（十二）、（十三）已明确的正常比赛移动中离开比赛场地后，犯有可判罚直接任意球的犯规，则判罚球点球。

罚球点球可直接射入球门得分。

1. 程序

（1）球必须放定在罚球点上。

（2）必须清晰指定主罚的队员。

（3）守方守门员必须停留在球门柱之间的球门线上，面向主罚队员直至球被踢出。

（4）主罚队员和守门员以外的其他场上队员必须：

1）距离罚球点至少9.15米（10码）。

2）在罚球点后。

3）在比赛场地内。

4）在罚球区外。

（5）场上队员的位置符合规则规定后，裁判员示意执行罚球点球。

（6）主罚队员必须向前踢球。允许使用脚后跟踢球，只要球向前移动。

（7）当球被踢且明显移动，即为比赛恢复。

（8）主罚队员在其他队员触及球前不得再次触球。

（9）当球停止移动、离开比赛场地，或因发生任何违反规则的情况而裁判员停止比赛时，即为罚球完成。

（10）在上下半场或加时赛上下半场结束时，允许补足时间以完成罚球点球程序。进行补时时，当球罚出后停止移动、离开比赛场地、除守方守门员外的其他任何队员（包括主罚队员）触球，或因主罚队员、主罚的一方违规而裁判员停止比赛时，视为罚球程序完成。如果防守方队员（包括守门员）违规，且点球未进/扑出，应重罚球点球。

2. 违规与处罚

（1）一旦裁判员示意执行罚球点球，球必须罚出。如果在比赛恢复前，出现如下任一情况：

1）主罚队员或同队队员违犯规则：

a. 如果球进门，则重罚点球。

b. 如果球未进门，则裁判员停止比赛，以间接任意球恢复比赛。

2）如下情况，无论进球与否裁判员将停止比赛，以间接任意球恢复比赛：

a. 向后踢球点球。

b. 已确认的主罚队员的同队队员罚球点球，裁判员警告该名罚球队员。

c. 罚球队员完成助跑后用假动作踢球（在助跑过程中使用假动作是允许的），裁判员警告该名队员。

3）守门员或同队队员违犯规则：

a. 如果球进门，进球得分有效。

b. 如果球未进门，应重罚点球。如果守门员违犯规则，则对其予以警告。

4）如果双方队员违犯规则，应重罚球点球。除非某一队员违犯规则的程度更重（如使用不合法的假动作）。如果守门员与主罚队员同时违规：

a. 如果此球罚失或被扑出，警告双方队员，并重罚。

b. 如果此球罚进，进球无效，警告主罚队员，以防守方踢间接任意球恢复比赛。

（2）点球被罚出后，如果：

1）主罚队员在其他队员触及球前再次触球，应判罚间接任意球（或因故意用手触球而判罚直接任意球）。

2）球在向前移动过程中被场外因素触及，应重踢球点球。但如果球将要进门时，干扰因素没有阻止防守队员处理球，随后球进门，则视为进球有效（即使干扰因素与球发生接触），除非球进入对方球门。

3）球从守门员身体、横梁或球门柱弹回比赛场地内，随后被场外因素触及：

a. 裁判员停止比赛。

b. 在被场外因素触及的地点以坠球恢复比赛。

3. 概要（见表7-3）

表7-3 罚球点球的结果

罚球点球的结果		
	进球	未进球
攻方队员违犯规则	重罚点球	间接任意球
守方队员违犯规则	进球有效	重罚点球
守门员违犯规则	进球有效	重罚点球并警告守门员

(续表 7-3)

罚球点球的结果		
	进球	未进球
向后踢球点球	间接任意球	间接任意球
不合法的假动作	间接任意球并警告罚球队员	间接任意球并警告罚球队员
非确认主罚的队员罚球	间接任意球并警告该名队员	间接任意球并警告该名队员
守门员和主罚队员同时违犯规则	间接任意球并警告罚球队员	重罚点球并警告守门员及罚球队员

（十五）掷界外球

当球的整体从地面或空中越过边线时，由最后触球队员的对方掷界外球。界外球不能直接掷进球门得分：

如果球直接掷入对方球门——判踢球门球。

如果球直接掷入本方球门——判踢角球。

1. 程序

（1）在掷出球的瞬间，掷球队员必须：

1）面向比赛场地。

2）任何一只脚的一部分在边线上或在边线外的地面上。

3）在球离开比赛场地的地点，用双手将球从头后经头顶掷出。

（2）所有对方队员必须站在距离掷球地点至少 2 米的位置。

（3）当球掷入比赛场地内，即为比赛恢复。在球进入比赛场地之前，如果球接触地面，则由同一队在相同地点重新掷界外球。如果未依照正确程序掷界外球，则由对方掷界外球。

（4）如果一名队员以正确的方式，故意将球掷向对方队员以再次触球，但并未使用草率的、鲁莽的方式或过分的力量，裁判员允许比赛继续。

（5）掷球队员在其他队员触及球前不得再次触球。

2. 违规与处罚

（1）如果比赛已经恢复，掷球队员在其他队员触及球前再次触球，则判罚间接任意球。如果掷球队员故意用手触球：

1）判罚直接任意球。

2）如果违规情况出现在掷球队员本方罚球区内，则判罚球点球。除非掷球队员为守门员，这种情况下判罚间接任意球。

（2）对方队员通过不正当的方式干扰或阻碍掷球队员（包括移动至距掷球位置少于2米的地点）应以非体育行为予以警告，如果界外球已被掷出，则判罚间接任意球。

（3）对于其他任何违反"掷界外球"规则的情况，应由对方队员掷界外球。

（十六）球门球

当球的整体从地面或空中越过球门线，而最后由攻方队员触及，且并未出现进球，则判为球门球。

球门球可以直接射入对方球门而得分。如果球离开罚球区后直接进入踢球队员本方球门，则判给对方角球。

1. 程序

（1）球必须放定，由守方球队中的一名场上队员在球门区内任意位置踢球。

（2）当球被踢并离开罚球区，即为比赛恢复。

（3）对方队员必须处在罚球区外直到比赛恢复。

2. 违规与处罚

（1）如果球未离开罚球区或在离开罚球区前被队员触及，则重踢球门球。

（2）如果比赛已经恢复，踢球队员在其他队员触及球前再次触球，则判罚间接任意球。如果踢球队员故意用手触球：

1）判罚直接任意球。

2）如果违规情况出现在踢球队员本方罚球区内，则判罚点球。除非踢球队员为守门员，这种情况下判罚间接任意球。

（3）在踢球门球时处在罚球区内的对方队员，或在比赛恢复前进入罚球区的对方队员，在其他队员触球前触及球或争抢球，应重踢球门球。

（4）在比赛恢复前，如果队员进入罚球区内，对对方队员或被对方队员犯规，应重踢球门球。依据犯规情况，犯规队员可被警告或罚令出场。

（5）对于其他任何违反"球门球"规则的情况，应重踢球门球。

（十七）角球

当球的整体从地面或空中越过球门线，而最后由守方队员触及，且并未出现进球，则判为角球。

角球可以直接射入对方球门而得分。如果角球直接射入踢球队员本方球门，则判给对方角球。

1. 程序

（1）球必须放在球越过球门线时最接近的角球区内。

（2）球必须放定，由攻方球队中的一名场上队员踢球。

（3）当球被踢且明显移动时，即为比赛恢复。无须将球踢出角球区。

（4）不得移动角旗杆。

（5）对方队员必须距角球弧至少9.15米，直到比赛恢复。

2. 违规与处罚

（1）如果比赛已经恢复，踢球队员在其他队员触球前再次触球，则判罚间接任意球。如果发球队员故意用手触球：

1）判罚直接任意球。

2）如果违规情况出现在踢球队员本方罚球区内，则判罚球点球。除非踢球队员为守门员，这种情况下判罚间接任意球。

（2）如果一名队员在以正确方式踢角球的过程中，故意将球踢向对方队员以再次获得球权，但并未使用草率的、鲁莽的方式或过分的力量，裁判员允许比赛继续。

（3）对于其他任何违反本章条文的情况，应重踢角球。

二、5人制足球竞赛规则及裁判法

（一）比赛场地

1. 场地表面

（1）根据竞赛规程，比赛应该在表面平坦、光滑而不粗糙的场地上进行，场地表面最好用木材或人造材料制成。应避免使用混凝土或柏油表面。

（2）人造草皮场地只有特殊情况下允许使用，而且仅限于国内比赛。

2. 场地标记

（1）比赛场地必须为长方形并且用线标明。这些画线属于其标示区域的一部分，并且必须明显区别于场地颜色。

（2）两条较长的边界线叫边线，两条较短的线叫球门线。

（3）比赛场地被中线划分为两个半场，中线与两条边线的中点相交。

（4）在中线的中点做一个中心标记，以其为圆心、3米为半径画一个圆圈。

（5）在比赛场地外，距离角球弧5米且垂直于球门线处做一个标记，以保证在踢角球使守方队员能遵守规定的距离。此标记的宽度为8厘米。

（6）在距离两个第二罚球点左右5米处的场地上必须标明另外两个标记，以明确在从第二罚球点罚球时队员退后的最小距离，此标记的宽度为8厘米。

3. 场地度量

（1）边线的长度必须大于球门线的长度。

（2）所有画线的宽度必须为8厘米。

（3）非国际比赛的场地度量。（见表7-4）

表7-4　非国际比赛的场地度量

长度（边线）	最小	25米
	最大	42米
宽度（球门线）	最小	16米
	最大	25米

（4）国际比赛的场地度量。（见表7-5）

表7-5　国际比赛场地度量

长度（边线）	最小	38米
	最大	42米
宽度（球门线）	最小	20米
	最大	25米

（5）场地主要标志度量。（见图7-7）

4. 罚球区

（1）从两球门柱外沿并垂直于球门线向场地内画两条长度为6米的假想线。在这条线的末端，以6米为半径从球门柱的外沿朝最近的边线方向画一个1/4圆。两个1/4弧的上部与一段3.16米的直线相连接，此直线与球门线平行。由这些线和球门线围成的区域，即为罚球区。

（2）在两个罚球区内，从两球门柱之间的中点，垂直于球门线向场内6米处

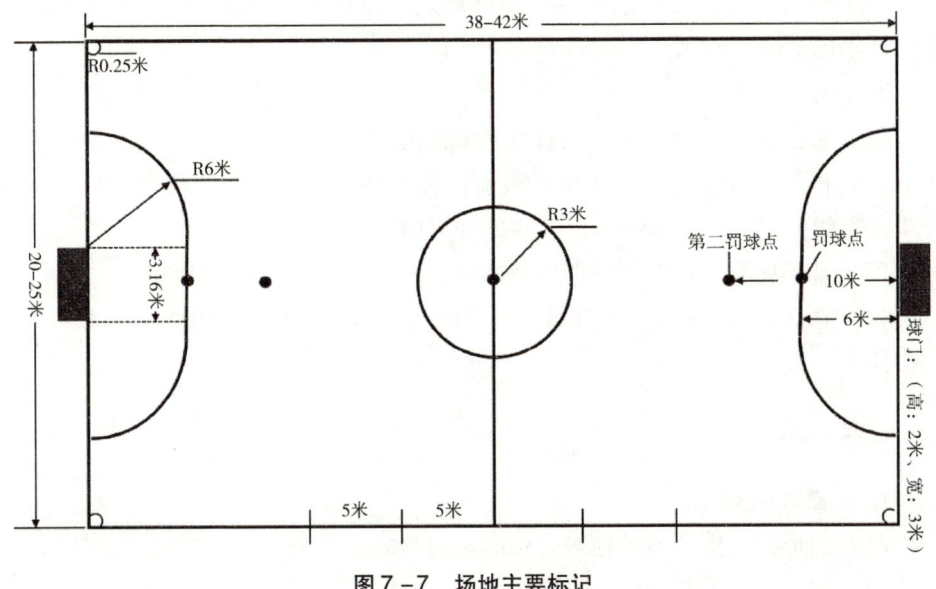

图7-7 场地主要标记

标记一个罚球点,该罚球点与两球门柱等距。

5. 第二罚球点

从两球门柱之间的中点,垂直于球门线向场内量10米做一个标记,为第二罚球点。

6. 角球弧

在比赛场地内,以距每个角25厘米为半径画一个1/4圆。

7. 球门

(1)球门必须放置在每条球门线的中央。

(2)球门由两根等距于两个角且直竖的门柱并与其顶部的一水平横梁连接组成。球门柱和横梁必须由木头、金属或者其他被许可的材质制成。它们必须为方形、长方形、圆形或椭圆形,并且不会危及运动员。

(3)两根球门柱(内侧)之间的距离为3米,从横梁的下沿至地面的距离为2米。

(4)两门柱和横梁的宽度和厚度相同,均为8厘米。球门网必须由大麻、黄麻、尼龙或其他被许可的材料制成,系在球门柱及横梁的后部上,用适当的方式做支撑。球门网必须合理地被撑起来并不得干扰守门员。

(5)球门柱和横梁的颜色必须与比赛场地颜色不同。

（6）球门必须有固定系统以防止翻倒。可以使用移动球门，但仅可在满足以上要求的情况下使用。

8. 替换区

（1）替换区设在双方比赛队替补席前面的边线外。

（2）两替换区分别位于技术区域前，长度为5米。由两条长80厘米、宽8厘米的直线标记，其中40厘米在场内，40厘米在场外。

（3）替换区位于计时台前距中线两侧各5厘米处，而且保持畅通。

（4）球队的替换区位于该队防守半场一侧，在比赛下半场或加时赛下半场需交换。

（二）球

1. 质量和测量

（1）圆形，用皮革或其他被许可的材料制成。

（2）圆周不小于62厘米、不大于64厘米。

（3）在比赛开始时重量不小于400克、不大于440克。

（4）气压相当于海平面0.6～0.9个大气压（600～900克/平方厘米）。

（5）当球从2米的高度下落，其初次反弹的高度应不低于50厘米或不高于65厘米。

2. 破损球的更换

（1）如果球在比赛过程中破裂或损坏，则停止比赛，用新球在原先球破损的所在地点以坠球方式重新开始比赛，除非比赛停止时球在罚球区内，在这种情况下，应由其中一名裁判员在破损位置最近的罚球区线上，用新球以坠球方式恢复比赛。

（2）如果球在踢无人墙的直接任意球、第二罚球点球或者罚球点球踢出的过程中破裂或损坏，且在这个过程中没有触及球门柱、横梁或队员且没有违反规则的情况下，则应重踢。

（3）如果球在开球、掷界外球、罚角球、罚任意球、罚球点球或踢界外球等比赛停止时破裂或损坏：按照室内5人制足球竞赛规则相应的规定重新开始比赛。

（4）在比赛中未经过裁判员允许，不得更换比赛用球。

（三）队员人数

1. 队员

（1）一场比赛应有两队参加，每队上场球员不得多于 5 人，其中一人必须为守门员。

（2）如果任何一队少于 3 人则比赛不能开始。

（3）在比赛中，任何一队在场上队员人数少于 3 人，比赛将被终止。

2. 正式比赛

（1）在由国际足联、洲际足球联合会或国家足协主办的任何正式比赛中，每场比赛最多可以使用 9 名替补队员。竞赛规程必须对替补队员的提名人数做出规定，但不多于 9 人。

（2）比赛中替换队员次数不受限制。

3. 其他比赛

在国际 A 级比赛中，最多可使用 10 名替补队员。在其他所有比赛中，只要符合下列条件即可使用更多数量的替补队员。

（1）比赛双方就替补队员人数达成一致意见。

（2）比赛前通知裁判员。

（3）如果赛前没有通知裁判员，或者双方未达成一致意见，替补队员人数不得超过 10 人。

4. 所有比赛

在所有比赛中，无论队员或替补队员是否上场，他们的名单必须在比赛开始前交给裁判员。任何未及时提名的替补队员不能参加本场比赛。

5. 替补程序

无论在比赛中还是在比赛停止时，队员可在任何时候进行替换。替换队员时必须遵循以下规定。

（1）除室内 5 人制足球竞赛规则规定的特例外，队员需经本队替换区域离场。

（2）替补队员只能在被替换队员已经离场的情况下方可进入场地。

（3）替补队员需经本方替换区域进入场地。

（4）当替补队员经本方替换区域进入场地即完成了替补程序，在此之前他需要将背心交给被替换队员；除非被替换队员不得不依据竞赛规则中的任何原因从其他区域离场，在这种情况下，替补队员应将他的背心交给第三裁判。

(5) 从那时起，替补队员成为场上队员，被替换队员成为替补队员。

(6) 被替换队员可再次参加该场比赛。

(7) 所有替补队员无论上场与否，裁判员均有权对其行使职权。

(8) 如果半场比赛被延长至允许执行完罚球点球、第二罚球点球或者踢无人墙的直接任意球，此时只有防守的守门员允许被替换。

6. 更换守门员

(1) 比赛中任何替补队员都可替换守门员，而无需通知裁判员或等待比赛停止。

(2) 任何场上队员可与守门员互换位置。

(3) 场上队员和守门员互换位置必须在比赛停止时进行，并且必须在换位前通知裁判员。

(4) 场上队员或替补队员替换守门员必须穿着守门员服装且背后有其本人的号码。

7. 违规与判罚

(1) 如果替补队员在被替换队员还未完全离场之前就进入比赛场地，或在替换过程中替补队员从本队替换区外进入场地：

1) 裁判员停止比赛（当掌握有利时不必立即停止比赛）。

2) 裁判员黄牌警告违反替补程序的队员，并要求其离场。

(2) 如果裁判员已经停止比赛，应由对方从比赛停止时球所在地点踢间接任意球重新开始比赛［参见5人制足球竞赛规则及裁判法（十三）"任意球的位置"］。如果该替补队员或者其球队同时违反其他规则的行为，比赛则根据本规则"室内5人制足球竞赛规则诠释及裁判员指南"的规定重新开始比赛。

(3) 如果在替换队员时，被替换队员因非室内5人制足球竞赛规则允许的原因离开场地，或没有经过本方球队替换区域：

1) 裁判员停止比赛（当掌握有利时不必立即停止比赛）。

2) 裁判员应黄牌警告违反替补程序的队员。

(4) 如果裁判员已经停止比赛，应由对方从比赛停止时球所在的地点踢间接任意球重新开始比赛［参见5人制足球竞赛规则及裁判法（十三）"任意球的位置"］。

(5) 其他任何违反本规则的违规行为：

1) 相关队员将被警告。

2) 应由对方从比赛停止时球所在的地点踢间接任意球重新开始比赛［参见

5人制足球竞赛规则及裁判法（十三）"任意球的位置"]。在特殊情况下，比赛应根据本规则"室内5人制足球竞赛规则诠释及裁判员指南"的规定重新开始比赛。

8. 队员和替补队员被罚令出场

（1）队员在开球前被罚令出场，只可以从提名的替补队员中选一人替换。

（2）凡被提名的替补队员被罚令出场，无论是在开球前或在比赛开始后，均不得替换。

（3）只有当计时员或第三裁判员（助理裁判员）允许的情况下，替补队员在被罚令出场两分钟后方可进入比赛场地。如果在两分钟内有进球发生，则应适用以下条款：

1）如果比赛当时5对4，并且人数较多的一方进球，则4人一方的球队应补齐第5名队员。

2）如果比赛当时双方均为3人或4人并有进球发生，则比赛双方保持原有人数不变。

3）如果比赛当时为5对3或4对3，并且人数较多一方进球，则3人一方球队只可增加1人。

4）如果人数较少一方进球，则不改变队员人数继续进行比赛。

（四）队员装备

1. 安全性

队员不得使用、佩戴可能危及自己和其他队员的装备或任何物件（包括各种珠宝饰物）。

2. 基本装备

队员必需的基本准备包括下列相互分离的部分。

（1）运动上衣，如穿紧身衣，其袖子的颜色应与运动上衣袖子的主色相同。

（2）运动短裤，如穿紧身内裤，必须与短裤的主色相同。守门员可以穿长裤。

（3）护袜，如果需要额外使用胶带或相似材料，则其颜色应与球袜被覆盖部分的颜色相同。

（4）护腿板，必须由护袜完全包住，由橡胶、塑料或类似被许可的材质制成，提供适当程度的保护。

（5）足球鞋，帆布、软皮面训练鞋或体操鞋，鞋底为橡胶或类似材质。

3. 颜色

（1）比赛两队的着装颜色必须有别于对方和裁判员及助理裁判员。

（2）每名守门员的服装颜色必须有别于其他队员、裁判员和助理裁判员。

4. 违规与判罚

（1）对于任何违反本节规则的，比赛不需要停止。

（2）裁判员指出场上队员的装备有问题后，该队员应在比赛下一次停止时离开比赛场地去调整装备，除非该队员已经调整好装备。

（3）任何被要求离开比赛场地整理装备的队员，在未经裁判员或者第三裁判员的允许不得再次进场。

（4）在允许队员重新进场之前，裁判员本人需直接或者通过第三裁判员检查该队员装备。

（5）如果该队员没有被替换下场，他只能在比赛停止时或在活球时在第三裁判员的监督下重新进入场地。

（6）队员因违反本规则而被要求离开比赛场地，而且并未被替换下场，在未获得裁判员或第三裁判员的允许时重新进入场地必须被警告。

5. 重新开始比赛

如果裁判员停止比赛执行警告，由对方球队在比赛停止时球所在地点踢间接任意球重新开始比赛［参见5人制足球竞赛规则及裁判法（十三）"任意球的位置"］。

（五）裁判员

1. 裁判员的权力

每场比赛由两名裁判员控制，即裁判员和第二裁判员。他们在被任命的比赛中具有全部权力去执行与比赛相关的室内5人制足球竞赛规则。

2. 权限和职责

（1）两名裁判员。

1）执行室内5人制足球竞赛规则。

2）在有助理裁判员的情况下，与其尽可能合作控制比赛。

3）确保任何比赛用球符合5人制足球竞赛规则及裁判法（二）的要求。

4）确保队员装备符合5人制足球竞赛规则及裁判法（四）的要求。

5）对比赛进行记录。

6）根据判断，当任何违规的行为发生时停止比赛。

7）因任何外界干扰停止比赛。

8）如果他认为队员受伤严重则停止比赛，并确保将其移出场外，受伤队员只能在比赛重新开始后方可重返比赛场地。

9）如果他认为队员只是受轻伤，则允许比赛继续进行直到停止。

10）确保队员因受伤流血时离开比赛场地。因流血离场的队员只有在当裁判员或第三裁判员确认流血已经停止，并在得到裁判员信号后方可重回场地。

11）当一对被犯规而根据"有利"条款能获利时，则允许比赛继续进行。如果预期的"有利"在那一时刻没有接着发生，则判罚最初的犯规。

12）当队员同时出现一种以上的犯规时，则对较严重的犯规进行判罚。

13）当队员同时出现一种以上的不正当行为时，则对较严重的不正当行为进行纪律制裁。

14）对犯有可警告或罚令出场的队员采取纪律处罚，裁判员不必立即进行处罚，但必须在比赛下一次成死球时进行。

15）在球队官员做出不负责任的举动时进行制止，并可酌情将其驱逐出技术区域及场地周边区域。

16）确保没有未经批准的人员进入比赛场地。

17）比赛停止后示意重新开始比赛的方式。

18）根据"裁判员和助理裁判员"章节的规定给予信号。

19）根据比赛需要和"室内5人制足球竞赛规则诠释及裁判员指南"［规则（五）"裁判员"］中"比赛选位"和"比赛暂停时选位"的建议在比赛中移动选位。

20）向相关部门提交比赛报告，包括任何针对队员或球队官员的纪律处分信息以及任何其他在赛前、赛中或赛后发生的意外事件。

（2）裁判员。

1）当助理裁判员不在场时充当第三裁判员和计时员。

2）根据其判断因违反竞赛规则停止或终止比赛。

3）因任何外界干扰停止或终止比赛。

（3）第二裁判员。

当裁判员受伤或身体不适时对其进行替换。

3. 裁判员的决定

裁判员根据与比赛相关的事实所做出的决定，包括进球是否得分和比赛的结果，是最终的决定。

只有在比赛未开始或未终止前，裁判员可以根据自己的判断或助理裁判员的意见而改变确实不正确的决定。

当裁判员与第二裁判员就某一违规行为同时发出判罚信号，而发生双方判罚不一致时，以裁判员的判罚决定为准。

如第二裁判员或助理裁判员过分干预或有不恰当的行为表现时，裁判员可解除其职责，并指派他人替代，并将比赛报告提交有关部门。

4. 裁判员的职责

裁判员（同样适用于助理裁判员）对下列情况承担法律责任。

（1）队员、官员和观众出现任何形式的受伤。

（2）任何形式的财产损坏。

（3）或者可能由于裁判员根据室内5人制足球竞赛规则所做出的判决，或者按照正常程序要求维持、进行和控制比赛，而对任何人、俱乐部、公司、协会或类似机构所造成的任何损失。这些决定包括：

1）裁判员根据比赛场地及其周边情况或天气的影响决定比赛是否进行。

2）决定由于各种原因而终止比赛。

3）决定比赛期间适合比赛的场地器材和比赛用球。

4）由于观众的影响或观众席中的任何问题，决定是否停止比赛。

5）决定是否停止比赛而允许受伤队员移出比赛场地接受治疗。

6）决定要求将受伤队员移出比赛场地接受治疗。

7）决定队员是否可以穿着某种服装或佩戴某种装备。

8）决定（在其职责范围内）是否允许任何人（包括球队或体育场官员、安保官员、摄影记者或其他新闻媒体代表）出现在比赛场地附近。

9）裁判员根据室内5人制足球竞赛规则或依照国际足联、洲际足球联合会、国家足协或联盟对该比赛制定的规程或规定而做出的判决。

5. 国际比赛

国际比赛中必须委派一名第二裁判员。

6. 替补助理裁判员

如在锦标赛和其他比赛中委派了替补助理裁判员，其作用和职责必须与室内5人制足球竞赛规则中的原则一致。

（六）助理裁判员

1. 助理裁判员的权力

每场比赛应委派两名助理裁判员（一名第三裁判员和一名计时员），他们必须依照室内 5 人制足球竞赛规则行使职责。他们的位置在比赛场地外，两替换区同侧靠近中线处，计时员应就座于计时台处，同时第三裁判员则就座或站立行使职责。

应为计时员与第三裁判员配备计时器和可以显示累计犯规次数的设备，这些设备应由比赛场地所属协会或俱乐部提供。

应为他们提供计时台，以便于他们能够正确地行使其职责。

2. 权限和职责

（1）第三裁判员。

1）协助 2 名裁判员和计时员。

2）记录参加比赛队员。

3）在裁判员的要求下监督球的更换。

4）在替补队员尚未进入比赛场地前检查其装备。

5）记录进球队员的号码。

6）当某队官员请求暂停时通知计时员［参见 5 人制足球竞赛规则及裁判法（七）"比赛时间"］。

7）在计时员发出声音信号通知裁判员和球队准许比赛暂停的情况下，给出暂停信号。

8）记录暂停请求情况。

9）记录各半场比赛中裁判员示意的每队累计犯规次数。

10）任一球队在半场比赛中已累计犯规 5 次时给予必需的信号。

11）在计时台上摆设标志，示意某队已经在半场比赛中累计犯规 5 次。

12）记录任何被警告或罚令出场队员的姓名和号码。

13）在各半场比赛开始前向每队官员递交表单，以便于各队据此提出暂停请求。如果球队没有提出暂停请求，那么这些表单在各半场比赛结束后收回。

14）递交给每队官员一份表单示意何时一名替补队员可以进入比赛场地替代另一被罚令出场的队员。

15）在裁判员的委派下，监督已经离场整理装备的队员重新进入场地。

16）在裁判员的委派下，监督由于任何受伤已经离场的队员重新进入场地。

17）在裁判员执行警告或罚令出场出现明显错误时，或有暴力行为发生在裁判员视线范围之外时，用信号通知裁判员。但无论怎样，裁判员有权决定任何与比赛有关的事项。

18）监督任何位于技术区域和替补席上人员的行为，并将他们任何不适当的行为通知裁判员。

19）记录比赛中由于外界干扰而产生的中断及其原因。

20）提供任何与比赛相关的其他信息。

21）在被要求时，能根据"室内 5 人制足球竞赛规则诠释和裁判员指南"中"比赛中选位""比赛暂停时选位"［参见 5 人制足球竞赛规则及裁判法（五）"裁判员"］的要求在比赛场地上选位。

22）当裁判员、第二裁判员受伤或不能行使职责时取代第二裁判员。

（2）计时员确保比赛时间与 5 人制足球竞赛规则及裁判法（七）相符。

1）当比赛正确开球后开启计时器。

2）当比赛停止时停止计时器。

3）当比赛经踢界外球、掷球门球、角球、中圈开球、任意球、从罚球点或第二罚球点踢出或坠球重新开始比赛后，开启计时器计时。

4）在可能情况下在计分板上公开记录的进球、累计犯规次数和比赛节次。

5）在得到第三裁判员通知后，以不同于裁判员的哨音或其他声音信号示意某队要求暂停。

6）对 1 分钟暂停进行计时。

7）以不同于裁判员的哨音或其他声音信号示意 1 分钟暂停结束。

8）得到第三裁判员通知后，以不同于裁判员的哨音或其他声音信号示意某队第 5 次累计犯规。

9）负责队员罚令出场 2 分钟的计时。

10）以不同于裁判员的哨音或其他声音信号，示意上半场、全场及加时赛半场时间结束。

11）在被要求时，能根据"室内 5 人制足球竞赛规则诠释和裁判员指南"中"比赛中选位""比赛暂停时选位"［参见 5 人制足球竞赛规则及裁判法（五）"裁判员"］的要求在比赛场地上选位。

12）在第三裁判员未能到场情况下行使第三裁判员的特殊职责。

13）提供任何与比赛相关的其他信息。

3. 国际比赛

在国际比赛中，必须委派第三裁判员和计时员。

在国际比赛中，计时器需具备所有必需的功能（精确计时、同时记录 4 个被罚令出场队员 2 分钟罚停期的计时装置和记录每队各自上下半场的累计犯规次数）。

（七）比赛时间

1. 比赛半场

比赛分为两个半场，每半场 20 分钟。特殊情况经裁判员和双方同意另定除外。任何改变比赛时间的协议必须在比赛开始之前制定，并要符合竞赛规程。

2. 半场结束

（1）计时员用声音信号或哨音示意每半场结束。在听到计时员的哨声或声音信号后，其中的一位裁判员用其哨声宣布半场或比赛结束，并要注意下列情况。

1）当需踢或重踢第二罚球点球或 6 次累计犯规的直接任意球时，相关半场应被延长，直到罚球结束。

2）当需踢或重踢球点球时，相关半场应被延长，直到罚球结束。

（2）如果向其中一个球门运动，裁判员必须在计时员响哨或发出声音信号之前等踢球结束。半场结束情况如下：

1）球直接向球门内移动并得分。

2）球离开场地边线。

3）球触及守门员或防守队员、球门柱、横梁或地面后越过球门线进球得分。

4）守方守门员或队员触及球，或球从球门柱、横梁反弹并未越过球门线。

5）球被任何攻方队员触及，但此球是发出的间接任意球且被另一名球员触及后球向球门移动的情况除外。

6）没有出现可判为直接任意球、间接任意球或球点球的犯规，而且不需重踢直接任意球、间接任意球或球点球。

（3）如果在此期间，某队犯有可判为直接任意球的犯规且累计犯规已达 5 次，或犯有可判为球点球的犯规，半场结束情况如下：

1）球没有被直接踢向球门。

2）球直接进入球门并得分。

3）球出界。

4）球击中一个或两个门柱、横梁、守方守门员或队员后进门得分。

5）球击中一个或两个门柱、横梁、守方守门员或队员后没有进门。

6）没有出现可判为直接任意球、间接任意球或球点球的另一犯规。

（4）如果在此期间，某队犯有可判为直接任意球的犯规但累计犯规次数未达到第 6 次，半场结束情况如下：

1）球没有被直接踢向球门。

2）球直接进入球门并得分。

3）球出界。

4）球击中一个或两个门柱、横梁、守方守门员或队员后进门得分。

5）球击中一个或两个门柱、横梁、守方守门员或队员后没有进门。

6）球被攻方队员触及。

7）没有出现可判为直接任意球、间接任意球或球点球的犯规。

（5）如果在此期间，某队犯有可判为间接任意球的犯规，半场结束情况如下：

1）球在运动中未触及其他球员直接进入球门，或者击中一个或两个门柱或横梁，此进球无效。

2）球在触及守门员或非罚球方的其他队员后，击中一个或两个门柱或横梁，且进球得分。

3）球在触及守门员或非罚球方的其他队员后，击中一个或两个门柱或横梁，但未进球得分。

4）没有出现可判为直接任意球、间接任意球或点球的犯规。

3. 暂停

双方球队在每个半场各有一次1分钟暂停的权利。应遵循下列条款：

（1）球队官员有权向第三裁判员或在无第三裁判员情况下向计时员使用暂停申请表单，提出1分钟暂停申请。

（2）当提出暂停请求的球队控球时且比赛停止，计时员用不同于裁判员所使用的哨声或声音信号准予暂停。

（3）暂停期间，队员可以保留在场上或场外。但如果要喝水，则必须离开比赛场地。

（4）暂停期间，替补队员必须保持在场外。

（5）换队员只有在暂停结束声音信号或哨音响起后进行。

（6）一队在上半场比赛没有请求暂停的，在下半场也只允许请求一次暂停。

（7）如果既没有第三裁判员，也没有计时员，球队官员可请求裁判员给予暂停。

（8）如果进入加时赛，则加时赛期间没有暂停。

4. 中场休息

（1）队员有中场休息的权利。

(2) 中场休息不得超过 15 分钟。
(3) 竞赛规程必须注明中场休息的时间。
(4) 只有经裁判员同意方可改变中场休息时间。

5. 中止的比赛

除竞赛规程另有规定外,中止比赛应重新进行。

(八) 比赛开始和重新开始

1. 预备

(1) 通过掷币,猜中的队决定上半场比赛的进攻方向。
(2) 另一队开球开始比赛。
(3) 猜中的队在下半场开球开始比赛。
(4) 下半场比赛,两队交换比赛场地和进攻方向。

2. 开球

(1) 开球是比赛开始或重新开始的一种方式。
1) 在比赛开始时。
2) 在进球得分后。
3) 在下半场比赛开始时。
4) 在加时赛两个半场开始时。
5) 开球直接进球得分无效。

(2) 程序。
1) 所有队员必须在本方半场内。
2) 开球队的对方队员,应距球至少 3 米,直到比赛开始。
3) 球必须放定在中点上。
4) 裁判员发出信号。
5) 当球被踢并向前踢动时比赛即为开始。
6) 某队进球得分后,只要该半场还没有结束,由另一队开球。

(3) 违规与判罚。
1) 如果比赛进行中开球队员在其他队员触球前再次触球(非用手触球):由对方队员在犯规地点踢间接任意球[参见 5 人制足球竞赛规则及裁判法(十三)"任意球的位置"]。
2) 如果比赛进行中开球队员在其他队员触球前故意手球:由对方队员在犯规地点踢任意球[参见 5 人制足球竞赛规则及裁判法(十三)"任意球的位

置"],并记录该队累计犯规。

3)在开球程序中的其他任何犯规:重新开球且不适用有利条款。

3. 坠球

如果在比赛进行中,裁判员因室内5人制足球竞赛规则未提到的任何原因而需要暂停比赛,则以坠球重新开始比赛。在室内5人制足球竞赛规则范围内也可以用坠球的方式重新开始比赛。

(1)程序。

裁判员或第二裁判员在比赛停止时球所在的地点坠球,除非比赛在罚球区内被停止,在这种情况下其中一名裁判员在比赛停止时距球最近的罚球区线上坠球。

当球在比赛场地内触地比赛即重新开始。如果球触及地面,比赛进行后未触及任一队员离开场地,则在最初坠球的地点重新坠球。

(2)违规与判罚。

1)在最初坠球的地点重新坠球。

a. 如果球在接触地面前被队员触及。

b. 如果球在接触地面后未经任何队员触及出界。

c. 如果在球触及地面前有任何犯规发生。

2)如果在球接触地面后,一名队员通过一次触球将球踢向某一球门,而且球直接:

a. 进入对方球门,由对方掷球门球。

b. 进入本方球门,由对方踢角球。

3)如果在球接触地面后,一名队员通过多次触球将球踢向某一球门,而且球进入某一球门,进球有效。

(九)比赛进行和停止

1. 比赛停止

下列情形比赛停止:

(1)当球的整体从空中或地面越过球门线或边线时。

(2)当比赛被裁判员停止时。

(3)当球击打到天花板时。

2. 比赛进行

其他所有时间,比赛都视为进行中,包括下列情形:

(1) 球从球门柱或横梁弹回球场内。
(2) 球从场内的裁判员身上反弹。

3. 室内球场

天花板最低高度为 4 米且由竞赛规程规定。

在室内球场比赛时，如球意外击中天花板，则由最后触球队员的对方队以踢界外球的方式重新开始比赛。此界外球应距球触天花板垂直下方最近的边线处踢出［参见 5 人制足球竞赛规则及裁判法（十五）"踢界外球的位置"］。

（十）计胜方法

1. 进球得分

当球的整体从球门柱间及横梁下越过球门线，而此前进球的球队未违反室内 5 人制竞赛规则，即为进球得分。

如果攻方守门员故意用手或上臂从本方罚球区内将球掷或打入对方球门并且他是最后触及或击球的队员，则进球无效。比赛将由对方球队掷球门球重新开始比赛。

如果在进球后，裁判员在比赛重新开始前意识到进球队多出一人或已经进行了不正确换人，则应宣布进球无效并由对方球队从罚球区内的任何地点以间接任意球重新开始比赛。如果已经开球，裁判员依据竞赛规则［参见 5 人制足球竞赛规则及裁判法（三）"队员人数"］采取措施处罚攻方队员，但进球有效。裁判员应向相应的主办机构报告相关事实。如果另一队进球，则进球有效。

2. 获胜球队

在比赛中进球数多的队为胜者。如两队进球数相等或均未进球，则比赛为平局。

3. 竞赛规程

当一场比赛获主客场两回合比赛成平局，而竞赛规程需要决出胜者时，仅允许以下程序决定胜队：

(1) 客场进球规则。
(2) 加时赛。
(3) 踢球点球。

（十一）越位

室内 5 人制足球没有越位。

（十二）犯规与不正当行为

犯规和不正当行为违反了室内 5 人制足球竞赛规则，将依如下条款进行判罚：

1. 犯规

犯规将被判罚直接任意球、罚球点球或间接任意球。

（1）判为直接任意球的犯规。

1）如果裁判员认为队员以草率、鲁莽或使用过分力量的方式犯有下列 7 种犯规中的任何一种，将判给对方踢直接任意球。

a. 踢或企图踢对方队员。

b. 绊摔对方队员。

c. 跳向对方队员。

d. 冲撞对方队员。

e. 打或企图打对方队员。

f. 推对方队员。

g. 抢截对方队员。

2）如果队员犯有下列 3 种犯规中的任何一种，也判给对方踢直接任意球。

a. 阻止对方队员移动。

b. 向对方队员吐唾沫。

c. 故意手球（守门员在本方罚球区内除外）。

在犯规发生地点踢直接任意球［参见 5 人制足球竞赛规则及裁判法（十三）"任意球的位置"］。上述犯规都属于累计犯规之列。

（2）判为罚球点球的犯规。

在比赛进行中，无论球在什么位置，如果队员在本方罚球区内违反了上述 10 种犯规中的任何一种，应被判罚球点球。

（3）判为间接任意球的犯规。

1）如果守门员犯有下列 4 种犯规中的任何一种，判由对方踢间接任意球。

a. 在本方半场内，以手或脚控制球超过 4 秒。

b. 将球发出后，未经对方队员踢或触及在本方半场内再次触及同队队员故意传给他的球。

c. 在本方罚球区内，以手触及同队队员故意踢给他的球。

d. 在本方罚球区内，以手触及同队队员直接踢给他的界外球。

2）如果裁判员认为队员犯有下列犯规中的任何一种，则也判由对方在犯规地点踢间接任意球。

a. 在对方队员面前以危险方式比赛。

b. 阻挡对方行进路线。

c. 阻挡对方守门员将球从手中发出。

d. 采用可判为直接任意球的9种犯规之一的行为对本方队员犯规。

e. 犯有竞赛规则犯规与不正当行为或其他章节未提及的任何其他犯规，裁判员为此停止比赛对犯规队员进行警告或罚令出场。

f. 在犯规发生地点踢间接任意球［参见5人制足球竞赛规则及裁判法（十三）"任意球的位置"］。

2. 不正当行为

不正当行为将被警告或罚令出场。

3. 纪律制裁

黄牌用于表示对一名队员或替补队员的警告。

红牌用于表示将一名队员或替补队员罚令出场。

黄牌和红牌只能出示给队员和替补队员。一旦比赛开始，相关的红黄牌应公开出示以及仅限于在比赛场地上。在其他情况下，裁判员口头告知队员和球队官员对其的纪律制裁。

裁判员从比赛开始前进入场地所在的场馆起，到比赛结束后离开场馆为止，在此期间均有权对队员进行纪律制裁。

队员无论是在比赛场内或场外，无论是直接对对方队员、同队队员、裁判员或任何其他人犯有应被警告或罚令出场的行为，都将根据犯规性质进行处罚。

（1）可警告的犯规。

1）如果队员犯有下列7种犯规中的任何一种，将被黄牌警告：

a. 非体育行为。

b. 用语言或行动表示异议。

c. 持续违反室内5人制竞赛规则。

d. 延误比赛重新开始。

e. 当以角球、任意球或踢界外球重新开始比赛时，（防守队员）不退出规定的距离。

f. 未经裁判员许可进入或重新进入比赛场地，或者违反替换程序。

g. 未经裁判员许可故意离开比赛场地。

2）如果替补队员犯有下列 4 种犯规中的任何一种，将被警告：

a. 非体育行为。

b. 用语言或行动表示异议。

c. 延误比赛重新开始。

d. 进入比赛场地或违反替换程序。

（2）罚令出场的犯规。

1）如果队员或替补队员犯有下列 7 种犯规中的任何一种，将被罚令出场：

a. 严重犯规。

b. 暴力行为。

c. 向对方或其他任何人吐唾沫。

d. 用故意手球破坏对方的进球或明显的进球得分机会（不包括守门员在本方罚球区内）。

e. 用可判为任意球或点球的犯规，破坏对方向本方球门移动着的明显进球得分机会。

f. 使用攻击性、侮辱性或辱骂性的语言或手势。

g. 在同一场比赛中得到第二次警告。

2）如果替补队员犯有下列犯规，将被罚令出场：

破坏对方的进球或明显的进球得分机会。

3）被罚令出场的队员或替补队员必须离开比赛场地周边和技术区域。

（十三）任意球

1. 任意球类型

任意球分为直接任意球和间接任意球。

（1）直接任意球。

1）信号。

裁判员单臂平举，指向发球方向。裁判员另一手指向地面，以向第三裁判员和计时员示意，此为累计犯规。

2）球进球门。

a. 如果直接任意球直接踢入对方球门，判为得分。

b. 如果直接任意球直接踢入本方球门，判给对方角球。

3）累计犯规。

a. 在 5 人制足球竞赛规则及裁判法（十二）"犯规与不正当行为"中提到的

应判罚直接任意球或罚球点球的犯规。

b. 每队在每半场的累计犯规应被记录在比赛报告中。

c. 如果某队犯规尚未累计到 5 次，而且对方队也未因此失去进球或明显进球得分机会，裁判员可以掌握有利让比赛继续进行。

d. 如果裁判员掌握有利，当比赛停止时，必须用规定的信号向计时员及第三裁判员示意累计犯规。

e. 如果有加时赛，加时赛中的累计犯规应继续计在下半场累计犯规次数上。

（2）间接任意球。

1）信号。

当裁判员判罚间接任意球时，应单臂上举过头，并保持这种姿势直到球踢出后被其他队员触及或比赛停止。

2）球进球门。

只有当球进门前触及另一名队员才算得分有效：

a. 如果间接任意球直接踢入对方球门，判给对方掷球门球。

b. 如果直接任意球直接踢入本方球门，判给对方角球。

3）程序。

无论是直接任意球还是间接任意球，踢球时必须将球放定。每队从第 6 次累计犯规起的直接任意球规定如下：

a. 任意球必须直接射门而不能传给同队队员。

b. 任意球踢出后，只有球被守方守门员触及，或者从球门柱、横梁弹回，或球出界后，其他队员才可触及。

c. 如队员犯有本方的第 6 次累计犯规，而犯规地点在对方半场或本方半场介于通过第二罚球点的假想平行线与中线之间的区域，该任意球在犯规方半场的第二罚球点踢出，第二罚球点的位置在 5 人制足球竞赛规则及裁判法（一）"比赛场地"中已说明。罚任意球必须遵循本节"任意球的位置"的要求。

d. 如果队员犯有本方的第 6 次累计犯规，而犯规地点在犯规方半场球门线和通过 10 米的假想平行线之间、罚球区之外的区域，则对方可选择在犯规地点或第二罚球点踢任意球。

e. 在每半场比赛获加时赛上下半场结束时，应允许延长时间执行完自第 6 次犯规规定的直接任意球。

2. 任意球的位置

（1）罚球区外的任意球。

1）所有队员必须距球至少 5 米直到比赛进行。

2）当球被踢出并移动时比赛即为进行。

3）在犯规发生地点，或在犯规发生时比赛所在的地点（根据犯规情况），或从第二罚球点踢任意球。

（2）在守方罚球区内的直接或间接任意球。

1）所有队员必须距球至少 5 米直到比赛进行。

2）所有队员必须位于罚球区外直到比赛进行。

3）当球被直接踢出罚球区时比赛即为进行。

4）在罚球区内获得任意球可以在罚球区内任何地点执行。

（3）每半场第 6 次累计犯规起的直接任意球。

1）守方队员不可排人墙防守。

2）须明确主罚队员。

3）守方守门员须留在罚球区内且距球至少 5 米。

4）队员须留在场地内，如果主罚队员愿意，也可留在场地内。

5）除主罚队员和守方守门员外，其他队员应在与球相齐而且平行于球门线的一条假想线后、罚球区外，并且至少距球 5 米，不可阻挡主罚队员。除主罚队员外，其他队员直到比赛进行方可越过假想线。

（4）进攻队间接任意球。

1）所有队员必须距球至少 5 米直到比赛进行。

2）当球被踢出并移动时，比赛即为开始。

3）在罚球区内的间接任意球，应从距犯规地点最近的罚球区线上踢出。

3. **违规与判罚**

（1）如果当任意球踢出时，对方队员比规定距离更接近于球。

任意球应重踢并警告犯规队员，除非裁判员掌握有利或者有其他可判为罚球点球的犯规发生。如果该犯规可被判为任意球，则由裁判员决定是判罚该犯规还是判罚原来的犯规。如果该犯规可判为罚球点球或直接任意球，防守一方应累计 1 次犯规。

（2）如果当防守方从本方罚球区内踢任意球，球未直接踢出罚球区，任意球重踢。

（3）如果某队踢任意球超过 4 秒时。

裁判员判给其对方队踢间接任意球，并在原地点执行［参见 5 人制足球竞赛规则及裁判法（十三）"任意球的位置"］。

(4) 从第 6 次累计犯规开始，如果队员罚球时没有射门得分的意图，裁判员判给其对方队踢间接任意球，并在原地点执行。

(5) 从第 6 次累计犯规开始，如果由事先确定的主罚队员的队友来踢任意球，裁判员停止比赛，警告其非体育行为，由防守方在他踢球的地方踢间接任意球重新开始比赛。

(6) 由守门员外的队员踢任意球。

1) 如果比赛进行后，主罚队员在其他队员触球前再次触及球（用手除外）。

判由对方在犯规发生的地点踢间接任意球［参见 5 人制足球竞赛规则及裁判法（十三）"任意球的位置"］。

2) 如果比赛进行后，主罚队员在其他队员触球前故意手球。

a. 判由对方在犯规发生的地点踢直接任意球［参见 5 人制足球竞赛规则及裁判法（十三）"任意球的位置"］，并记录该队 1 次累计犯规。

b. 如果犯规地点发生在踢球队员本方罚球区内，将判罚球点球，并记录该队 1 次累计犯规。

(7) 守门员罚任意球。

1) 如果比赛进行后，守门员在其他队员触球前再次触及球（用手除外）。

判由对方在犯规发生的地点踢间接任意球［参见 5 人制足球竞赛规则及裁判法（十三）"任意球的位置"］。

2) 如果比赛进行后，守门员在其他队员触球前故意手球。

a. 守门员在本方罚球区外，判由对方在犯规发生的地点踢直接任意球［参见 5 人制足球竞赛规则及裁判法（十三）"任意球的位置"］。

b. 守门员在本方罚球区内，判由对方在犯规发生的地点踢间接任意球［参见 5 人制足球竞赛规则及裁判法（十三）"任意球的位置"］。

(8) 从第 6 次累计犯规开始，如果裁判员鸣哨给出罚直接任意球的信号后，球未被踢出之前。

1) 一名攻方队员违反室内 5 人制足球竞赛规则，除主罚队员用时超过 4 秒之外。

a. 裁判员允许球被踢出。

b. 如果球进入球门，则判重踢任意球。

c. 如果球未进入球门，裁判员停止比赛并判由守方球队在犯规发生地点踢间接任意球重新开始比赛［参见 5 人制足球竞赛规则及裁判法（十三）"任意球的位置"］。

2）一名守方队员违反室内 5 人制足球竞赛规则。

a. 裁判员允许球被踢出。

b. 如果球进入球门，则判进球有效。

c. 如果球未进入球门，则判重踢任意球。

3）一名或多名守方队员及一名或多名攻方队员违反室内 5 人制足球竞赛规则。

判重踢任意球。

（9）从第 6 次累计犯规开始，如果直接任意球已经被踢出。

1）主罚队员没有意图将球向前踢出射门得分。

裁判员暂停比赛，判由对方在犯规发生地点踢间接任意球重新开始比赛［参见 5 人制足球竞赛规则及裁判法（十三）"任意球的位置"］。

2）主罚队员在其他队员触球前再次触球（用手除外）。

判由对方在犯规发生的地点踢间接任意球［参见 5 人制足球竞赛规则及裁判法（十三）"任意球的位置"］。

3）一名非主罚队员在球触及守方守门员、或从任一球门柱或横梁反弹、或离开比赛场地前触及球（用手除外）。

判由对方在犯规发生的地点踢间接任意球［参见 5 人制足球竞赛规则及裁判法（十三）"任意球的位置"］。

4）一名队员故意手球。

a. 判由对方在犯规发生的地点踢直接任意球［参见 5 人制足球竞赛规则及裁判法（十三）"任意球的位置"］，并记录该队 1 次累计犯规。

b. 如果犯规发生地点在守方队员本方罚球区内，守方守门员除外［参见 5 人制足球竞赛规则及裁判法（十三）"任意球的位置"］，将判罚球点球，并记录该队 1 次累计犯规。

5）球向前移动时被场外因素触及，判重踢任意球。

6）球从守门员、球门柱、横梁反弹回场地内并被场外因素触及。

a. 裁判员暂停比赛。

b. 在球触及场外因素的地方坠球恢复比赛。除非球触及场外因素的地点在罚球区内，在这种情况下则由其中一名裁判员在距球停止时所处位置的罚球区线上坠球重新开始比赛。

（10）在比赛进行后，球在没有触及球门柱、横梁或其他队员之前破裂或出现破损，判重踢任意球。

（十四）罚球点球

当比赛进行中，一球队在本方罚球区内犯有任何可被判罚直接任意球的10种犯规，应被判罚球点球。

罚球点球直接进球得分有效。

每半场比赛或加时赛上下半场结束时，应允许延长时间执行完罚球点球。

1. 球和队员的位置

（1）球。

必须放在罚球点上。

（2）主罚球点球的队员。

必须明确主罚队员。

（3）防守方的守门员。

必须位于本方两球门柱之间的球门线上，面向主罚队员，直至球被踢出。

（4）除主罚队员外的其他队员应处于：

1）比赛场地内。

2）罚球区外。

3）罚球点后。

4）距罚球点至少5米。

2. 程序

（1）在队员按照规则要求处于规定的位置后，其中的一名裁判员发出执行罚球点球的信号。

（2）主罚队员必须将球向前踢出。

（3）当球被踢出并向前移动时比赛即为进行。

（4）在比赛进行中，以及在半场、全场或加时赛半场结束而延长时间执行或重新执行罚球点球时，如果球在越过球门柱之间和横梁下的球门线之前，当球触及一个或两个球门柱或横梁或守门员，应判定得分。

（5）裁判员决定罚球点球何时完成。

3. 违规与判罚

（1）如果主罚队员没有将球向前踢出。

裁判员停止比赛，由守方队员在罚球点上踢间接任意球重新开始比赛［参见5人制足球竞赛规则及裁判法（十三）"任意球的位置"］。

（2）如果在罚球点球过程中，球被先前确认为主罚队员的队友踢出。

裁判员停止比赛，警告其非体育行为，由守方队员在罚球点上踢间接任意球重新开始比赛［参见5人制足球竞赛规则及裁判法（十三）"任意球的位置"］。

（3）如果裁判员发出执行罚球点球信号后，球进入比赛前发生下列情况：

1）主罚队员的同队队员违反室内5人制足球竞赛规则。

a. 裁判员允许踢出该点球。

b. 如果球进入球门，进球有效。

c. 如果球未进球门，裁判员应停止比赛，由守方在违规地点踢间接任意球重新开始比赛［参见5人制足球竞赛规则及裁判法（十三）"任意球的位置"］。

2）一名防守队员违反室内5人制足球竞赛规则。

a. 裁判员允许该球点球踢出。

b. 如果球进入球门，进球有效。

c. 如果球未进入球门，应重踢。

3）一名或多名守方队员及一名或多名攻方队员违反室内5人制足球竞赛规则，应重踢。

（4）如果罚球点球踢出后：

1）主罚队员在其他队员触球前再次触球（用手除外）。

由对方在犯规发生地点踢间接任意球［参见5人制足球竞赛规则及裁判法（十三）"任意球的位置"］。

2）主罚队员在其他队员触球前故意手球。

由对方在犯规地点踢直接任意球［参见5人制足球竞赛规则及裁判法（十三）"任意球的位置"］，并记录该队1次累计犯规。

3）当球向前移动后被场外因素触及，应重踢。

4）球从守门员、横梁或球门柱弹回比赛场地内，接着被场外因素触及：

a. 裁判员暂停比赛。

b. 在被场外因素触及的地点坠球重新开始比赛。如果球在罚球区内触及场外因素情况除外，遇到这种情况，其中一名裁判员应在比赛停止时距球最近的罚球区线上坠球重新开始比赛。

（5）比赛中，当球未触及球门柱、横梁或队员前破裂或破损，应重踢。

（十五）踢界外球

踢界外球是重新开始比赛的一种方法。

当球整体不论从地面或空中越过边线或击中天花板时，判由最后触球队员的对方队踢界外球。

踢界外球直接进球得分无效。

1. 队员的位置

对方队员必须：

1）在场上。

2）距界外球发球地点所处边线至少5米。

2. 程序

只有一种类型的程序。

（1）踢界外球的位置。

1）在踢出界外球的一瞬间，踢球队员：

a. 一只脚站在边线或边线外的地上。

b. 将球放定，在球出界的地点上，或从这一点向外不超过25厘米处踢界外球。

c. 在装备好后须在4秒内将球踢出。

2）当球进入场地比赛即进行。

（2）违规和判罚。

1）如果当踢界外球时，对方队员距踢球地点小于规定的距离时，由同一队重新踢界外球，并警告违规队员，除非此时适用有利条款或踢界外球的对方球队犯有可被判罚直接任意球或罚球点球的犯规。

2）如果对方队员不正当地阻挡发球或分散踢界外球队员的注意力，他将因非体育行为被警告。

3）对于其他任何违反踢界外球程序的行为，由对方踢界外球。

（3）除守门员之外的队员踢界外球。

1）如果比赛进行后，踢界外球队员在其他队员触球前再次触球（用手除外）。

由对方球队在犯规发生地点踢间接任意球［参见5人制足球竞赛规则及裁判法（十三）"任意球的位置"］。

2）如果比赛进行后，踢界外球队员在其他队员触球前故意用手触球。

由对方球队在犯规发生地点踢直接任意球［参见5人制足球竞赛规则及裁判法（十三）"任意球的位置"］，并记录该队1次累计犯规。

（4）守门员踢界外球。

1）如果比赛进行后，守门员在其他队员触球前再次触球（用手除外）。

由对方球队在犯规发生地点踢间接任意球［参见 5 人制足球竞赛规则及裁判法（十三）"任意球的位置"］。

2）如果比赛进行后，守门员在其他队员触球之前故意用手触球。

a. 如果犯规发生地点在守门员本方罚球区外，由对方在犯规发生地点踢直接任意球［参见 5 人制足球竞赛规则及裁判法（十三）"任意球的位置"］，并记录该队 1 次累计犯规。

b. 如果犯规发生地点在守门员本方罚球区内，由对方在距离犯规发生地点最近的罚球区线上踢间接任意球［参见 5 人制足球竞赛规则及裁判法（十三）"任意球的位置"］。

（十六）掷球门球

掷球门球是重新开始比赛的一种方法。

当球的整体不论从地面或空中越过球门线，而最后触球者为攻方队员，且根据 5 人制足球竞赛规则及裁判法（十）不是进球得分时，应判为掷球门球。

掷球门球直接进球得分无效。

1. 队员位置

对方队员必须在比赛场地上，在掷球门球队罚球区外直到比赛进行。

2. 程序

（1）由守方守门员在罚球区内任何一点用手抛球。

（2）在准备好后，守方守门员应在 4 秒内将球发出。

（3）当球被守方守门员直接抛出罚球区，比赛即为进行。

3. 违规与判罚

（1）如果球未被直接抛出罚球区进入比赛，可重掷，但一旦守门员准备好再次掷球门球，4 秒计时应继续进行。

（2）如果比赛进行后，守门员在其他队员触球前再次触球（用手除外），由对方球队在犯规发生地点踢间接任意球［参见 5 人制足球竞赛规则及裁判法（十三）"任意球的位置"］。

（3）如果比赛进行后，守门员在其他队员触球前故意用手触球：

1）如果犯规发生地点在守门员本方罚球区外，由对方在犯规发生地点踢直接任意球［参见 5 人制足球竞赛规则及裁判法（十三）"任意球的位置"］，并记录该队 1 次累计犯规。

2）如果犯规发生地点在守门员本方罚球区内，由对方在犯规发生地点踢间接任意球［参见 5 人制足球竞赛规则及裁判法（十三）"任意球的位置"］。

（4）如果比赛进行后，在对方队员传或触球前，守门员在本方半场再次触及同队队员故意传给他的球，由对方在距离犯规发生地点最近的罚球区线上踢直接任意球［参见 5 人制足球竞赛规则及裁判法（十三）"任意球的位置"］。

（5）如果没有在 4 秒内掷出球门球，由对方在距离犯规发生地点最近的罚球区线上踢间接任意球［参见 5 人制足球竞赛规则及裁判法（十三）"任意球的位置"］。

（6）如果在掷球门球时，进攻队员处于罚球区内，且攻方其中一名队员触球或者阻碍守门员掷球门球，应重掷球门球。

（7）对于其他任何违反此规则的，判重掷球门球。如果掷球门球队一方违规，在守门员准备好再次掷球门球时，4 秒计时继续进行。

（十七）角球

角球是重新开始比赛的一种方法。

当球的整体不论从地面或空中越过球门线，而最后触球者为守方队员，而且根据 5 人制足球竞赛规则及裁判法（十）不是进球得分时，应判为角球。

角球直接进入对方球门得分有效。

1. 球和队员的位置

（1）球必须在距球越过球门线最近的一侧的角球弧内。

（2）对方队员必须比赛场地内距角球弧至少 5 米直到比赛进行。

2. 程序

（1）必须由攻方队员踢球。

（2）踢角球一方必须在准备好后 4 秒内将球踢出。

（3）当球被踢并移动时即为比赛进行。

3. 违规与判罚

（1）如果在踢角球时，对方队员没有退出规定的距离，由同一队重新踢角球，并警告犯规队员，除非此时适用有利条款或守门员犯有可被判罚直接任意球或罚球点球的犯规。

（2）如果在踢角球时对方不正当地阻挡发球或分散主罚队员的注意力，他将因非体育行为被警告。

（3）如果角球没有在 4 秒内踢出，判由对方掷球门球。

（4）对于其他任何违反程序或其位置的行为，判重踢角球。如果踢角球方违规，在主罚队员装备好重新踢角球时，4秒计时继续进行。

(5) 除守门员外的场上队员踢角球。

1) 如果比赛进行后，踢球队员在其他队员触球前再次触球（用手除外）。

由对方在犯规发生地点踢间接任意球 [参见5人制足球竞赛规则及裁判法（十三）"任意球的位置"]。

2) 如果比赛进行后，踢球队员在其他队员触球前故意用手触球。

a. 由对方在犯规发生地点踢直接任意球 [参见5人制足球竞赛规则及裁判法（十三）"任意球的位置"]，并记录该队1次累计犯规。

b. 如果犯规发生地点在踢球队本方罚球区内，则判罚球点球，并记录该队1次累计犯规。

(6) 守门员踢角球。

1) 如果比赛进行后，守门员在其他队员触球前再次触球（用手除外）。

由对方在犯规发生地点踢间接任意球 [参见5人制足球竞赛规则及裁判法（十三）"任意球的位置"]。

2) 如果比赛进行后，守门员在其他队员触球前故意用手触球。

a. 如果犯规发生地点在守门员本方罚球区外，由对方在犯规发生地点踢直接任意球 [参见5人制足球竞赛规则及裁判法（十三）"任意球的位置"]，并记录该队1次累计犯规。

b. 如果犯规发生地点在守门员本方罚球区内，由对方在犯规发生地点踢间接任意球 [参见5人制足球竞赛规则及裁判法（十三）"任意球的位置"]。

第二节　最具代表性的足球竞赛规则变革简介

一、"金球制"

金球制是国际足联于1996年开始推行的。由于传统的加时赛耗时太多，体力不支的球员都不思进取巴不得比赛早早结束，在20世纪90年代英格兰的业余杯赛中，人们想出了一条新的规程，那就是在加时赛中，只要有球队进了球，比赛就立即结束，日本译成"暴死法"，中国译成"突然死亡法"。时任国际足联秘书长布拉特觉得这些词汇不利于足球运动的形象，遂称之为"金球制"。国际足联在制定1994年第15届美国世界杯赛规程时，就注明赛事进入第二阶段淘汰赛制或预选赛的附加淘汰赛时采用金球制。

1997年，第16届法国世界杯预选赛亚洲区日本队对伊朗队进行到118分钟时，冈野雅行进了第一个金球；1998年，世界杯八分之一决赛法国队对巴拉圭队进行到114分钟，法国队布兰科进了决赛圈的历史性金球。

欧洲足联1996年在英格兰欧洲杯的竞赛规程中就注明采用金球制，冠亚军决赛德国队对捷克队的加时赛才4分钟时日耳曼人金球制胜。

二、"银球制"

金球制实行后，人们发觉虽然有利于进球的队，但是过快剥夺了失球队的机会，不能完全体现出公平竞争的原则，因为这没有给失利一方足够的弥补机会。正因为如此，国际足联于2003年又推出了"银球制"，即一队在加时赛进球，比赛继续进行，到所在加时赛的半场结束时，如果比分落后队还没有扳平比分，比分领先队成为胜队。这样一来，任何队只要在加时赛的上半时比分不落后，加时赛必然赛满30分钟，这与金球制前旧的加时赛制没有两样。不论银球制还是金球制，都是在淘汰赛中才会采用的。

欧洲足联在2002—2003赛季欧洲俱乐部冠军联赛和欧洲联盟杯四分之一决赛、半决赛和决赛中采用"银球制"，来替代"金球制"。银球制也在2004年葡萄牙欧洲杯赛上被采用。而过去实行的"金球制"实际是"突然死亡制"，是在加时赛中谁先进球谁就获胜，并结束比赛。

不过通过一年多的试验，银球制依然不能令球员和教练感到满意，他们纷纷呼吁国际足联更改加时赛规则。经过多次讨论后，国际足联执委会决定废除现行的金球制和银球制，国际足球理事会于2004年2月18日在英国伦敦举行的第118届年会上全票通过决议：根据11人制足球竞赛规则（十）"确定比赛结果"的规定，不论金球制还是银球制都不如原先的常规赛、加时赛、踢点球的程序更能合理地决出晋级队，因此不再采用金球制和银球制。

三、增设两名底线裁判

欧足联以2009年9月开战的欧联杯为试点，增设了两名底线裁判。这一举措得到国际足联和各大洲足球协会的支持和响应，纷纷在随后的比赛中启用底线助理裁判。

当今的足球比赛节奏变得越来越快,运动员能力变得越来越强。特别是在罚球区犯规,裁判员的执法难度增大,执法工作更具有挑战性。为了使裁判员更好地管理比赛,做出更准确的判罚,所以在足球比赛中开始增设两名底线裁判。

附加助理裁判的作用在于,首先,能够提高对比赛的控制,特别是在罚球区内。当罚球区附近发生争抢球等事件时,由于裁判员和附加助理裁判可以从两个不同角度观察同一个事件,且附加助理裁判距离事发地点近,运动员将会感受到裁判员更加严密的管理,能起到更大的威慑作用,从而减少犯规行为的发生。

其次,能更好地观察和控制裁判员视野外(盲区)的事件的发生。当出现裁判员视线受阻或看不到的情况时,附加助理裁判有更好的位置和观察角度做出判断,从而协助裁判员做出正确判罚。

四、门线技术

门线技术(goal-line technology)是足球运动辅助技术,可以判断球是否越过了球门线,从而判断是否进球有效。国际足联一直以来都反对引入门线技术,而是只依靠裁判和第四官员执法。门线技术已经在 2010—2011 赛季欧洲冠军联赛开始使用。2013 年 2 月 19 日,国际足联正式宣布,在 2013 年联合会杯以及 2014 年巴西世界杯上将启用门线技术,这是国际足联在经过漫长的讨论与测试后,历史性决定将高科技引入世界杯,向球场上的误判宣战。

2010 年世界杯上,兰帕德的怒射打中德国队球门的横梁弹入门线内,慢镜头显示此球明显是个好球,裁判却未判罚进球有效,以至于英格兰队最终含冤出局。

五、视频助理裁判

视频助理裁判(video assistant referee,简称 VAR)由现役裁判员担任,他的职责是通过回放视频向裁判员提供信息,协助裁判员纠正改变比赛走势清晰明显的错漏判,提高判罚的准确性。主要依靠遍布足球场上的多个摄像机镜头,多机位、多角度捕捉场上球员的每一个细小动作,从而做到"火眼金睛"。当场上出现争议判罚或主裁判需要调取比赛录像时,由技术人员操作,调出相对应的回放节点,以得到更加公正的比赛判罚。

视频助理裁判团队人数依据赛场摄像头数量确定。视频裁判团队包括 1 名视频助理裁判（VAR）和 3 名视频助理裁判助理（AVAR）。此外，还需要 4 名回放专员（RO）为视频裁判团队提供协助，从现场拍摄到的各种角度中筛选出有用信息。

为了确保裁判之间没有"暗箱操作"，视频回放室内还会安排一名国际足联官员，负责监督所有视频回放及裁判之间的沟通，并将室内所有情况通过一台触屏电脑进行记录，再将信息通过电脑传输至球场内的大屏幕及现场的媒体解说席。需要启用 VAR 裁判时，回放控制室内几名工作人员各司其职，在最短的时间内完成各自规定的工作。

其中，VAR 负责视频画面的分析判罚，提醒或被主裁判提醒使用 VAR 视频分析；RO 通常由提供 VAR 设备的鹰眼公司技术人员，或者鹰眼公司专业培训的技术人员担任，他需要在最短时间内从几个乃至十几个不同机位的摄像机画面中，找到争议判罚（进球）的回放，并选取最佳角度提供给 VAR 裁判；国际足联官员记录操作室内情况，并将信息通过电脑传输至球场内的大屏幕及现场的媒体解说席。

按照国际足联的规定，VAR 的使用原则是"minimum interference, maximum benefit"，意即"最小限度地打断比赛，最大限度地获得收益"。纠正的是清晰明显的错漏判，而不是力求将足球比赛判罚的准确率提高到 100%。

国际足联明文规定，只有当涉及球是否进门、红牌判罚、红黄牌罚错对象和是否判罚点球这四种情况时，VAR 才能介入。其他任何情况下，哪怕裁判员发生错判、误判，VAR 都不能介入。当比赛中出现上述四种情况中的任意一种，而场上裁判第一时间并没有做出准确判罚时，VAR 将会通过对讲机，提醒裁判员。VAR 只能提醒场上裁判，通过视频回看，告诉裁判究竟发生了什么，供裁判参考，最终的判罚权仍然掌握在场上的裁判手中。因此，并不是说有了 VAR 就可以取代场上裁判。

2018 年 3 月 3 日，足球比赛的规则制定者——国际足球协会理事会（IFAB）在瑞士苏黎世举行会议并发表声明称，同意在 2018 年的俄罗斯世界杯上采用"录像裁判"（VAR）技术，借用录像回放系统来辅助裁判执法比赛。

2018 年 6 月 16 日，2018 年俄罗斯世界杯小组赛 C 组的一场焦点战在法国队与澳大利亚队之间进行，本场比赛诞生了世界杯历史上第一个通过观看 VAR 而做出的改判；2018 年 7 月 15 日，2018 年俄罗斯世界杯决赛，法国队对阵克罗地亚队，比赛进行到第 35 分钟，克罗地亚队员佩里西奇在防守法国队任意球中不慎禁区内

手球，裁判经 VAR 回看后判定点球，这是世界杯决赛历史上首次出现经 VAR 判定点球。

六、第四换人

2017 年 6 月 1 日，在欧足联召开的相关会议中，有多项新规获得通过，其中最重要的就是，加时赛可以增加第四个换人名额，即如果球队在常规时间用完了换人名额，可以在加时赛多换一人。

为了保护球员的体能及身体健康，足球规则在换人方面也进行了人性化的变革，最主要的一点便是加时赛阶段各队可以多更换一人，也就是更换第四位球员。这样一来，便会避免出现比赛在常规时间陷入僵局的时候，各队主帅为了珍惜手中的换人名额，不到最后不换人的情况。此前这些规则在英格兰足总杯、德国杯和美洲杯等赛事中已经开始使用。

2018 年 7 月 1 日，2018 年俄罗斯世界杯八分之一决赛在卢日尼基球场开打，西班牙与东道主俄罗斯展开角逐。双方常规时间战成 1∶1，加时赛西班牙 4∶5 俄罗斯遭淘汰。此役不仅是本届世界杯首次进入加时赛，也是世界杯舞台上首次出现第四次换人的情况。

第三节　如何欣赏一场足球比赛

一、观战准备

1. 要弄懂比赛规则

国内外的比赛规则的执行大体分为两类。一类是由国际足联统一组织的比赛，如世界杯、亚洲杯等，比赛规则是严格按照国际足球联合会所制定的内容去执行。国际足联届时会派监督员到场，以保证规则的实施。

另一类则属于双边友好往来所进行的比赛，这类比赛在每方上场的替补队员人数、比赛时间、最后决胜的方式上可经双方协商，自定一些相对来讲有所变通的规则，以期达到增进感情、切磋球技的目的。

2. 赛前了解清楚比赛双方的技术风格会使观球的乐趣更大

一般来讲，两支不同流派的球队交锋，比同属一种流派两支球队的对垒要精彩得多。除此之外，摸清参赛双方过去交锋的成绩，也是必要的。还有，本场比赛是否重要，是否关系到对垒双方或者是影响到第三方、第四方的前景等，这些情况最好也能掌握。

3. 对世界足坛目前的各种流派、打法，要有一个基本的了解

现今，足球各种流派的形成，有很强的地域性，既有其地域文化特点的影响，也有民族特征的渗透。

南美国家，在足球运动上表现出注重培养球员的个性特点，注重球员意识的培养，鼓励球员在场上的即兴发挥，具有很强的观赏性。而要想做到这一点，就需有扎实的技术功底做保证。

以德国和荷兰为代表的全攻全守流派的形式和这两个国家特别是德国的民族特征有着直接的关系。德意志民族具有冷静的思考和观察力、点滴不漏的组织原则、严谨和一丝不苟的敬业精神，使他们极其适合全攻全守流派的那种协调的、全局的、整体的风格特征，这最终使他们得以脱颖而出。

不同流派自然会有其不同的特点，在战术打法上的表现也不尽相同。

欧洲拉丁派，既讲究整体性，也注重对队员技术的培养。在场上的表现是攻防转换灵活，传接球的质量高，队员个人突破能力较强。这一流派以意大利、南斯拉夫、西班牙和葡萄牙队为典型代表。

英式足球，讲究体能的训练，这是该流派特点所决定的。英式足球具体表现在以不停顿的进攻，硬朗的防守，简捷的进攻线路，挤压式的防守，高速度、快节奏、强对抗为手段去克敌制胜，初与之交手的球队一时会很难适应。

南美技术派打法，极具欣赏性，其精彩的盘带、精准的配合及令人眼花缭乱的即兴发挥，让人陶醉。南美技术派极其重视球员的意识及即兴发挥能力的培养与建立。相对来讲，南美技术派的防守显弱，整体协调性尚需磨炼，全队成绩受球员情绪影响较大。

全攻全守流派是荷兰队在20世纪70年代率先推出的一种先进的打法，并一举震惊世界足坛。该流派遵循攻则倾巢出击、防则全员退守的原则，讲究中场过渡，分边或直传中路，前卫线队员迅疾压上，边后卫助攻频繁，加之中后卫突然地中路出击，会给对手以重创。全攻全守的打法，要求队伍的整体水平平均，各个环节上不能有明显的漏洞，因而一般球队很难做到。

4. 了解对阵双方的球星情况

一支球队中有无球星助阵，有时直接关系到比赛的上座率及比赛的精彩程度。同时，真正的世界级球星也会以自己出众的球技使他所在的球队在竞争中处于有利的位置。所以，看一个队中有无球星，将是衡量一场比赛精彩程度的一个重要因素。

5. 赛前提早入座

去球场看比赛，最好能提前进场，先感觉一下那种场面、气氛，那是一种绝妙的享受。另外，现代足球节奏加快，每每出现开场仅几十秒钟便攻陷城池的镜头。

二、从不同角度去欣赏比赛

足球比赛精彩异常，战术变化繁多，球星表演引人入胜，教练员临场指挥斗智斗谋，裁判员执法如山，阵型布局捉摸不透，如此这般，一场高水平的足球赛将给球迷带来全方位的享受。怎样从各不相同的角度去品味足球比赛，里面确实大有学问。

1. 看双方排出的阵型

这对了解双方的攻防意图、整队的实力及战术风格大有好处。

2. 看球星的表演

一场比赛开始后，静静地去欣赏一下球星的高超球技，那种感觉是非常绝妙的。四年一度的世界杯之所以有那么大的吸引力，很重要的一点就是每每有足坛的新星涌现出来，意识极强，球技出众，作风过硬，风度倾人。贝利、贝肯鲍尔、马拉多纳、普拉蒂尼、米拉等，无不是在世界杯上大放异彩的。世界杯造就了球星，为球星提供了表演舞台；球星塑造了世界杯，为大赛增光添彩。

3. 看教练员的临场指挥水平

一个球队的实力和好成绩的取得，与教练员的水平有极大的关系。教练员在比赛中的指挥，从某种意义上讲，比主力队员在场上的作用还要重要。因此，衡量一名教练的水平，临场指挥能力的高低是一个重要参考依据。教练员的临场指挥水平主要反映在临场战术的改变及场上队员的调遣上。

4. 看裁判员执法是否合理

一场比赛能否顺利进行、双方的技术和战术水平能否得到最大限度的发挥，裁判员的水平高低和执法是否合理将起到至关重要的作用。一名高水平的、执法

第七章　足球竞赛规则及足球欣赏

公正的裁判员，应是一名善于处理赛场复杂情况的能手，他能控制双方的过激情绪，及时惩罚那些严重违章的队员，而不管你的名气有多大。在对关键球，特别是有争议的球的处理上，果断、准确，手势清晰，语言简洁，让人心服口服，经得起推敲。可以说有一名好的裁判，比赛就成功了一半。另外，他还应该是一名心理学家，能及时洞察犯规队员是有意还是无意，在判罚的同时，会使用自己的魅力去征服球员，收到红、黄牌所达不到的判罚效果。球迷在观察的时候，不要忘了观察一下裁判员的执法是否合理，起到一个舆论监督的作用。

三、做出自己的评价，提高观察水平

欣赏足球比赛，观看比赛的精彩场面固然是一种奇妙的享受，而赛后如能融入自己的观点去品味、评论它，却同样能使你陶醉其中不能自拔。有人曾说：真正的球迷，足球给他带来的乐趣，三分之一在赛前，三分之一在赛中，还有三分之一是在赛后。

一场激烈、精彩的比赛结束后，对成败双方得失的因果关系做出你自己的判断，对双方技战术特点谈谈自己的看法，那会使你观察的档次提高。赛前，展望双方的获胜前景；赛中，细心观察双方的水平发挥；赛后，大胆预测双方下一轮的比赛情况。如能这样，你就不再是一个简单的观众。

球迷朋友们不要把自己对足球的热情局限在球场上一时的宣泄，不妨把它的内涵引申出来，赛后和你的家人、朋友甚至是素不相识的人谈谈感受，既可是人生大角度的，也可是局部细微之处的感触。再注意下赛后报刊的评论文章，逐步提高自己的分析、观摩水平。

第四节　足球比赛中的常用术语

一、弧线球

指使球呈弧线运行的踢球技术。足球在运行中，由于强烈旋转，使两侧的空气压力发生差异而形成。由于球呈弧线形运行，故俗称"香蕉球"，踢弧线球时，脚击球的部位应偏离球的重心。常用于绕过位于传球路线中间的防守队员，

或射门中迷惑守门员，使之产生错误判断。罚直接任意球时，用弧线球射门已是得分的一种重要方法。

二、鱼跃扑球

指守门员的一种难度较高的接球技术。以与球同侧的一脚用力蹬地，异侧腿屈膝提摆，使身体跃出接球。接球后落地时，双手按球，用前臂的侧面先着地，团身护球。因是腾身侧面跃出，增大了接球的范围，故能接住用其他动作难以接到的球。

三、清道夫

指足球比赛中承担特定防守任务的拖后中卫之别称。一些球队在"固守稳攻"的战术思想影响下，为了加强防守，于后卫线后面安排一个队员，其职责是只守不攻，执行单一的补位防守任务，"打清"攻到本方球门前的球，因而得名。

四、自由人

指足球比赛"1-3-3-3"阵型中拖后中卫的别称。防守时无固定的看守对象，可机动灵活地补位救险，从而使其他队员，特别是3个后卫在盯人时无后顾之忧。这是清道夫踢法的发展，不仅要守，而且要伺机插入进攻第一线。根据职责，要求担当"自由人"的队员技术全面，战术意识强，比赛经验丰富，是组织、指挥防守的核心。

五、全攻全守

一个队除守门员之外的10名队员都有进攻和防守的职责，称为"全攻全守"。根据比赛中攻与守的需要，每个队员都可到任何一个位置上发挥这一位置队员的作用。这一战术打破了阵式对队员的束缚，能充分调动和发挥队员的积极性的才能。同时，对队员在身体素质、技战术和意志品质、战斗作风诸方面，也提出了更高的要求。1974年第10届世界杯足球赛中，荷兰队首先采用了这种打法，被誉为国际足球史上的第三次变革。

六、下底传中

指边线进攻中,通过个人带球突破,或集体配合把球推到对方端线附近,然后长传至对方球门前的战术方法。攻方在快速推进中,常趁对方防线阵脚未稳时,采用此法中间包抄以射门得分。

七、外围传中

也称"45°角传中"。当攻方有球队员在边线附近与对方球门约成45°角的地区时,用过顶长传把球传向处于对方罚球区附近的同伴,供同伴用头顶球连续进攻,称为"外围传中"。尤其在守方队员已及时退回,且密集在球门前30～40米的地区,通向对方球门的路已被封住,或攻方有身材高大、争顶球能力强的前锋队员时,动用这种打法可取得较好的效果。

八、交叉换位

比赛中进攻队员为了摆脱对方的防守,在跑动中左右换位的战术配合方法。最常见的有:左侧的队员疾跑至右侧的队员前接球,右侧队员传球后,交叉跑到左侧位置。这一战术配合改变了队员只在本位置范围内活动的踢法,使战术更变化多端。

九、长传突破

指运用远距离传球突破对方防线的战术方法。当代足球比赛中,此战术方法多用于快速反击时。防守队员在本方球门前抢截得球,利用对方压上进攻后来不及回防的时机,长传给突前的同伴,以突破对方的防线。

十、插上进攻

指位于第二、第三线的前卫、后卫队员,插入第一线参加进攻的战术方法。因有纵深距离,故容易摆脱对方的防守,且第二、第三线队员的插上具有较大的隐蔽性和突然性，因此，更具威胁性。后卫插入前锋线直接参加进攻是全攻全守战术的一个重要标志。

十一、区域防守

指每一队员根据位置划分一定的防守区域，在划定的范围内，主要采用站位的防守方法，而不紧逼盯人。这使进攻队传接球比较容易，而且在同一区域内出现两个以上进攻队员时，防守就感到困难。这一防守战术比较被动，已不能适应足球运动发展的需要，现已很少采用。

十二、补位

比赛中集体防守的一种配合方法。指防守中本队一个队员被对手突破时，另一队员前去封堵。两人补位是集体防守配合的基础。防守队员相互间保持适当的距离和角度，是进行及时补位的前提。过去主要指后卫线队员防守时的配合。当代足球采用全攻全守战术，补位的内容也有了相应的发展。担任锋与卫的队员之间在一次进攻中相互交换位置，也成为补位的重要内容之一，从而对补位队员的技战术意识提出了更高的要求。

十三、密集防守

球门前的 30 米区域常被称为"危险地带"。比赛中，双方为了稳固防守，往往组织相当多的人把守这一区域，形成密集状态，以加强保护，减少空隙，阻止对方的突破，称为密集防守战术。

十四、造越位

根据规则：进攻队员在接球时，较对方倒数第 2 名防守队员更接近于球门线则为越位。防守队员利用这一规定，在对方传球中，另一队员将触及球的瞬间，突然向前一跑，造成对方接球队员与本方端线之间有一个防守队员的局面，使对方越位犯规。

十五、反越位战术

这是针对对方"造越位"战术而采取的一种进攻战术。当进攻队员觉察到防守者用造越位的战术破坏本方的进攻时,及时改变传球方向,让在后面的队员插上接球或自己直接带球快速推进射门,从而使对方退防不及。

十六、篱笆战术

也称人墙战术。在自己门前危险区域内,当对方罚任意球时,几个防守队员并排成"人篱笆",以帮助守门员封住对方射门的部分角度。

十七、撞墙式配合

比赛中进攻时的一种过人战术,即形成两人过一人局面时,二人一传一切,接球再传者一次出球,使传球者传来的球像撞在墙上一样,从而加快过人速度,故名。

十八、欧洲五大联赛

欧洲五大联赛是当今世界上职业化、商业化程度和竞技水平最高的联赛。五大联赛包括:英超、西甲、意甲、法甲、德甲。

十九、帽子戏法

帽子戏法是指一个球员在一场比赛中连进3个球。

这个说法源于19世纪70年代在英国广为流行的板球比赛。板球和美国的棒球相似,都要求投球手投掷的速度越快越好,对方击球越远越好。因此,帽子就代表了尊重。一般说来,如果一名投球手连续投出3个好球而将对方3名球员淘汰出局,是件相当神奇的事。如果碰到这样的情况,裁判便授予那个投手一顶帽子,作为一种至上的荣誉象征。简言之,"帽子戏法"的本意就是板球手连续用3个球得分而获得一顶帽子鼓励,这个词于19世纪70年代才出现在印刷品中的。

二十、黄油手

这是对经常扑球失误的足球守门员的戏称,意思是手上像抹了黄油一样,拿不稳球。2017—2018 赛季的欧冠联赛决赛中,英超利物浦门将卡里乌斯的几次"黄油手"失误,是导致球队输球最主要的原因。

第五节　世界足球最具影响力赛事

一、欧洲冠军联赛

欧洲冠军联赛(UEFA Champions League,简称"欧冠")是欧洲足球协会联盟主办的年度足球比赛,代表欧洲俱乐部足球最高荣誉和水平,被认为是全世界最高素质、最具影响力以及最高水平的俱乐部赛事,亦是世界上奖金最高的足球赛事和体育赛事之一。

欧洲冠军联赛的前身是欧洲俱乐部冠军杯(European Champion Clubs' Cup),1992—1993 赛季欧足联对这项杯赛的赛制和名称正式进行了修改。改制后仍继承欧洲俱乐部冠军杯成立以来的各种纪录,未被分开计算,旧有的名称"欧洲俱乐部冠军杯"则留在了冠军奖杯上。该项赛事最成功的球队为皇家马德里,一共 13 次夺冠,紧随其后的是 7 次夺冠的 AC 米兰,6 次夺冠的利物浦,5 次夺冠的拜仁慕尼黑和巴塞罗那,以及 4 次夺冠的阿贾克斯。

在 1991—1992 赛季之前,欧洲俱乐部冠军杯的赛制是纯粹的淘汰赛。这个赛季则在 8 强时设立了小组赛。1992—1993 赛季,欧洲俱乐部冠军杯正式更名"欧洲冠军联赛",比赛也发展成在每个星期的星期二和星期三进行。但人们习惯于将其称为"欧洲冠军杯"。在后来的几年中,欧洲冠军联赛的赛制又屡有变化,逐渐将分组循环制应用到复赛以前的比赛,参赛的球队也不再限于各国的联赛冠军以及上赛季的欧冠冠军,一些足球强国的联赛亚军也可以参赛。而这一切变化,都是为了增加比赛的场次,使参赛的各队能够得到更多的收益。

1998 年,为了阻止各大俱乐部建立欧洲超级联赛的设想,欧足联决定从 1999—2000 赛季起对欧洲三大杯赛进行有史以来最大的改革——欧洲优胜者杯被取消。而根据欧洲俱乐部比赛成绩的排名，各国可以派出 1 ～ 4 支球队参加欧洲冠军联赛。此外对小组赛赛制进行了进一步修改，又增加了一轮小组赛，第一阶段的小组赛由 32 支球队分成每组 4 队的 8 组进行，每队进行 6 场比赛。8 个小组的前两名进入第二阶段的小组赛，第三名进入欧洲联盟杯（欧洲足联欧洲联赛前身）第三轮。第二阶段小组赛决出 8 强晋级淘汰赛。

2013 年 5 月 24 日，欧足联正式确认从 2015 年起，欧洲联赛冠军将获得下个赛季欧冠参赛资格。第一个通过这个规则参加欧冠的是 2014—2015 赛季的欧洲联赛冠军塞维利亚，由于欧冠上届冠军巴塞罗那同时也是西甲上届冠军，塞维利亚不需要参加附加赛就直接获得了欧冠小组赛资格。

二、南美解放者杯

南美解放者杯（Conmebol Libertadores）是一项由南美洲各个顶级一俱乐部之间竞争的最高荣誉的洲际足球赛事，赛事等级相当于欧洲冠军联赛和亚洲冠军联赛。首届赛事于 1960 年举行，由南美洲足球协会负责举办。南美解放者杯规定由南美足协所属球会参与（合计 10 个国家，包括巴西、阿根廷、乌拉圭、巴拉圭、秘鲁、智利、厄瓜多尔、哥伦比亚、委内瑞拉及玻利维亚）。阿根廷是目前夺冠最多的国家。

南美解放者杯是为纪念拉丁美洲独立运动领袖玻利瓦尔等人而创立的，比赛最初由南美十国参加，后来墨西哥球队也加入了进来。历史上该项赛事经过多次改制，规则也多变，最新的一次规则修订是从 2005 年开始的。在第二次世界大战后，南美解放者杯仍未成立之前，一些南美洲顶级球会构思成立一项跨国性的球会级赛事。直至 1948 年，7 支来自南美各国的足球劲旅在智利圣地亚哥举行一项小型的足球赛事，名为南美洲俱乐部锦标赛（South American Club Championship），赛事以单循环赛制进行。可是因为财政问题，这项赛事自此再没有举行，但其后南美足协考虑过该项赛事的概念，亦成为南美解放者杯的前身。欧洲足协于 1955 年创办欧洲冠军球会杯，当时获得空前成功，与此同时欧洲亦希望举办一项欧洲与南美冠军俱乐部对决的赛事，从而决定出球会间的世界冠军，并在世界杯足球赛之外，较量这两个洲的足球水平。基于这两个因素，南美解放者杯应运而生，南美足协于 1960 年举行首届赛事，当届赛事共有 7 支队伍参加，结果来自乌拉圭的佩纳罗尔两回合以 2∶1 击败巴拉圭的亚松森奥林匹亚，夺得首届南美解放者杯冠军。回顾历届赛事，两大南美强国——巴西及阿根廷的顶级俱乐部均成为南美解放者杯的夺冠热门，大部分冠军由该两国俱乐部夺得。例如，阿根廷俱乐部独立队曾经在20世纪70年史无前例连续4次夺冠以及博卡青年于2000—2003年4年内三度称霸；20世纪90年代有5家巴西俱乐部6次夺得南美解放者杯冠军。虽然巴西及阿根廷实力强大，但亦有其他南美国家的俱乐部从中突围，当中乌拉圭佩那罗尔更是佼佼者，曾经5次夺得冠军，是巴西和阿根廷俱乐部之外夺得南美解放者杯冠军次数最多的俱乐部（仅次于阿根廷独立队和博卡青年），可惜其最后一次夺冠已经是1987年。2008年亦有厄瓜多尔俱乐部基多大学破天荒夺冠，这对于该国在南美足球的地位有着历史性影响。

三、欧足联国家联赛

欧足联国家联赛（UEFA Nations League）是一项由欧洲足球协会联盟主办的，旗下各成员协会参加的国家队男子足球赛事。该项赛事为跨年度举行，将取代以往的国家队之间的友谊赛，首届比赛在2018年9月开启。此联赛的战绩并不会影响世界杯欧洲区预选赛的出线资格，但每级别的胜出队伍将有机会参加欧洲杯的附加赛。

欧洲国家联赛会按以下形式进行：55支球队按排名划分为4个级别（A级、B级、C级、D级），首届的分级标准是根据欧足联各协会积分排名来决定。赛事会在双数年举行，比赛将打至第二年的决赛圈。联赛采取升降级制：A、B、C级联赛的4组垫底队将降级，B、C、D级联赛的4组冠军将升级。欧洲国家联赛会有4个晋级欧洲足球锦标赛决赛圈的名额。

四、欧洲足球五大联赛

欧洲足球五大联赛是欧洲足球联赛影响力及竞技水平排名前五的联赛，包括西班牙足球甲级联赛（La Liga）、英格兰足球超级联赛（The Premier League）、意大利足球甲级联赛（Serie A）、德国足球甲级联赛（Bundesliga）和法国足球甲级联赛（Ligue 1）。

这些联赛代表着世界足坛最顶尖的足球水平，吸引了众多球星加盟，是世界足球发展的风向标。

第二次世界大战后，足球在欧洲范围内很快复兴起来。随着欧洲冠军杯的创立，各个国家的足球运动交流日益频繁。由于环境与球风的不同，传统上来说，意大利和西班牙的联赛技术含量高，而英格兰的联赛更加注重身体对抗，比赛节奏较快。但大体说来，自20世纪50年代到20世纪90年代，各个联赛之间的互相影响并不太大。虽然当时人们称意大利、英格兰、西班牙联赛为三大联赛，但尚没有五大联赛的出现。由于联赛的兴旺与经济发达与否和国家队成绩有直接联系，因此在21世纪之前，意甲被认为是第一联赛，被誉为"小世界杯"。尤文图斯、AC米兰、国际米兰在欧洲赛场表现优异。而当时荷兰足球甲级联赛同样战绩彪炳，其影响力不逊如今的法甲。

就目前情况看，英超可以被认为是当今最具观赏性的五大联赛之首。

五、美洲杯

美洲杯（Copa America）是一项由南美足联成员国参加的最重要的国家队足球赛事，赛事前身为南美足球锦标赛（Campeonato Sudamericano de Selecciones），亦是全世界历史最悠久的国家队足球赛事。

1916年7月2日至7月17日于阿根廷举行首届赛事，该届赛事同时为了庆祝阿根廷独立一百周年，故安排在独立日内进行赛事。美洲杯早期举办时间间隔不定，从2007年起固定为每四年举办一届赛事，目前已经成功举办45届。

美洲杯上最成功球队是乌拉圭队，15次夺冠。其次是阿根廷队，14次夺冠。

六、非洲国家杯

非洲国家杯（Africa Cup of Nations）简称非洲杯，由非洲足联主办，是非洲大陆最高规格的国家队赛事，地位等同于欧洲杯、美洲杯和亚洲杯等其他大洲的洲际大赛。

第一届非洲杯于1957年举行，自1968年开始，此项赛事正式确定为每两年举办一届，一直延续到2013年由于改制而在2012、2013年间连续举办了2届非洲杯，之后仍为两年一届。

七、亚足联亚洲杯

亚足联亚洲杯（AFC Asian Cup），简称亚洲杯，是由亚足联举办的国际性成年男子足球队比赛，每四年举办一届。从1997年开始，亚洲杯冠军代表亚足联参加国际足联联合会杯。

亚洲杯是世界上除了美洲杯以外历史最悠久的洲际国家队比赛，比第一届欧洲杯还要早四年创办。亚洲杯也是亚洲地区内最高级别的国家级赛事，参赛球队必须是亚足联成员。从1956年至2004年期间，每届亚洲杯都与欧洲杯以及奥运会在同一年份举行，因此亚洲杯的吸引力也长期受制于这两个同年举行的大型体育赛事。为了更好地推广亚洲杯，并进一步提高赛事的影响力，亚足联决定将亚洲杯放在体育赛事相对较少的单数年份举行。因此，亚足联将原定于2008年的亚洲杯提前一年至2007年举办，以后仍然继续每四年举行一届。（见表7-6）

表7-6 历届亚洲杯比赛成绩

届数	年份	举办地	冠军	亚军	季军
1	1956	中国香港	韩国	以色列	中国香港
2	1960	韩国	韩国	以色列	中国台北
3	1964	以色列	以色列	印度	韩国
4	1968	伊朗	伊朗	缅甸	以色列
5	1972	伊朗	伊朗	韩国	泰国
7	1976	伊朗	伊朗	科威特	中国
8	1980	科威特	科威特	韩国	伊朗
9	1984	新加坡	沙特阿拉伯	中国	科威特
11	1988	卡塔尔	沙特阿拉伯	韩国	伊朗
14	1992	日本	日本	沙特阿拉伯	中国
15	1996	阿联酋	沙特阿拉伯	阿联酋	伊朗
16	2000	黎巴嫩	日本	沙特阿拉伯	韩国
17	2004	中国	日本	中国	伊朗
18	2007	印尼/马来西亚/泰国/越南	伊拉克	沙特阿拉伯	韩国
19	2011	卡塔尔	日本	澳大利亚	韩国
20	2015	澳大利亚	澳大利亚	韩国	阿联酋
21	2019	阿联酋	卡塔尔	日本	伊朗、阿联酋

第八章 小型足球及竞赛规则简介

第一节 小型足球

一、小型足球的概念

小型足球通常是指每个参赛队场上比赛人数少于标准比赛的11人，场地规模小于标准比赛场，比赛时间相对短的足球竞赛活动。在基层，正式的11人制比赛受到各种条件的限制难于普及和开展。小型足球受场地和器材限制较少，参赛人数可多可少，易于组织，是深受广大足球爱好者喜欢的一种比赛形式。在基层的企事业单位和学校，乃至街头巷尾，足球爱好者自发组织的小型足球比赛，种类繁多，形式多样。小型足球竞赛活动，不但具有增进健康和愉悦生活的价值，而且还有着自身的特点和作用。所以，长期以来，在得到人们接受和认可的同时，也在不断地完善和形成体系。目前，在国际上普及较广、有统一竞赛规则的小型足球比赛包括7人制、室内5人制、4人制和3人制等几种。

二、小型足球比赛的基本战术阵型

（1）7人制足球。比赛的基本阵型是"3-3"阵型，即3个后卫，3个前锋，另设一守门员。根据战术需要和对方队情况可变为"3-1-2""3-2-1"和"2-1-3"等阵型。

（2）室内5人制足球。比赛的基本阵型是"2-2"阵型，另设一守门员。根据需要可变阵为"3-1""1-2-1"等阵型。

（3）4人制（彪马街头）足球。比赛队员一般呈"1-2"或"2-1"三角形站位，有位置分工，另设一守门员。

(4) 3人制足球。3人制足球的主要不同点是没有守门员，3名比赛队员呈"1-2"或"2-1"三角形站位，有位置分工。

三、小型足球的特点和作用

(1) 场地器材简易，便于在基层普及和开展。小型足球的场地面积相对较小，器材也简易，符合一般的基层单位和中、小学的条件和状况，适合在更广的范围组织和开展足球活动。

(2) 比赛形式多种多样，人数可多可少。小型足球除了上述几种比赛形式比较普及之外，很多国家和地区也组织9人制和6人制等比赛，甚至在基层小型比赛中还有男女混合组队、按实力划分的不等人数比赛等。这有助于活跃足球竞赛活动，促进全民健身。

(3) 比赛中接触球机会多，有利于提高技术水平。场地小和人数少，使每名参赛者有更多的机会接触球。这对提高运动员在实战中运用和发挥技术的能力是大有裨益的。尤其对技术水平较低的基层业余队和少儿足球队，有更大的促进作用。

(4) 场上攻守转换节奏快，战术灵活多变，对体能要求较高。比赛中双方队员及本队队员之间的相互距离较近，常处在短兵相接的拼抢状态，由守转攻和由攻转守的次数多、频率快，加之场地小和人数少，教练或场上核心队员容易对球队的整体进行控制，根据比赛需求，快速、灵活地调整战术。这种快节奏和多变化又对运动员的速度耐力提出了很高要求。

(5) 比赛的射门机会多，比分高。小型足球比赛由于场地小，有效的射门区域相对较大，进攻方在中线附近只要摆脱对方的封堵就可以射门，所以射门得分的机会较多，每场比赛的进球数一般比11人制比赛高一倍以上。因此，小型足球既有利于培养运动员的射门能力，又有良好的观赏性。

(6) 具有广泛的适用性。小型足球既适合于在基层群众及青少年中开展，又可作为一种训练手段在高水平的职业队中运用，以提高运动员的实战能力。

四、小型足球的发展简况

1. 国际小型足球的发展

小型足球和现代足球运动是同步诞生的，11人制比赛需要更标准的足球场地和较多的人员参加，作为足球运动爱好者，不是每时每处都可以具备这些条件，而在人数较少和场地不够标准的情况下，人们自然会想到把规模缩小，这就诞生了小型足球。小型足球在开始阶段是自发的，没有严格统一的规则限制，从很多资料考证小型足球在世界各地广泛开展，已有悠久的历史，特别是在欧洲和南美洲的很多国家早有开展，基本套用11人制比赛的规则，但一直没有举办过较大规模的国际比赛。

5人制比赛作为一种街头足球的活动形式，在世界各地流行最广，1988年成立国际足联5人制足球组织，制定了正式的《室内5人制竞赛规则》。

2014年，F5WC创立，足球圈内称为"5人制足球小世界杯"，是专门为世界各地16岁以上5人制足球爱好者创立的，也是全球规模最大的成人5人制足球顶级赛事之一。F5WC现有遍布世界六大洲63个国家和地区成员国的超过150万名注册球员参与。

1989年在荷兰举办了第一届国际彪马街头（即4人制）足球赛，目前4人制比赛的规则并不统一，不同的国家和地区有不同的规则规定。

3人制比赛现在在世界各地很流行，但多是作为一种普及和推广足球运动的手段，在群众和中小学中开展，并无正式的比赛，规则一般是按照《室内5人制竞赛规则》自行修订。

2. 中国小型足球的发展

我国小型足球运动的开展是随着现代化足球运动传入而发展起来的，在南方的很多地区有着良好的小型足球活动的传统，其中广东、广西、港澳和上海的小型足球赛开展较多。7人制足球在我国有较长的发展历史，也有深厚的群众基础，早在现代足球传入我国的初期，在香港就有7人制足球活动，随后在广东、澳门、上海和湖北等地展开。香港每年举办的"会长杯"7人制比赛至今已有近60的历史，广东每年都举办7人制的青少年比赛。我国还曾制定《7人制竞赛规则》。

我国5人制、4人制和3人制比赛的开展，基本是受国际大环境的影响，逐渐在我国生存和发展的。1984年在广州首次举办5人制足球全国性邀请赛，1989年中国足协组团赴荷兰观摩首届室内5人制比赛，随后要求我国开展5人制足球活动，并将大连、上海、广州等城市列为重点开展地区。1995年中国足协举办"恒源祥"杯首届室内5人制锦标赛暨世界杯预选赛，上海队获冠军，并代表中国在1996年参加第三届国际足联室内5人制锦标赛亚洲东亚赛区的资格赛，结果勇夺第一名，直接参加第三届世界室内5人制足球锦标赛。2016年，中国足协

决定改变原有的五甲联赛体制，推出"五超联赛"和"五甲联赛"以升降体制衔接，打造更专业、更广阔的5人制足球全国赛事平台。

4人制比赛，1995年首次在北京举行全国少年选拔赛，以参加在柏林举办的第一届国际大赛。3人制比赛在基层开展得较早，深得群众欢迎。

第二节　小型足球竞赛规则与裁判法简介

一、7人制足球竞赛规则与裁判法

1. 比赛场地

长度：最长75米，最短45米。宽度：最长56米，最短28米。在比赛场地内，禁区是以9米为半径向场内画一弧线与门柱两边的球门线相连的区域。点球点距球门线中点垂直距离为8米。中圈是以球场中心为中心，半径为9米的圆。

2. 队员人数

一场比赛应由两队参加，每队上场队员不得多于7人，其中必须有1人为守门员。如果比赛前任何一队队员少于5人或在比赛中队员被罚出场致使场内队员少于5人时，该场比赛队员少的队为弃权，对方2∶0胜，如对方净胜球数超过2个，则按实际比分计。每场比赛准许替换3个人。

3. 队员装备

运动员上场不准穿钢钉球鞋，队员服装统一，号码必须固定，队长戴袖标。

4. 比赛时间

（1）某队迟到5分钟以上按自动弃权处理，本场裁判有权判该队本场比赛0∶2失败。

（2）比赛时间分为两个30分钟相等的半场。在每半场比赛因各种原因损失的所有时间应被扣除。在每半场比赛结束时，如因执行罚点球，应允许延长时间执行罚完点球为止。

（3）上下半场之间的休息时间不得超过10分钟。

（4）半决赛及决赛，若在比赛时间内不能决出胜负，立即进行点球决战。

5. 犯规与不正当行为

裁判员认为，如果队员草率地、鲁莽地或使用过分的力量在双方进行争抢或对方队员控制球时实施铲抢,被视为严重犯规,判给对方直接任意球,可根据犯规严重情况给予黄牌警告或罚出场。这条规则是和 11 人制足球竞赛规则最大的区别,说明 7 人制足球对于不论从各方向进行的铲球只要动作过大、力量过分都进行判罚,原则上不允许铲抢。

6. **任意球、点球、角球、球门球、界外球、越位**

(1) 任意球有直接任意球和间接任意球两种,直接任意球直接入门得分,间接任意球直接入门不算得分,除非球入门前触碰对方或本方队员进门可算得分。

1) 罚球程序。

a. 将球放定在犯规地点。

b. 对方队员距球至少 8 米。

c. 球被触动后即算比赛开始。

2) 罚则。

a. 球在踢出前对方进入距球 9 米以内,裁判员应该罚球延至符合规则规定后再开出,对进入距球 9 米内的对方球员给予警告。

b. 球踢出后没有碰到本方队员或对方队员、踢任意球者再次触球示为重踢,判给对方在原地点踢间接任意球。

c. 裁判员认为,罚球队员有意拖延比赛时间,可出示黄牌,并判对方在原地点踢间接任意球。

d. 在本方禁区内踢任意球,球要出罚球区比赛才算开始。在对方罚球区内踢任意球,球应放在距犯规地点最近的罚球区线上进行。

(2) 罚球点球规则同 11 人制比赛规则。

(3) 当球的整体从地面或空中越过边线后,应由球出界前最后触球的对方队员在球出界处踢界外球恢复比赛。掷界外球规则同 11 人制比赛规则。掷界外球直接进门不算得分。

(4) 罚球门球规则同 11 人制比赛规则。

(5) 罚角球规则同 11 人制比赛规则。

(6) 越位规则同 11 人制比赛规则。

7. **纪律及处罚条例**

(1) 在比赛中发生打架或对裁判、对方球员恐吓的球员或领队,按情节严重给予处罚,严重者取消本次赛会比赛资格。球员个别打架,立即被出示红牌。双方球员打群架,比赛立即结束,本场比赛无成绩,各记零分。

（2）在比赛中，如对裁判执法不满可于赛后及时照会仲裁委员会，切不可做出不理智之行动。

（3）领红牌或同场两张黄牌者须自动停赛一场。

（4）球队要在比赛前 10 分钟到场，球队负责人在比赛前 5 分钟要将参赛证交由当值裁判核对。

（5）赛会有权保留修订赛例之权利，不另行通知。

（6）参加之球队及领队负责人对以上之规定必须在赛前承诺一切责任。

8. 互踢点球决胜的规定（淘汰制点球决胜办法）

互踢点球程序：

（1）由比赛结束时场上的各 5 名队员全部轮流踢。在踢满 5 次前，有一方已明显超过另一方时，比赛结束，进球多的队胜。

（2）踢完第一轮尚未决出胜负的，继续，由场上队员轮流踢，在踢球次数相同的情况下，谁进球多谁胜（不用踢满 5 次）。

二、5 人制足球竞赛规则与裁判法

详见本书第七章"5 人制足球竞赛规则与裁判法"。

三、4 人制足球竞赛规则与裁判法

1. 队员人数

（1）比赛应由两队参加，每队上场队员 4 人，无需守门员。

（2）各队替补队员不得超过 4 人。

（3）比赛中，"机动替换"次数不限。

（4）队员可在比赛进行期间随时"机动替换"，但须按以下要求进行：

1）离场队员须由本方底线离场。

2）上场队员也须由本方底线入场，而且必须在离场队员完全跨出底线后方可入场。

3）替补队员不论上场与否，裁判员均有权对其行使职权。

4）当替补队员入场后，替换即告完成。

5）在进行"机动替换"时，若替入队员在被换出球员还未完全离场之前就进场，裁判员应立即停止比赛，由裁判员责令被换出球员离场，并对提前入场的替补队员给予警告，判由对方在停止比赛时球所处地点踢间接任意球恢复比赛。

6）在进行"机动替换"时，替补队员入场或换出队员出场时未经替换区进行，裁判员应立即暂停比赛，裁判员除警告有关犯规队员外，并判由对方在停止比赛时球所在地点踢间接任意球恢复比赛。

2. 队员装备

1）队员不得穿戴对其他队员有危险的装备。

2）队员装备整齐一致，包括球衣、短裤以及球鞋。

3）队员球衣须有编号，同队队员号码不得相同。

4）守门员可穿着长裤，其球衣的颜色须容易与其他队员及裁判员分辨。

3. 比赛时间

（1）比赛应分为上下半场，每半场30分钟。

（2）比赛时间应由计时员掌握。

（3）在每半场即将结束时，如执行任意球，则应延长至罚完为止。

（4）各队每半场可要求一次1分钟暂停，但应遵守如下规定：

1）只有各队教练才能提出暂停。

2）暂停后，双方队员均应停留在场内，但可靠近后备席近旁的边线集合，听取教练的指示。同样，教练亦不能进入场内，只可以在场外边线做指导。

（5）中场休息时间为10分钟。

4. 比赛过程

（1）比赛场地为标准篮球场。球门设置在垂直篮筐的正下方。

（2）比赛开始时，双方用掷币方式选定场地和开球权，由胜者选择场地或开球。比赛应在裁判员发出信号后，由开球方的一名队员将球踢入（即踢动放定在比赛场地中央的球）对方半场。在球踢出之前，双方队员必须在己方半场内，而且开球队的对方球员必须离球至少3米。球向前滚动，比赛即为开始。

（3）开球的队员在球未被其他队员踢或触及前，不得再次触球。当攻入一球后，由失球方队员按上述规则的方法重新开球继续比赛。

（4）中场休息后，双方应交换场地，并由上半场开球队的对方一名队员开球。

（5）球出底线则默认由守方发球，球出边线则由裁判判决球权。发边线球时，发球队员的双脚须踩在边线外，而且球须放定在边线上。当球滚动，比赛即为恢复。发球队员在球未经其他队员踢或触及前，不得再次触球。而对方队员在球踢出前，应离球至少5米。踢界外球不能直接入门得分。

（6）比赛中不判罚点球。

5. 比赛进行及死球

（1）在下列情况下，比赛成死球：

1）当球的整体在地面或空中全部越过球门线或边线时。

2）当裁判员停止比赛时。

（2）自比赛开始至比赛终了，比赛均应视为进行中，包括下列情形：

1）球从球门柱或横梁弹回场内。

2）球从场内的裁判员或第二裁判员身上弹落于场内。

3）场上队员犯规或有犯规嫌疑而裁判员并未做出判罚。

6. 计胜方法

比赛中，胜球较多的一队为得胜队伍；如常规比赛时间内双方均未胜球或胜球数目相等，则在休息 5 分钟后，进行加时赛，加时赛时间为 20 分钟。

7. 犯规与不正当行为

当比赛中出现犯规与不正当行为时，由裁判按照相应规定及时进行处罚。

8. 任意球

（1）任意球可分为两种：直接任意球（这种球可以将球直接射入犯规队球门得分）和间接任意球（这种球不能直接射门得分，除非在球入球门前曾被其他队员踢或触及）。

（2）队员在踢任意球时，所有对方队员必须离球至少 5 米直至球被踢出为止。当球滚动，比赛即为恢复。

（3）如果对方队员在任意球被踢出前侵入距球 5 米以内时，裁判员应令其重新开球，而且须进行到符合规则为止。

（4）踢任意球时，须将球放定。踢任意球的队员将球踢出后，球未经其他队员踢或触及前，不得再次触球。

（5）发任意球时，防守方可以排出人墙。

四、3 人制足球竞赛规则与裁判法

（1）比赛时间全场为 20 分钟，每半场 10 分钟，中场休息 5 分钟（每场比赛必须决出胜负）。

（2）比赛采用"机动换人"，换人时必须遵守先出后入，并经值班裁判员同意在换人区域内进行。

(3) 球场规格：（长）24～28 米，（宽）14～16 米。球门规格：（宽）1.2 米，（高）0.8 米。

(4) 中圈规格：以中线中心点为圆心，以 3 米为半径画圆所构成的圆圈为中圈。

(5) 球门区规格：以球门线中点为圆心，以 1.5 米为半径画弧，与端线交接点构成的半圆为球门区。

(6) 替换区：以球场中线与边线为点，向各半场距 3 米远地点画两条与边线垂直的、长度为 80 厘米的线（其中场内 40 厘米、场外 40 厘米）。当队员在替换过程中，进入或离开场地时必须在此区内进行。

(7) 罚点球点：在两条球门线中点垂直向场内 6 米处各做一个清晰的标记，叫罚球点。

(8) 比赛不设守门员，双方任何球员不准在球门区内触球。如守方违例，由攻方罚球点球；如攻方违例，由守方在球门区内罚间接任意球。

(9) 罚球点球时，除主罚球员外，其他攻守双方球员须站在球的假想平行线后，并离球 4 米的距离，球必须直接射向球门，不得做传递射门，主罚球员只能用脚后跟射门。球射出后，未越过端线，应重踢。如踢中门框弹回，裁判员暂停比赛，由守方在球门区内发间接任意球。

(10) 踢球门球时，球员须把球放在本方球门区域内用脚踢出该区。（不能直接得分）

(11) 界外球用脚踢，球须在出界处边线上放稳开出，如直接将球踢进对方球门不能算得分有效，由对方发球门球恢复比赛。如直接将球踢进本方球门也不算失分，由对方发角球恢复比赛。

(12) 中点开球可直接射门得分有效。

(13) 罚任意球、球门球、界外球和角球时，裁判员认为开球时间超过 4 秒，将判由对方开球（如发球门球时违例，则由对方在中线上任何一点开球）。

(14) 攻方球员主罚任意球、点球、球门球、界外球和角球时，防守球员须离球 3 米距离。

(15) 不准铲球和进行合理冲撞，否则判给对方直接任意球。

(16) 被红牌罚出场的球员，不得参加本场余下时间的比赛，也不得坐在替补席上，1 分钟后经值班裁判员同意可由另一名球员补足，如被罚方在 1 分钟内有失球，则无须等到 1 分钟即可补足。

(17) 比赛采用 3 人制，用 3 号球，参赛球员必须穿布面胶底球鞋。

（18）射门得分有效：在球越过中线进入对方半场后的射门得分才有效。

（19）在比赛开始时，每队上场人数不得少于 2 名，如果在比赛中任何一队因队员被罚出场，使其场上队员少于 2 名时，该场比赛为弃权。

（20）守方队员在本方罚球点球的假想平行线与球门线之间区域内的犯规，一律将球放在垂直于罚球点球的假想平行线上罚相关的任意球。

（21）点球决胜，每队场上 3 名队员依次罚球，如分出胜负即结束比赛，如打平将由各自的两名替补队员"一对一"罚球，如仍然打平，即采取抽签办法决定胜负。（注：如该场有被红牌罚下的队员，不能参加点球决胜，其空缺按原先的顺序照轮）。

（22）被红牌罚下的队员（除即时取消该场余下时间的比赛资格外），下一轮停赛与否，视犯规情节轻重而定，由竞赛委员会发出停赛通知，如无特殊情况，无须停赛。

（23）每场比赛开始时间超过 5 分钟仍未到场报到的球队当弃权处理，判对方 2：0 胜。

参 考 文 献

［1］张延安，等．跟专家练足球［M］．北京：北京体育大学出版社，1998.

［2］何志林．现代足球［M］．北京：人民体育出版社，2000.

［3］中国足球协会．足球竞赛规则2016—2017［M］．北京：人民体育出版社，2017.

［4］［德］拉尔夫·迈耶，安德烈亚斯·舒尔．足球运动伤害预防与治疗方法图解指导［M］．朱禹丞，译．北京：人民邮电出版社，2016.

［5］［德］蒂姆·迈耶，等．足球运动损伤与防护指南［M］．司佳卉，王震宇，译．北京：人民邮电出版社，2016.

［6］高宝华．普通高校足球课程教材［M］．天津：南开大学出版社，2010.

［7］［德］拉尔夫·迈耶．足球运动力量系统训练：全彩图解版［M］．黄海枫，译．北京：人民邮电出版社，2016.

［8］国际足联．国际足联执教手册［M］．北京：人民体育出版社，2016.